LA

PROCHAINE GUERRE

PAR

L. SEGUIN

> Il faut que le prince sache la guerre, a
> dit Machiavel ; aujourd'hui le prince c'est
> le peuple.
> L.-N. ROSSEL.

PARIS

L. BOULANGER, LIBRAIRE-ÉDITEUR

RUE DE RENNES, 83 ET 85

LA
PROCHAINE GUERRE

LA
PROCHAINE GUERRE

PAR

L. SEGUIN

> Il faut que prince sache la guerre, a dit Machiavel ; aujourd'hui le prince c'est le peuple.
>
> L.-N. ROSSEL.

PARIS

L. BOULANGER, LIBRAIRE-ÉDITEUR

RUE DE RENNES, 83 ET 85

—

1880

A LA MÉMOIRE

DE MA MÈRE

MORTE DANS L'EXIL

APRÈS AVOIR VU TROIS INVASIONS

L. S.

LA PROCHAINE GUERRE

AVANT-PROPOS

J'ai donné pour titre à ces pages : *la Prochaine Guerre*, qu'on ne lise pas : la guerre prochaine. Elle peut n'avoir lieu que dans quelques années, comme elle peut éclater dans quelques mois. Elle est inévitable, cela seul est certain.

Clairement ou vaguement, tout le monde la sent venir. Pour s'y préparer, la France a depuis neuf ans dépensé quatre milliards. L'Allemagne a formé un trésor de guerre, construit des chemins de fer stratégiques, et nous attend l'arme au bras. Il serait donc puéril de recommander le silence pour ne pas donner l'éveil aux Allemands : les Allemands sont parfaitement éveillés.

Habituée à lutter, souvent avec succès, contre des coalitions, la France, pour la première fois de son histoire, a été terrassée par un seul ennemi, et réduite à demander grâce. L'orgueil national a profondément ressenti cette humiliation. Entre l'Allemagne et nous il y a une question d'honneur militaire à vider. On peut penser ce qu'on voudra de ce sentiment, s'en réjouir ou s'en affliger, le fait est qu'il existe et qu'il faut compter avec lui.

Mais ce n'est pas seulement une blessure d'amour-propre qui pousse notre pays à la guerre. Deux provinces, attachées depuis longtemps à la France, en ont été violemment séparées. Deux millions de nos concitoyens subissent aujourd'hui le joug étranger. Dans un moment de faiblesse criminelle la France, pour avoir la paix, a livré la chair de sa chair. Les plaintes de l'Alsace-Lorraine rappelleront longtemps encore à la mère patrie les enfants sacrifiés pour le salut commun. La France ne se résignera pas à les abandonner sans un effort suprême. Il n'est pas à supposer que l'Allemagne les lâche de bon gré. C'est donc la guerre.

L'Allemagne en un jour de péril s'est groupée autour de la Prusse. Le danger passé, elle a senti les inconvénients de l'hégémonie prussienne. Plus on ira, plus s'affaiblira le souvenir des nécessités qui firent accepter cette hégémonie. L'esprit d'indépendance locale menacera de plus en plus la suprématie de Berlin. De nouveaux dangers à l'ouest, une nouvelle lutte contre l'*ennemi héréditaire*, resserreraient encore une fois ces liens qu'une longue paix relâche. De nouvelles victoires permettraient sans doute de faire un pas de plus, de remplacer l'union par l'unité. Pour réaliser ce rêve, il faut la guerre.

Autre raison, et plus puissante encore. Dans les

pays monarchiques, la victoire est fatale à la liberté, le bruit des armes couvre la voix des peuples. Or, en Allemagne, la voix du peuple commence à se faire entendre d'une manière inquiétante pour les royautés. Dans l'union scellée par des triomphes inouïs, obtenus en commun, sur un peuple haï et redouté, l'Allemand avait espéré trouver un remède à presque tous ses maux. Il voit chaque jour s'évanouir cette illusion. La victoire n'a pas diminué les charges qui pesaient sur lui, avec la paix n'a point reparu la prospérité, loin de là. La rançon de la France allait, croyait-on, enrichir d'un seul coup le *Faterland;* elle a disparu presque subitement, ensevelie dans les caves de Spandau, dévorée par les constructions militaires et par les dotations des généraux victorieux. Quelques bribes tombées sur le public n'ont servi qu'à faire naître une spéculation effrénée qui, après une courte période de splendeurs trompeuses, a jonché le sol de ruines et accru la misère générale. Comme le trésor des Niebelungen, l'or conquis par l'épée semble fatal à qui le possède. Est-ce pour cela qu'on a vaincu? Le mécontentement grandit de jour en jour; le parti républicain voit presque régulièrement doubler à chaque élection le nombre de ses adeptes. Pour arrêter cette marée montante, qui peut engloutir les trônes et les aristocraties, il faut la guerre, la guerre heureuse, la guerre contre le pays où se développe comme un exemple pour les autres peuples le gouvernement républicain.

Façonnée par une dynastie de proie, à force de

travail, d'astuce et de violence, la Prusse est une nation de proie. La guerre, on l'a dit, est son industrie nationale. Cette industrie subit un arrêt forcé dont on ne peut prévoir la fin. Ne serait-ce pas folie de rêver une guerre productive, tant qu'il existera une France puissante, hostile, en qui tout ennemi de l'Allemagne est sûr de trouver une alliée. Jusqu'à ce que la France soit apaisée ou écrasée, toute guerre, pour l'Allemagne, se compliquera d'une guerre avec la France. On ne veut point l'apaiser, il faut donc l'écraser; et alors, mais alors seulement, on pourra tenter de nouvelles conquêtes, et marcher librement vers le but rêvé : la réunion, sous le sceptre des Hohenzollern, de toutes les nations germaniques, et de quelques autres aussi.

« Il nous faudra monter la garde cinquante ans pour conserver ce que nous avons acquis en six mois. » Ces paroles de M. de Moltke ouvrent de sombres perspectives. Pendant cinquante ans l'Allemagne, la France et l'Europe vivront dans l'état de guerre; pendant cinquante ans, les nations dépenseront en armements le plus clair de leurs revenus; la population virile ira passer dans les casernes une partie de sa jeunesse ; l'appel des réserves, les grandes manœuvres d'automne viendront périodiquement troubler les familles, désorganiser en partie le travail, et cela pendant cinquante ans ! Mais la guerre apparaît comme une délivrance, on soupire après une crise violente, mais courte, qui seule peut mettre fin à cet intolérable état de choses.

Pour toutes ces raisons, la guerre est inévitable. Si elle éclate demain, comment la ferons-nous? Quelles sont les forces de la France et les forces de l'Allemagne? et si d'autres nations prennent part à la lutte, qu'avons-nous à craindre ou à espérer de leur intervention?

Autant de choses inconnues à la masse du peuple français. Dans un pays où tous sont électeurs, où presque tous sont soldats, des matières touchant d'aussi près que les choses militaires et la politique extérieure aux intérêts de tous devraient être plus ou moins familières au grand nombre. Il n'en est pas ainsi, tant s'en faut. La situation militaire de la France est presque inconnue aux Français; celle de l'Allemagne l'est tout à fait. Quant à la force des autres nations étrangères, les plus avancés sont encore ceux qui ne savent rien. Ils ont sur les autres le sérieux avantage de n'avoir pas l'esprit encombré de notions fausses, d'idées saugrenues qui s'opposent à l'introduction de la vérité.

Il est temps que cela finisse, et que le pays puisse comprendre où on le mène, ce qu'on fait de lui, et à quoi servent les sacrifices qu'il s'est courageusement imposés. C'est pour l'informer que j'écris. Je ne fais pas un livre didactique, je raconte et j'expose, Il est facile de réorganiser l'armée sur le coin d'une table et de faire de la stratégie les pieds au feu. Mais le public n'a que faire de rêvasseries : il lui faut des faits, rien que des faits, je lui en donne. Il en tirera telle conclusion qu'il lui plaira, il pourra même n'en tirer aucune; mais il aura été mis en contact avec des réalités.

Ce sont des réalités que je me suis efforcé de retrouver sous les fictions, les légendes, souvent même les mensonges officiels. J'ai procédé suivant la méthode scientifique. J'ai considéré les faits en eux-mêmes, sans y chercher la confirmation d'une théorie favorite ou l'affermissement d'un système préconçu.

Obligé de consulter et de contrôler une masse énorme de documents, j'ai dû laisser échapper des erreurs, surtout dans la seconde partie. Mais les inexactitudes ne portent que sur des détails d'organisation, les effectifs sont exactement calculés, le chiffre des forces disponibles est toujours indiqué à quelques centaines d'hommes près.

LIVRE PREMIER

CHAPITRE PREMIER

L'ARMÉE FRANÇAISE EN 1870

Au mois de juillet 1870 l'armée française était composée de la façon suivante :

INFANTERIE

	Régiments.	Bataillons.	Comp. de guerre.	Compagnie de dépôt.
Infanterie de ligne . . .	100	300	1800	600
Voltigeurs.	4	12	72	12
Grenadiers.	3	9	54	9
Zouaves.	3	9	63	18
Zouaves de la garde. . .	1	2	12	
Tirail. algériens (turcos)	3	12	72	12
Régiment étranger . . .	1	4	32	»
Chasseurs à pied	»	20	120	40
Chasseurs de la garde.	»	1	8	2
Infanterie légère d'Afrique (zéphyrs).	»	3	15	»
Fusiliers de discipline. .	»	»	5	»
Pompiers de Paris . . .	1	2	14	»
Garde de Paris	1	2	16	»
Totaux.	117	376	2283	695

Les pompiers et la garde de Paris étaient employés à l'intérieur ; le régiment étranger, les zéphyrs et les disciplinaires demeuraient ordinairement en Afrique. Restaient disponibles pour une guerre européenne :

365 bataillons avec 2,204 compagnies de guerre.

Chaque compagnie, commandée par trois officiers (4 pour les turcos), pouvait être portée à 150 hommes au maximum. L'infanterie possédait ainsi des cadres pour 330,000 hommes.

La cavalerie comprenait :

	Régiments.	Escadrons de guerre.	Escad. de dépôt.
Cuirassiers	10	40	10
Cuirassiers de la garde	1	5	1
Carabiniers	1	5	1
Dragons	12	48	12
Dragons de la garde	1	5	1
Lanciers	8	32	8
Lanciers de la garde	1	5	1
Chasseurs	13	65	13
Hussards	9	45	9
Guides	1	5	1
Chasseurs d'Afrique	4	20	4
Spahis	3	15	3
Gendarmerie d'élite	»	1	»
Garde de Paris	1	4	»
Cent-Gardes	»	1	»
Totaux	65	296	64

Les régiments de cavalerie légère, ceux de la garde, les chasseurs d'Afrique et les spahis avaient 5 escadrons de guerre ; les autres, 4. La garde de Paris et la gendarmerie d'élite servaient à l'intérieur ; les spahis ne fournissaient hors d'Algérie que quelques détachements. Restaient disponibles 276 escadrons, soient à 150 hommes par escadron : 41,400 cavaliers.

L'artillerie comprenait :

15 régiments à huit batteries montées, trois batteries à pied et une de dépôt;
1 régiment à six batteries montées;
4 régiments à sept batteries à cheval avec une batterie de dépôt;
1 régiment à six batteries à cheval.

En tout : 160 batteries de campagne et 960 pièces.

En admettant 25 hommes par pièce et 150 par batterie, cela donne environ 24,000 artilleurs.

La batterie compte parfois plus, souvent moins de 25 hommes par pièce. En fait 90 et même 80 hommes suffisent à traîner et à servir 6 pièces de canon; et sur le champ de bataille 6 pièces servies par 90 hommes produiront plus d'effet que 5 pièces servies par 120 hommes. C'est donc le nombre des bouches à feu plutôt que celui des hommes, qu'il importe de connaître. Le chiffre de 25 hommes par pièce n'est adopté ici que comme approximatif et pour la commodité des calculs.

De l'artillerie dépendaient encore : un régiment de pontonniers à 14 compagnies et 2,500 hommes;

10 compagnies d'ouvriers, 6 d'artificiers, 1 d'armuriers, deux régiments du train d'artillerie à 16 compagnies chacun, et un escadron du train de la garde.

Le génie comprenait :

3 régiments à 2 bataillons de 8 compagnies dont deux de dépôt :

Soient 6 bataillons et 36 compagnies actives ou 5,400 hommes.

Plus une compagnie d'ouvriers et deux compagnies de pionniers de discipline. Ces deux compagnies étaient considérées comme de l'infanterie.

En résumé, l'armée de campagne au grand complet aurait compris :

Infanterie	330000
Cavalerie	41400
Génie	5400
Artillerie	26500
	403300

Soient 403,000 combattants avec 960 canons.

A ces troupes s'ajoutait l'infanterie de marine : 4 régiments ou 12 bataillons et 72 compagnies.

Ce qui portait à environ 413,000 hommes, au maximum, le nombre de combattants que la France pouvait jeter hors de sa frontière en supposant les effectifs au grand complet.

Comme armée de seconde ligne il serait resté, sans parler des troupes de dépôt :

42 batteries à pied [1]	6000
2 bataillons de la garde de Paris	2000
4 escadrons de la garde de Paris	600
26 légions de gendarmerie départementale	
1 compagnie de gendarmerie de la Seine	23000
1 compagnie de gendarmes vétérans	

---

1. 3 étaient en Algérie. En outre, une partie des batteries à pied avaient été transformées en batteries de mitrailleuses.

Plus environ 23,000 douaniers et 5,000 gardes forestiers qui, en cas de guerre, passaient sous la direction du ministre de la guerre. Les batteries à pied pouvaient immédiatement garnir les places; la garde de Paris était en état de marcher au premier signal, si on le voulait; mais les autres troupes n'étaient nullement prêtes au service de campagne.

En Algérie, il restait :

7 bataillons ou 52 compagnies actives (54) avec les pionniers de discipline ;
3 régiments ou 18 escadrons de spahis ;
3 batteries à pied ;
4 compagnies de gendarmerie ;
Les douaniers et les forestiers.

Soient environ 12 à 13,000 hommes dont 8,000 fantassins, 3,000 cavaliers et 500 artilleurs.

La garde mobile devait former 300 à 350 bataillons et 200 batteries. Mais on n'avait pas encore eu le temps de l'organiser, et il est fort douteux que le gouvernement impérial eût un bien sincère désir de voir reprendre à la nation l'habitude du maniement des armes, qu'il avait tout fait pour lui faire perdre. Armer la jeune population des grandes villes aurait été, pour l'empire, commettre un véritable suicide. Quelques bataillons seulement étaient formés : très peu étaient habillés ; aucun n'était armé. Au début d'une guerre, la garde mobile ne pouvait rendre aucun service.

La garde nationale sédentaire existait seulement dans quelques villes. Armée de fusils à percussion, recrutée presque exclusivement parmi les classes qui pouvaient se racheter du service militaire, elle n'avait aucune expérience du maniement des armes et pouvait à peine faire le service intérieur des places.

Pour remplir les cadres de son armée, la France, d'après la loi militaire de 1868, avec ses dispositions provisoires, fournissait neuf contingents de 100,000 hommes ; le service était de cinq ans dans l'armée active et de quatre ans dans la réserve.

6,000 hommes, pris sur le contingent, étaient attribués au service de la marine : restaient 94,000 hommes.

Neuf contingents de 94,000 hommes, défalcation faite des pertes quotidiennes (morts, déserteurs, condamnés, etc.), devaient donner plus de 660,000 hommes. En y ajoutant les officiers, les engagés volontaires, les étrangers, les Algériens, on aurait dû arriver au total de 700,000 hommes.

Mais la loi sur le remplacement militaire, et sur la caisse de la dotation de l'armée, avait établi qu'en payant à l'état une somme fixée par le ministre de la guerre — 2,500 francs en temps ordinaire — on était absolument exempt de tout service. L'état, en échange de la somme versée, se chargeait d'enrôler un remplaçant choisi parmi les soldats qui avaient achevé leur temps de service, et qui consentaient à se rengager, moyennant certains avantages pécuniaires. Mais par suite de l'accroissement de l'aisance générale, le nombre des rachats augmentait chaque année, et l'attraction des carrières civiles, mieux rétribuées, diminuait le nombre des rengagements. De là un déficit de plus en plus grand sur les contingents, déficit qui, lorsque fut modifiée la loi sur le remplacement, se chiffrait par une quarantaine de mille hommes pour les 7 contingents qui, avant 1868, composaient l'armée française.

Les cadres de l'armée active, de l'artillerie à pied et des troupes cantonnées en Algérie pouvaient contenir 403,000 + 12,000 + 6,000 ou 421,000 des 660,000 hommes qui restaient à la disposition de l'État.

Le service des remontes et du recrutement, des hôpitaux et des prisons militaires, les gardes d'artillerie et du génie, les ouvriers, artificiers, armuriers, etc., les compagnies hors rang, le train d'artillerie, les équipages militaires, les musiciens, les cadres des dépôts, l'intendance, les administrations, les hommes en punition absorbaient 90,000 hommes. Il y avait toujours au moins 50,000 hommes dans les hôpitaux ou en congé de convalescence : restaient environ 100,000 hommes à verser dans les dépôts.

Mais, grâce à la coutume de ne faire partir qu'à la fin de l'année dans laquelle ils ont tiré au sort les conscrits du dernier contingent, toute une classe, c'est-à-dire plus de 90,000 hommes, n'avait pas encore été incorporée au mois de juillet et ne possédait aucune instruction militaire. En portant au chiffre de 421,000 hommes l'armée d'opération, les garnisons de l'Algérie et l'artillerie des forteresses, on aurait laissé les dépôts absolument vides.

On n'avait pas encore adopté le système de recrutement, dit régional, pour la réserve. Les conscrits étaient, autant que possible, dispersés dans tous les corps, et les hommes de la réserve devaient aller rejoindre les régiments où ils avaient servi. On vit des Alsaciens obligés d'aller chercher en Afrique le dépôt de leur régiment, alors que leur régiment arrivait sur le Rhin. De là l'immense désordre qui signala le début de la guerre et la faiblesse des corps portés hâtivement sur la frontière, que, sous peine de perdre son prestige, le gouvernement impérial ne pouvait pas laisser entamer. Au 2 août, avant-veille de Wissembourg, le 1er corps — 55 bataillons, 28 escadrons, 20 batteries et 4 ou 5 compagnies du génie — ne comptait que 37,500 hommes. Quatre jours plus tard, après l'adjonction de la division Bonnemains (16 escadrons) et de la division Conseil-Dumesnil du 7e corps (13 bataillons, 3 batteries), et défalcation faite du 87e de ligne laissé à Strasbourg, d'un bataillon détaché à Haguenau et des pertes subies à Wissembourg, le 1er corps ne présentait sur le champ de bataille de Reischoffen que 44 à 45,000 combattants.

La lenteur de la mobilisation ne fut pas une des moindres causes de nos désastres. Puisse une trop grande précipitation ne pas produire de semblables effets quand la France aura de nouveau l'Allemagne à combattre !

CHAPITRE II

L'ARMÉE FRANÇAISE EN 1879

Telles étaient les forces de la France en juillet 1870. Examinons l'armée française à la fin de 1879, nous verrons ce que l'on a fait. L'étude de l'armée allemande nous montrera ce qui reste à faire.

D'après la loi du 27 juillet 1872, tout Français doit, non pas comme on le dit improprement servir, mais défendre la patrie. On la sert en exerçant le métier qui fait vivre, et par lequel on espère arriver à la fortune ; pour la défendre, il faut être prêt à tout sacrifier et à mourir.

Donc tout Français valide — hormis les professeurs et les prêtres — doit passer cinq ans dans l'armée active, quatre dans la réserve, cinq dans l'armée territoriale et six dans la réserve de l'armée territoriale.

On essaye en ce moment de réduire à trois ans la durée du service actif, ce qui portera la durée du service dans la réserve à six ans, ou plutôt à cinq et demi environ, à cause du retard que l'on met à incorporer les conscrits.

Quoi qu'il en soit, neuf classes forment l'armée active, et onze l'armée territoriale.

La France contient, d'après le dernier recensement, 36,900,000 habitants, dont 860,000 étrangers.

Chaque année 300,000 jeunes gens environ [1] se présentent à la conscription : 40,000 sont impropres à tout service militaire ; 25 à 30,000 ne sont bons qu'à des services auxiliaires ; 7 à 8,000 sont, sous des prétextes plus ou moins spécieux, dispensés de défendre leur patrie. Restent 220,000 hommes.

70,000 sont à titre de « soutiens de famille » exemptés de tout service en temps de paix.

10,000 pourvus de titres universitaires, ou qui ont subi avec succès un examen, peuvent, en payant 1,500 francs, ne passer qu'un an sous les drapeaux en temps de paix.

Une autre partie, dite première portion du contingent, passe sous les drapeaux cinq (maintenant trois) ans.

Le reste n'y passe qu'un an.

7,000 sont versés à la marine. Restent 140 à 143,000 hommes.

Neuf classes de 140,000 hommes donnent — défalcation faite des pertes courantes — 984,000 hommes.

Les neuf classes de « dispensés en temps de paix » donneraient 525,000 hommes, dont 400,000 au moins pourraient être incorporés.

Ces hommes, il est vrai, ne posséderaient aucune

---

[1]. Comme il s'agit ici de moyennes, on ne prend que des chiffres ronds.

instruction militaire ; mais ils passeraient par les dépôts, et seraient versés peu à peu dans les corps agguerris par une campagne déjà longue, puisqu'on aurait eu le temps d'épuiser les autres catégories du contingent.

Les officiers, les volontaires, les Algériens, les étrangers, fournissent une quarantaine de mille hommes, c'est donc plus de 1,300,000 hommes qu'on peut incorporer dans l'armée active.

L'armée territoriale serait formée de cinq contingents qui, y compris les « dispensés en temps de paix », donnent un total de 570,000 hommes. Mais en fait de landwehr et d'armée de seconde ligne, il faut toujours s'attendre à de graves mécomptes, et il n'est guère probable que les cinq classes de l'armée territoriale pussent fournir beaucoup plus de 450,000 hommes. Quant aux 520,000 hommes qui forment les six classes de la réserve de l'armée territoriale, on pourrait considérer comme un beau résultat d'en tirer la moitié, c'est-à-dire 250 à 260,000.

En additionnant tous ces chiffres 980,000 + 400,000 + 450,000 + 250,000 + 40,000 on arrive au total de 2,120,000 hommes. En outre les hommes attachés aux services auxiliaires pourraient remplir, dans les bureaux et dans les ateliers, la place qu'occupent ordinairement des hommes distraits du nombre des combattants. On le voit, ce ne sont pas les hommes qui manqueront aux cadres. Combien d'hommes pourrait-on encadrer et utiliser ?

ARMÉE-ACTIVE

L'infanterie compte aujourd'hui :

144 régiments de ligne } à 4 bataill. et 2 comp. de dépôt;
  4 régiments de zouaves
  3 régiments de turcos à 4 bataill. et 1 comp. de dépôt;
  1 régiment étranger à 4 bataillons ;
30 bataillons de chasseurs ;
  3 bataillons de zéphyrs ;
  4 compagnies de fusiliers et une de pionniers de discipline.

Tous les bataillons ont 4 compagnies, hormis les bataillons de zéphyrs qui en ont 6. Chaque bataillon de chasseurs a une cinquième compagnie qui forme dépôt.

Sur le pied de paix voilà quel est l'effectif des différents corps d'infanterie.

Chaque régiment de ligne a............	1640 hommes.
» de zouaves........	2580 »
» de turcos........	2835 »
Le régiment étranger............	2529 »
Les bataillons de chasseurs en France..	592 »
» » en Algérie..	672 »
Les bataillons d'infanterie légère......	1380 »
Les compagnies de discipline........	340 »

Si l'on retranche les officiers supérieurs, le grand et le petit état-major du régiment ou du bataillon, les musiciens, la compagnie hors rang, l'effectif de la compagnie est en temps de paix réduit à :

85 hommes pour les régiments de ligne.
137 » » » de zouaves.
160 » » » de turcos.
108 » » bataillons de chasseurs en France.
124 » » » » en Algérie.

Ces chiffres ont soulevé de vives critiques. Pour porter la compagnie à 250 hommes, comme dans l'armée allemande, il faudrait au moment de la mobilisation verser 165 hommes dans chacune des compagnies de ligne; c'est-à-dire tripler d'un seul coup son effectif par l'adjonction d'une masse d'hommes inconnus aux chefs et ne les connaissant pas eux-mêmes. On verra pourquoi. Mais une telle compagnie ainsi improvisée n'offrira aucune consistance. En Allemagne la compagnie est de 150 hommes sur le pied de paix et presque partout les hommes de la réserve sont versés dans leurs anciens corps. On a proposé divers moyens de renforcer les effectifs si faibles : suppression des musiques; suppression, en temps de paix, des compagnies de dépôt etc.

Ces mesures seraient excellentes en elles-mêmes et pourraient être prises dans tous les cas. Mais le mal n'est peut-être pas aussi grand qu'on le dit.

Sans doute, porter subitement la compagnie de 85 à 250 hommes serait une opération très critique, surtout avec le genre de recrutement en vigueur chez nous. Mais qu'on le remarque bien, aucun art cle de loi, aucune ordonnance ministérielle n'a fixé à 250 hommes l'effectif de la compagnie de guerre. On peut ne la porter qu'à 200 hommes, et ce sera déjà une distension considérable des cadres ; 200 hommes, conduits par 4 officiers, forment un ensemble très maniable, et 200 hommes que leurs chefs ont bien dans la main, produiront plus d'effet utile que 250 hommes imparfaitement maniés. Deux cents hommes par compagnie porteront le bataillon à 800 combattants, et le régiment à 3,200 : le régiment allemand n'en contient que 3,000, répartis en trois bataillons.

En adoptant pour la compagnie ce chiffre de 200 hommes, qu'il serait peut-être imprudent de dépasser dans l'état actuel des choses, on aura pour l'infanterie les effectifs suivants :

	Régiments.	Bataillons.	Compagnies de guerre.	
Ligne	144	576	2304	460800
Zouaves.	4	16	64	12800
Tirailleurs algériens . .	3	12	48	9600
Chasseurs.	»	30	120	24000
Totaux. . . .	151	634	2536	507200

Les compagnies de zouaves, de turcos et de chasseurs, plus fortes en temps de paix, pourraient être aussi plus fortes en temps de guerre. L'infanterie serait ainsi augmmentée de 6 à 7,000 combattants.

Les disciplinaires, les zéphyrs et le régiment étranger restent en Algérie.

Aux 634 bataillons de l'armée de terre il faut joindre l'infanterie de marine. Une assez grande partie de ce corps est employée dans les colonies ; cependant on peut compter que l'infanterie de marine pourrait renforcer l'armée d'opération d'au moins 16 bons bataillons, ou 12,800 hommes, ce qui porterait à plus de 520,000 combattants la force totale de l'infanterie française[1].

La cavalerie comprend :

a. Grosse cavalerie :
   12 régiments de cuirassiers,
b. Cavalerie de ligne :
   26 régiments de dragons,
c. Cavalerie lègère :
   20 régiments de chasseurs,
   12 » de hussards,
   4 » de chasseurs d'Afrique,
   3 » de spahis,
Plus 8 compagnies de cavaliers de remonte.

Les régiments de spahis et ceux de chasseurs d'Afrique ont 6 escadrons, les autres régiments en ont 5, dont un de dépôt.

Les spahis demeurent en Algérie ; restent 74 régiments comprenant ;

296 escadrons, ou 300, si les chasseurs d'Afrique ne laissent en Algérie que leurs sixièmes escadrons pour former dépôt. Chaque régiment comptant sur le pied de paix 740 chevaux (930 pour les chasseurs d'Afrique), les escadrons de guerre seraient sans difficulté portés à 150 chevaux, ce qui donne 44,400 ou 45,000 cavaliers.

---

[1]. Il est question de faire passer l'infanterie de marine au ministère de la guerre.

Les cuirassiers sont armés de sabres droits et de revolvers.

Les hussards et les chasseurs ne diffèrent que par l'uniforme ; l'armement est le même : sabre demi-courbe, revolvers et carabines. Les dragons sont exercés à combattre à pied et à cheval. Coiffés d'un casque à crinière, ils ne sont peut-être pas le corps le plus propre à ce double rôle. Mais la tradition l'attribuait aux dragons, et l'armée française n'est point la seule armée où la tradition a plus de force que le sens commun.

L'artillerie comprend 19 brigades à deux régiments.

Le premier régiment de chaque brigade, dit régiment d'artillerie divisionnaire, comprend 8 batteries montées, 3 batteries à pied, et 2 batteries montées de dépôt.

Le second régiment, dit régiment d'artillerie de corps, contient 8 batteries montées, 3 batteries à cheval et 2 batteries montées de dépôt.

En tout 57 batteries à pied : 304 batteries montées, 57 batteries à cheval, 76 batteries de dépôt. Soient 361 batteries de campagne avec 2,166 pièces et environ 55,000 hommes.

Au premier régiment de chaque brigade est attachée une compagnie du train d'artillerie, et deux au second pour le transport des munitions.

Les pontonniers, qui presque partout dépendent du génie, sont en France rattachés à l'artillerie. Ils forment deux régiments, chacun à 14 compagnies ; soient environ 7,000 hommes.

Le génie comprend : 4 régiments; chaque régiment 5 bataillons, une compagnie de dépôt, une compagnie pour le service des chemins de fer, et une compagnie dite de sapeurs-conducteurs, plus un détachement de sapeurs-conducteurs en Algérie.

En tout 20 bataillons ou 80 compagnies actives, 4 compagnies de dépôt, 4 compagnies de sapeurs-conducteurs et 4 compagnies pour le service des chemins de fer. Ces dernières, en temps de paix, sont réunies en un bataillon provisoire et stationnées dans le même lieu. En les comptant, le génie présente un effectif d'environ 21,000 combattants, en admettant 250 hommes par compagnie.

L'armée active, s'il lui fallait demain entrer en campagne, présenterait les effectifs suivants :

Infanterie.	520000
Cavalerie.	45000
Artillerie avec les pontonniers.	62000
Génie.	21000
Total.	648000

Soient 650000 *combattants*.

ARMÉE TERRITORIALE

L'armée territoriale est une imitation de la landwehr allemande. Aucune loi n'interdit de l'employer hors du territoire : elle doit donc, en grande partie du moins, être considérée comme une force offensive.

Elle compte en infanterie :

145 régiments à trois bataillons, plus une compagnie de dépôt : cela donne 435 bataillons. Les cadres et les effectifs sont ou plutôt *doivent être* les mêmes que ceux de l'armée active. Mais ce qui s'est passé en Prusse en 1870 nous a montré que, lorsqu'il s'agit de troupes de seconde ligne, il faut s'attendre à de graves déchets sur les effectifs réglémentaires. En admettant 600 hommes par bataillon, on atteindrait au total fort respectable de 261,000 fantassins... si les cadres étaient formés.

Malheureusement ils ne le sont pas. Chaque régiment doit être commandé par un lieutenant-colonel. Tous les lieutenants-colonels ont été choisis. Mais bien des chefs de bataillon restent encore à nommer, bien des compagnies ne comptent qu'un ou deux officiers au lieu de quatre, quelques-unes même n'ont pas du tout d'officiers. Les cadres des sous-officiers sont bien moins complets encore. Il faudrait au moins deux mois d'efforts considérables pour que l'infanterie territoriale pût, en cas de guerre, rendre des services sérieux.

La cavalerie *doit* compter 18 régiments, chacun à quatre escadrons, deux de hussards et deux de dragons. Soient 72 escadrons et 10,800 hommes. Mais les cadres de la cavalerie ne sont pas plus sérieusement constitués que ceux de l'infanterie. Il n'y a pas lieu de s'en affliger outre mesure. La cavalerie territoriale, fût-elle organisée dans ses moindres détails, ne trouverait pas facilement des chevaux. La réquisition de toutes les bêtes de selle ou de trait ne peut se faire chaque année en temps de manœuvres, la cavalerie territoriale ne serait donc que très mal exercée. Même en supposant — ce qui est probable — qu'on la recrutât parmi les anciens cavaliers de l'armée active, les hommes auraient oublié la théorie et perdu l'habitude du cheval. En temps de guerre, la réquisition permanente ne fera pas aisément face aux besoins de l'armée active qui absorbera plus de 70,000 chevaux de selle et 80,000 chevaux de trait. La cavalerie de la landwehr allemande, bien qu'elle comptât M. de Bismarck au nombre de ses officiers, n'a pas beaucoup fait parler d'elle. On fut obligé, faute de chevaux, de la laisser dans les garnisons. L'annuaire militaire allemand pour 1879 ne daigne pas même mentionner les escadrons de la landwehr, bien qu'il enregistre avec soin tous les bataillons, même ceux qui n'existent encore que sur le papier. En France, on a renoncé à former les 19 escadrons d'éclaireurs volontaires, dont la création avait été formellement ordonnée par la loi de 1872. On a compris que ces éclaireurs ne seraient jamais prêts à temps en cas de mobilisation.

Donc, il faut le dire sans détour, au début d'une guerre la cavalerie territoriale ne fournirait rien, et si, après deux ou trois mois d'efforts, chaque régiment parvenait à fournir 100 ou 150 cavaliers, on pourrait considérer ce résultat comme extraordinaire.

L'artillerie forme 18 régiments, d'un nombre de batteries variable : aujourd'hui les batteries sont au nombre de 364, et si les cadres étaient formés elles apporteraient un renfort de 55,000 hommes à la défense du pays : malheureusement elles sont bien loin d'être en état de marcher. Si leur organisation était terminée, elles ne pourraient pas pour cela être comptées comme batteries de campagne, faute de chevaux et de matériel. Si après deux mois de guerre, chaque régiment pouvait atteler deux ou trois batteries, en tout 40 ou 50, on aurait lieu de se féliciter. Les autres feraient le service de batteries de siège et de garnison, soit en France, soit sur la portion occupée du territoire ennemi.

Le génie comprend 18 bataillons à 2, 3 ou 4 compagnies ; en tout 51 compagnies : 12,800 hommes d'après la loi, et 8 à 9,000 en réalité, si les cadres étaient formés.

Le train des équipages *doit* compter 18 escadrons : cadres et matériel sont encore à créer.

En résumé l'armée territoriale *doit* compter :

En infanterie.	435 bataillons et	435000 hommes.
En cavalerie	72 escadrons et	10800 »
En artillerie	364 batteries et	55000 »
En troupes du génie.	51 compagnies et	12800 »

C'est-à-dire 513,600 combattants. Elle pourrait difficilement en mettre plus de 330,000 en ligne, si l'on avait fait ce qu'on avait projeté de faire, et rien si la guerre éclatait le mois prochain. De 14,000 officiers qui doivent former ses cadres, près de 6,000 restent à nommer, neuf ans après le traité qui nous a ravi l'Alsace et la Lorraine. Lorsqu'on songe aux résultats obtenus par la Prusse de 1807 à 1813, au milieu de circonstances autrement difficiles que celles où s'est trouvée notre patrie, on ne peut se défendre de ressentir un peu d'humiliation et beaucoup de tristesse. La France peut être assaillie d'un jour à l'autre, et elle n'est pas prête. Sur qui doit retomber la responsabilité de ce crime? Ce n'est pas ici le lieu de l'examiner.

Donc, si la guerre commençait demain, l'armée territoriale ne serait pas prête. Qu'aurait la France pour appuyer son armée active et pour garnir les places fortes, un peu prodiguées par le génie sur tous les points du territoire?

D'abord les dépôts des 18 corps d'armée :

> *a.* 288 compagnies de ligne et 28 compagnies de chasseurs à pied [1].

On compte 500 hommes par compagnie de dépôt : cela donne 158,000 fantassins. Les compagnies hors rang contiennent en outre plus de 6,000 hommes.

> *b.* 68 escadrons [2].

En admettant 200 hommes par escadron de dépôt, on aura avec les pelotons hors rang 14 à 15,000 cavaliers.

> *c.* 76 batteries de dépôt, à 300 hommes par batterie, 22800 hommes.

1. Deux bataillons de chasseurs ont leurs dépôts en Algérie.
2. Deux régiments de cavalerie légère ont leurs dépôts en Algérie.

d. 4 compagnies de dépôt du génie, à 500 hommes, 2000 hommes.

e. 8 compagnies de remonte, 10 compagnies d'armuriers et 4 d'artificiers, environ 6000 hommes.

f 7 batteries de canonniers sédentaires du Nord : 4 à Lille, 3 à Valenciennes.

Total 200000 hommes environ.

Mais ces troupes ne sont pas mobilisables : il faut, au contraire, qu'elles restent où elles sont stationnées, afin de recevoir les recrues de la région. Celles-là seulement pourraient être comptées comme forces effectives, qui se trouveraient sur la portion du territoire envahi par l'ennemi. En cas de guerre offensive elles ne seraient d'aucune utilité. On en peut dire autant de la gendarmerie départementale (forte de 21,000 hommes), d'une portion des douaniers et des chasseurs forestiers. En temps de guerre les douaniers (23,000 hommes) et les forestiers (4,200), passent sous les ordres du ministre de la guerre. Ces corps se divisent alors en deux portions dont le service n'est pas clairement défini. Les compagnies dites actives doivent « seconder les opérations de l'armée active » ; les compagnies dites territoriales doivent appuyer « les opérations de l'armée territoriale ». Mais le service de l'armée territoriale ressemble tout à fait à celui de l'armée active. On doit vraisemblablement conclure des termes obscurs de la loi, que les compagnies territoriales serviraient sur les lieux mêmes où elles fonctionnent en temps ordinaire, et que les autres pourraient être portées sur tous les points du territoire. Les gendarmes, les compagnies dites territoriales de douaniers et de forestiers qui se trouveraient sur la portion du territoire envahi, pourraient seuls se joindre soit aux garnisons des places, soit aux troupes opérant dans le voisinage de leur point d'attache. On ne peut donc évaluer exactement le nombre de toutes ces troupes, — dépôts, gendarmes, forestiers et douaniers, — que l'ennemi aurait à combattre en cas d'invasion.

Comme troupes mobiles de seconde ligne, susceptibles d'être portées sur tous les points du territoire, on aurait :

    a. 45 batteries à pied des dix-neuf régiments d'artillerie divisionnaire[1], 6 à 7000 hommes.
    b. 40 compagnies et 12 sections de chasseurs forestiers, 2500 hommes.
    c. 30 à 40 compagnies de douaniers de 3 à 4000 hommes, car il serait très dangereux pour les finances d'affaiblir de plus d'un cinquième le cordon douanier.
Soient tout au plus 12 à 13000 hommes.

Il resterait bien encore la gendarmerie mobile de la Seine (un bataillon et un escadron,) la garde de Paris (3 bataillons et 6 escadrons) : 4,000 fantassins et 1,000 cavaliers de première qualité, toujours sur le pied de guerre, toujours prêts à entrer en campagne. Mais il est plus que probable qu'on les retiendrait à Paris pour « maintenir l'ordre ». Dans une ville comme Paris, lorsqu'elle veut se soulever, 5,000 hommes sont exactement la même chose que

1. 12 batteries à pied sont détachées en Algérie.

rien; tandis que l'on pourrait tirer pour l'armée un parti précieux de ces 5,000 soldats d'élite, rompus au métier des armes.

Dans plusieurs pays, par exemple en Allemagne et en Russie, il existe des bataillons, des escadrons et des batteries d'*instruction*. Ces corps, dissous en temps de guerre, deviennent une réserve de sous-officiers pour l'armée active. Napoléon avait formé dans le même but quelques bataillons de vélites, pépinières de sous-officiers. Aujourd'hui la formation des cadres de sous-officiers est une des plus graves préoccupations des hommes de guerre de tous les pays. En France, malgré les avantages pécuniaires qu'on leur offre, les sous-officiers se rengagent peu : la chose qui tente le plus leur légitime ambition, l'épaulette, est chaque jour systématiquement rendue moins accessible à ceux qui ne sortent pas des écoles. Bientôt le seul moyen d'avoir des sous-officiers sérieux sera d'abolir les écoles militaires proprement dites et de leur substituer des écoles d'application où l'on n'entrera qu'après avoir acquis l'épaulette par un stage dans le grade de sous-officier. Sans même aller jusque-là, si le séjour dans les rangs comme simple soldat, comme caporal ou comme sergent, donnait des facilités de plus en plus grandes, suivant l'élévation du grade, aux candidats à Saint-Cyr et à l'École polytechnique, on verrait les jeunes gens qui se destinent à la carrière des armes rechercher avec empressement les *sardines* de laine ou les galons d'or. Que chaque grade recule d'une année la limite d'âge pour l'admission et donne quelques *points* de plus aux examens, les sous-officiers ne manqueront pas tant.

Pour l'instant, ils manquent et les corps destinés au « maintien de l'ordre » à Paris pourraient en temps de guerre rendre à la patrie des services plus importants que celui de rassurer les gouvernants : ce serait de fournir à chaque corps d'armée 250 sous-officiers de premier choix. Il va sans dire que je n'ai pas la plus légère raison d'espérer qu'il en sera ainsi, et je classe sans hésiter comme *non-valeurs* le corps le plus solide de l'armée française.

En cas de grande guerre européenne, la France africaine ne pourrait pas rester dégarnie. Elle aurait pour se protéger :

a. Armée active :

Le régiment étranger, 4 bataillons,	2600 hommes.
L'infanterie légère d'Afrique, 3 bataillons.	4100 »
4 compagnies de fusiliers de discipline, 1 de pionniers)	1500 »
Total.	8200 fantassins.
3 régiments de spahis, 18 escadrons,	3500 cavaliers.
12 batteries (détachées de France)...	1800 hommes.
4 compagnies du génie (détachées),	1000 »
Total.	14500 hommes.

b. Troupes de dépôt :

13 compagnies (8 de zouaves, 3 de turcos, 2 de chasseurs à pied).	6500 hommes.
4 ou 8 escadrons de chasseurs d'Afrique 800 à	1600 »
2 escadrons de hussards.	400 »
Total.	8500 hommes.

c. Une légion de gendarmerie, trois escadrons de forestiers, trois compagnies de douaniers, 1500 hommes.
En tout. . . . . 24 à 25000 hommes.

L'armée territoriale d'Algérie comprendra :

    8 bataillons de zouaves, à 4 compagnies ;
    1 bataillon et 1 compagnie de chasseurs à pied ;
    4 escadrons de chasseurs d'Afrique ;
    13 batteries.

Cela *devrait* faire 11,800 hommes et en ferait peut-être 7 à 8,000 si les cadres existaient ; mais en Algérie la formation de l'armée territoriale n'est guère plus avancée qu'en France.

COLONIES

Les colonies : Inde, Cochinchine, Sénégal et dépendances, la Réunion, Sainte-Marie, Mayotte et dépendances, Nossi-Bé, Saint-Pierre et Miquelon, Guadeloupe et dépendances, Martinique, Guyane, Nouvelle-Calédonie, Taïti, les Marquises et autres archipels polynésiens, ont pour garnisons :

    70 à 75 compagnies d'infanterie de marine ;
    2 compagnies de discipline ;
    18 à 20 batteries ;

Plusieurs corps indigènes, laptots, tirailleurs et spahis sénégalais, cipayes, tirailleurs annamites ;
Des milices locales assez nombreuses dans les Antilles et à la Réunion ;

La gendarmerie coloniale et les douaniers.

Je crois inutile d'entrer dans plus de détails, d'abord parce que ces troupes ne joueront aucun rôle dans la *prochaine guerre*, ensuite parce que l'organisation militaire de nos colonies va être complètement remaniée.

COMPOSITION DES CORPS D'ARMÉE

En 1870, les régiments étaient durant la paix répartis en brigades. Quelques brigades étaient endivisionnées deux à deux ; la garde impériale seule, formait un corps d'armée tout organisé. Le territoire européen comprenait 22 divisions militaires réparties en 6 grands commandements.

Depuis 1872 le territoire français a été divisé en 19 régions militaires renfermant chacune un corps d'armée organisé comme en campagne. Chaque corps d'armée (le 19e excepté) comprend 33 bataillons, 8 escadrons, 16 batteries montées, trois batteries à pied, trois batteries à cheval, un bataillon de génie, un escadron du train des équipages militaires, et des services administratifs. Dans chacune des divisions territoriales *doit* exister comme un corps d'armée de seconde ligne comprenant : 24 bataillons, — 27 pour le xve corps — 4 escadrons, et un nombre variable de batteries et de compagnies du génie, avec un escadron du train et les services administratifs.

Voici le tableau des dix-neuf régions territoriales, assez bizarrement découpées — la politique sait pourquoi — avec la composition des corps d'armée et le nom du général qui les commande au mois de décembre 1879.

Ier CORPS.

Nord. — Pas-de-Calais.

Général LEFÈVRE.

1re *Division.*

1re BRIGADE :
43e, 127e de ligne.

2e BRIGADE :
1er, 84e de ligne.

2e *Division.*

3e BRIGADE :
33e, 73e de ligne.

4e BRIGADE :
8e, 110e de ligne.

16e bataillon de chasseurs à pied.

1re BRIGADE DE CAVALERIE :
5e dragons. — 19e chasseurs.

1re BRIGADE D'ARTILLERIE :
15e et 27e régiments.

GÉNIE :
1er bataillon.

1er, 2e, 3e, 4e, 5e, 6e, 7e, 8e régiments d'infanterie territoriale (24 bataillons).

1er régiment de cavalerie territoriale (4 escadrons).
1er » d'artillerie territoriale (33 batteries).
1er bataillon du génie territorial (4 compagnies).

IIe CORPS.

Aisne. — Oise. — Somme. — Seine-et-Oise (arrondissement de Pontoise). **— Seine** (cantons de Saint-Denis, Pantin, 10e, 19e, 20e arrondissements de Paris).

Général CARTERET-TRÉCOURT.

3e *Division.*

5e BRIGADE :
120e, 128e de ligne.

6e BRIGADE :
51e, 72e de ligne.

4ᵉ *Division.*

7ᵉ BRIGADE :   8ᵉ BRIGADE :
54ᵉ, 67ᵉ de ligne.   45ᵉ, 87ᵉ de ligne.
8ᵉ bataillon de chasseurs.

2ᵉ BRIGADE DE CAVALERIE :
13ᵉ dragons. — 3ᵉ chasseurs.

2ᵉ BRIGADE D'ARTILLERIE :
17ᵉ, 29ᵉ.

2ᵉ BATAILLON DU GÉNIE.

9ᵉ, 10ᵉ, 11ᵉ, 12ᵉ, 13ᵉ, 14ᵉ, 15ᵉ, 16ᵉ régiments d'infanterie territoriale.

2ᵉ régiment de cavalerie territoriale.
2ᵉ   »   d'artillerie territoriale (20 batteries).
2ᵉ bataillon du génie territorial (3 compagnies).

IIIᵉ CORPS.

Calvados. — Eure. — Seine-Inférieure. — Seine-et-Oise (arrondissements de Versailles et Mantes). — Seine (cantons de Courbevoie et de Neuilly, 1ᵉʳ, 7ᵉ, 8ᵉ, 9ᵉ, 15ᵉ, 16ᵉ, 17ᵉ, 18ᵉ arrondissements de Paris).

Général BOREL.

5ᵉ *Division.*

9ᵉ BRIGADE :   10ᵉ BRIGADE :
39ᵉ, 74ᵉ de ligne.   36ᵉ, 129ᵉ de ligne.

6ᵉ *Division.*

11ᵉ BRIGADE :   12ᵉ BRIGADE :
24ᵉ, 28ᵉ de ligne.   5ᵉ, 119ᵉ de ligne.
20ᵉ chasseurs à pied.

3ᵉ BRIGADE DE CAVALERIE :
21ᵉ dragons. — 12ᵉ chasseurs.

3ᵉ BRIGADE D'ARTILLERIE :
11ᵉ, 22ᵉ.

3ᵉ BATAILLON DU GÉNIE.

17ᵉ, 18ᵉ, 19ᵉ, 20ᵉ, 21ᵉ, 22ᵉ, 23ᵉ, 24ᵉ régiments d'infanterie territoriale.

3ᵉ régiment de cavalerie territoriale.
3ᵉ   »   d'artillerie territoriale (25 batteries).
3ᵉ bataillon du génie territorial (4 compagnies).

IVᵉ CORPS.

Eure-et-Loir. — Mayenne. — Orne. — Sarthe. — Seine-et-Oise (arrondissement de Rambouillet). — **Seine** (cantons de Villejuif et Sceaux 4ᵉ, 5ᵉ, 6ᵉ, 13ᵉ, 14ᵉ arrondissements de Paris).

Général CORNAT.

7ᵉ *Division.*

13ᵉ BRIGADE : 14ᵉ BRIGADE :
101ᵉ, 102ᵉ régiments. 103ᵉ, 104ᵉ régiments.

8ᵉ *Division.*

15ᵉ BRIGADE : 16ᵉ BRIGADE :
124ᵉ, 130ᵉ régiments. 115ᵉ, 117ᵉ régiments.

11ᵉ chasseurs à pied.

4ᵉ BRIG. DE CAVALERIE. 4ᵉ BRIG. D'ARTILLERIE. 4ᵉ BATAILL. DU GÉNIE.
2ᵉ drag., 20ᵉ chass. 26ᵉ, 31ᵉ. »

25ᵉ, 26ᵉ, 27ᵉ, 28ᵉ, 29ᵉ, 30ᵉ, 31ᵉ, 32ᵉ d'infanterie territoriale.
4ᵉ régiment de cavalerie territoriale.
4ᵉ   »   d'artillerie territoriale (12 batteries).
4ᵉ bataillon du génie territorial (3 compagnies).

Vᵉ CORPS.

Loiret. — Loir-et-Cher. — Seine-et-Marne. — Yonne. — Seine-et-Oise (arrondissements d'Étampes et de Corbeil). — **Seine** (cantons de Charenton et de Vincennes, 2ᵉ, 3ᵉ, 11ᵉ, 12ᵉ arrondissements de Paris).

Général DOUTRELAINE.

9ᵉ *Division.*

17ᵉ BRIGADE : 18ᵉ BRIGADE :
82ᵉ, 85ᵉ régiments. 113ᵉ, 131ᵉ régiments.

10ᵉ *Division.*

19ᵉ BRIGADE : 20ᵉ BRIGADE :
46ᵉ, 89ᵉ régiments. 31ᵉ, 76ᵉ régiments.

6ᵉ bataillon de chasseurs.

5ᵉ BRIG. DE CAVALERIE. 5ᵉ BRIG. D'ARTILLERIE. 5ᵉ BATAILL. DU GÉNIE.
4ᵉ drag., 10ᵉ chass. 30ᵉ, 32ᵉ. »

33ᵉ, 34ᵉ, 35ᵉ, 36ᵉ, 37ᵉ, 38ᵉ, 39ᵉ, 40ᵉ d'infanterie territoriale.
5ᵉ régiment de cavalerie territoriale.
5ᵉ   »   d'artillerie territoriale (17 batteries).
5ᵉ bataillon du génie territorial (3 compagnies).

VIe CORPS.

Ardennes. — Aube. — Marne. — Meurthe-et-Moselle. — Meuse. — Vosges.

Général CLINCHANT.

11e *Division.*

21e BRIGADE : 22e BRIGADE :
26e, 69e régiments. 37e, 79e régiments.

12e *Division.*

23e BRIGADE : 24e BRIGADE :
91e, 132e régiments. 94e, 106e régiments.

26e bataillon de chasseurs.

6e BRIG. DE CAVALERIE. 6e BRIG. D'ARTILLERIE. 6e BATAILL. DU GÉNIE.
12e drag., 6e chass. 8e, 25. »

41e, 42e, 43e, 44e, 45e, 46e, 47e, 48e régiments d'infanterie territoriale.

6e régiment de cavalerie territoriale.
6e » d'artillerie territoriale (24 batteries).
6e bataillon du génie territorial (4 compagnies).

VIIe CORPS.

Ain. — Doubs. — Jura. — Haute-Marne. — Haut-Rhin. — Haute-Saône. — Rhône (canton de Neuville, 4e, 5e arrondissements de Lyon).

Général WOLFF.

13e *Division.*

25e BRIGADE : 26e BRIGADE :
23e, 133e régiments. 21e, 109e régiments.

14e *Division.*

27e BRIGADE : 28e BRIGADE :
44e, 60e régiments. 35e, 42e régiments.

3e chasseurs à pied.

7e BRIG. DE CAVALERIE. 7e BRIG. D'ARTILLERIE. 7e BATAILL. DU GÉNIE.
1er drag., 9e hussards. 4e, 5e. »

49e, 50e, 51e, 52e, 53e, 54e, 55e, 56e régiments d'infanterie territoriale.

7e régiment de cavalerie territoriale.
7e » d'artillerie territoriale (25 batteries).
7e bataillon du génie territorial (3 compagnies).

VIII⁰ CORPS.

Cher. — Côte-d'Or. — Nièvre. — Saône-et-Loire. — Rhône (arrondissement de Villefranche).

Général GARNIER.

15ᵉ *Division.*

29ᵉ BRIGADE :
56ᵉ, 134ᵉ régiments.

30ᵉ BRIGADE :
10ᵉ, 27ᵉ régiments.

16ᵉ *Division.*

31ᵉ BRIGADE :
4ᵉ, 95ᵉ régiments.

32ᵉ BRIGADE :
13ᵉ, 29ᵉ régiments.

5ᵉ bataillon de chasseurs.

8ᵉ BRIG. DE CAVALERIE.	8ᵉ BRIG. D'ARTILLERIE.	8ᵉ BATAILL. DU GÉNIE.
10ᵉ drag., 18ᵉ chass.	1ʳᵉ, 37ᵉ.	»

57ᵉ, 58ᵉ, 59ᵉ, 60ᵉ, 61ᵉ, 62ᵉ, 63ᵉ, 64ᵉ régiments d'infanterie territoriale.

8ᵉ régiment de cavalerie territoriale.
8ᵉ   »   d'artillerie territoriale (18 batteries).
8ᵉ bataillon du génie territorial (2 compagnies).

IX⁰ CORPS.

Indre. — Indre-et-Loire. — Maine-et-Loire. — Deux-Sèvres. — Vienne.

Général DE GALLIFFET.

17ᵉ *Division.*

33ᵉ BRIGADE :
68ᵉ, 90ᵉ régiments.

34ᵉ BRIGADE :
114ᵉ, 125ᵉ régiments.

18ᵉ *Division.*

25ᵉ BRIGADE :
32ᵉ, 66ᵉ régiments.

36ᵉ BRIGADE :
77ᵉ, 135ᵉ régiments.

13ᵉ bataillon de chasseurs.

9ᵉ BRIG. DE CAVALERIE.	9ᵉ BRIG. D'ARTILLERIE.	9ᵉ BATAILL. DU GÉNIE.
3ᵉ drag., 2ᵉ chass.	20ᵉ, 33ᵉ.	»

65ᵉ, 66ᵉ, 67ᵉ, 68ᵉ, 69ᵉ, 70ᵉ, 71ᵉ, 72ᵉ régiments d'infanterie territoriale.

9ᵉ régiment de cavalerie territoriale.
9ᵉ   »   d'artillerie territoriale (17 batteries).
9ᵉ bataillon du génie territorial (2 compagnies).

Xe CORPS.

Côtes-du-Nord. — Manche. — Ille-et-Vilaine.

Général Osmont.

19e *Division.*

37e BRIGADE :
48e, 71e régiments.

38e BRIGADE :
41e, 70e régiments.

20e *Division.*

39e BRIGADE :
25e, 136e régiments.

40e BRIGADE :
2e, 47e régiments.

19e bataillon de chasseurs.

10e BRIG. DE CAVALERIE.   10e BRIG. D'ARTILLERIE.   10e BATAILL. DU GÉNIE.
24e drag., 12e huss.   7e, 10e.   »

73e, 74e, 75e, 76e, 77e, 78e, 79e, 80e régiments d'infanterie territoriale.

10e régiment de cavalerie territoriale.
10e   »   d'artillerie territoriale (17 batteries).
10e bataillon du génie territorial (1 compagnie).

XIe CORPS.

Finistère. — Loire-Inférieure. — Morbihan. — Vendée.

Général Courtot (de Cissey).

21e *Division.*

41e BRIGADE :
64e, 65e régiments.

42e BRIGADE :
93e, 137e régiments.

22e *Division.*

43e BRIGADE :
62e, 116e régiments.

44e BRIGADE :
19e, 118e régiments.

22e bataillon de chasseurs.

11e BRIG. DE CAVALERIE.   11e BRIG. D'ARTILLERIE.   11e BATAILL. DU GÉNIE.
21e drag., 6e huss.   28e, 35e.   »

81e, 82e, 83e, 84e, 85e, 86e, 87e, 88e régiments d'infanterie territoriale.

11e régiment de cavalerie territoriale.
11e   »   d'artillerie territoriale (22 batteries).
11e bataillon du génie territorial (2 compagnies).

XIIe CORPS.

Charente. — Corrèze. — Creuse. — Dordogne. — Haute-Vienne.

Général Schmitz.

23e *Division.*

45e BRIGADE : 46e BRIGADE :
11e, 78e régiments. 107e, 138e régiments.

24e *Division.*

47e BRIGADE : 48e BRIGADE :
50e, 108e régiments. 63e, 80e régiments.

23e bataillon de chasseurs.

12e BRIG. DE CAVALERIE. 12e BRIG. D'ARTILLERIE. 12e BATAILL. DU GÉNIE
20e drag., 17e chass. 21e, 34e. »

89e, 90e, 91e, 92e, 93e, 94e, 95e, 96e régiments d'infanterie territoriale.

12e régiment de cavalerie territoriale.
12e » d'artillerie territoriale (19 batteries).
12e bataillon du génie territorial (2 compagnies).

XIIIe CORPS.

Allier. — Cantal. — Loire. — Haute-Loire. — Puy-de-Dôme. — Rhône (cantons de l'Arbresle, Condrieux, Simonet, Mornant, Saint-Laurent, Saint-Symphorien, Vaugueray).

Général Cambriels.

25e *Division.*

49e BRIGADE : 50e BRIGADE :
15e, 38e régiments. 86e, 92e régiments.

26e *Division.*

51e BRIGADE : 52e BRIGADE :
98e, 121e régiments. 105e, 139e régiments.

30e bataillon de chasseurs.

13e BRIG DE CAVALERIE. 13e BRIG. D'ARTILLERIE. 13e BATAILL. DU GÉNIE.
19e drag., 16e chass. 16e, 36e. »

97e, 98e, 99e, 100e, 101e, 102e, 103e, 104e régiments d'infanterie territoriale.

13e régiment de cavalerie territoriale.
13e » d'artillerie territoriale (22 batteries).
13e bataillon du génie territorial (3 compagnies).

XIVᵉ CORPS.

Hautes-Alpes. — Drôme. — Isère. — Savoie. — Haute-Savoie. — Rhône (cantons de Givors, Saint-Genès-Laval, Villeurbanne, 1ᵉʳ, 2ᵉ, 3ᵉ, 6ᵉ arrondissements de Lyon).

Général FARRE.

27ᵉ *Division*.

53ᵉ BRIGADE :　　　　　　　　54ᵉ BRIGADE :
52ᵉ, 140ᵉ régiments.　　　　30ᵉ, 97ᵉ régiments.

28ᵉ *Division*.

55ᵉ BRIGADE :　　　　　　　　56ᵉ BRIGADE :
75ᵉ, 96ᵉ régiments.　　　　22ᵉ, 99ᵉ régiments.

14ᵉ bataillon de chasseurs.

14ᵉ BRIG. DE CAVALERIE.　　14ᵉ BRIG. D'ARTILLERIE.　　14ᵉ BATAILL. DU GÉNIE.
6ᵉ drag., 5ᵉ chass.　　　　2ᵉ, 6ᵉ.　　　　　　　　　　»

105ᵉ, 106ᵉ, 107ᵉ, 108ᵉ, 109ᵉ, 110ᵉ, 111ᵉ, 112ᵉ régiments d'infanterie territoriale.

14ᵉ régiment de cavalerie territoriale.

14ᵉ　　　»　　　d'artillerie territoriale (21 batteries).

14ᵉ bataillon du génie territorial (3 compagnies).

XVᵉ CORPS.

Basses-Alpes. — Alpes-Maritimes. — Ardèche. — Bouches-du-Rhône. — Corse. — Gard. — Var. — Vaucluse.

Général BILLOT.

29ᵉ *Division*.

57ᵉ BRIGADE :　　　　　　　　58ᵉ BRIGADE :
61ᵉ, 111ᵉ régiments.　　　　3ᵉ, 112ᵉ régiments.

30ᵉ *Division*.

59ᵉ BRIGADE :　　　　　　　　60ᵉ BRIGADE :
55ᵉ, 141ᵉ régiments.　　　　40ᵉ, 58ᵉ régiments.

7ᵉ bataillon de chasseurs.

15ᵉ BRIG. DE CAVALERIE.　　15ᵉ BRIG. D'ARTILLERIE.　　15ᵉ BATAILL. DU GÉNIE.
26ᵉ drag., 4ᵉ chass.　　　　19ᵉ, 38ᵉ.　　　　　　　　　　»

113ᵉ, 114ᵉ, 115ᵉ, 116ᵉ, 117ᵉ, 118ᵉ, 119ᵉ, 120ᵉ, 145ᵉ régiments d'infanterie territoriale.

15ᵉ régiment de cavalerie territoriale.

15ᵉ　　　»　　　d'artillerie territoriale (20 batteries).

15ᵉ bataillon du génie territorial (4 compagnies).

XVIᵉ CORPS.

Aude. — Aveyron. — Hérault. — Lozère. — Pyrénées-Orientales. — Tarn.

Général RENSON.

31ᵉ *Division.*

61ᵉ BRIGADE :
17ᵉ, 122ᵉ régiments.

62ᵉ BRIGADE :
12ᵉ, 81ᵉ régiments.

32ᵉ *Division.*

63ᵉ BRIGADE :
100ᵉ, 142ᵉ régiments.

64ᵉ BRIGADE :
15ᵉ, 83ᵉ régiments.

27ᵉ bataillon de chasseurs.

16ᵉ BRIGADE DE CAVALERIE :
17ᵉ dragons. — 8ᵉ chasseurs.

16ᵉ BRIGADE D'ARTILLERIE :
3ᵉ, 9ᵉ.

16ᵉ BATAILLON DU GÉNIE :
121ᵉ, 122ᵉ, 123ᵉ, 124ᵉ, 125ᵉ, 126ᵉ, 127ᵉ, 128ᵉ régiments d'infanterie territoriale.

16ᵉ régiment de cavalerie territoriale.
16ᵉ » d'artillerie territoriale (19 batteries).
16ᵉ bataillon du génie territorial (3 compagnies).

XVIIᵉ CORPS.

Ariège. — Haute-Garonne. — Gers. — Lot. — Lot-et-Garonne. — Tarn-et-Garonne.

Général LECOINTE.

33ᵉ *Division.*

65ᵉ BRIGADE :
9ᵉ, 20ᵉ régiments.

66ᵉ BRIGADE :
7ᵉ, 11ᵉ régiments.

34ᵉ *Division.*

67ᵉ BRIGADE :
59ᵉ, 126ᵉ régiments.

68ᵉ BRIGADE :
88ᵉ, 143ᵉ régiments.

29ᵉ bataillon de chasseurs à pied.

17ᵉ BRIGADE DE CAVALERIE :
11ᵉ dragons. — 14ᵉ chasseurs.

17ᵉ BRIGADE D'ARTILLERIE :
18ᵉ, 23ᵉ.

17ᵉ BATAILLON DU GÉNIE.

129ᵉ, 130ᵉ, 131ᵉ, 132ᵉ, 133ᵉ, 134ᵉ, 135ᵉ, 136ᵉ régiments d'infanterie territoriale.
17ᵉ régiment de cavalerie territoriale.
17ᵉ   »   d'artillerie territoriale (14 batteries).
17ᵉ bataillon du génie territorial (2 compagnies).

XVIIIᵉ CORPS.

Charente-Inférieure. — Gironde. — Landes. — Basses-Pyrénées. — Hautes-Pyrénées.

Général Dumont.

35ᵉ *Division.*

69ᵉ BRIGADE :   70ᵉ BRIGADE :
6ᵉ, 123ᵉ régiments.   57ᵉ, 144ᵉ régiments.

36ᵉ *Division.*

71ᵉ BRIGADE :   72ᵉ BRIGADE :
34ᵉ, 49ᵉ régiments.   18ᵉ, 53ᵉ régiments.

28ᵉ bataillon de chasseurs.

18ᵉ BRIGADE DE CAVALERIE :
15ᵉ dragons. — 7ᵉ hussards.

18ᵉ BRIGADE D'ARTILLERIE :
14ᵉ, 24ᵉ.

18ᵉ BATAILLON DU GÉNIE :

137ᵉ, 138ᵉ, 139ᵉ, 140ᵉ, 141ᵉ, 142ᵉ, 143ᵉ, 144ᵉ régiments d'infanterie territoriale.
18ᵉ régiment de cavalerie territoriale.
18ᵉ   »   d'artillerie territoriale (19 batteries).
18ᵉ bataillon du génie territorial (2 compagnies).

XIXe CORPS.
Algérie.

Général Saussier.

Division d'Alger.

1er zouaves.
4e zouaves.
1er turcos.
2e bat. inf. légère d'Afrique.

1re comp. de fusil. discipline.
2e comp.   »   »
1er chasseurs d'Afrique.
1er spahis.

Division d'Oran.

2e zouaves.
2e turcos.
Régiment étranger.
1er bataillon infanterie légère.

3e comp. de fusil. discipline.
2e chasseurs d'Afrique.
4e chasseurs d'Afrique.
2e spahis.

Division de Constantine.

3e zouaves.
3e turcos.
4e bataillon de chasseurs.
9e bataillon de chasseurs.

2e comp. de fusil. discipline.
Comp. pionn. de discipline.
3e chasseurs d'Afrique.
3e spahis.

3e bataillon d'infanterie légère.

RÉSERVE D'INFANTERIE.

2e, 12e, 15e, 17e bataillons de chasseurs à pied.

RÉSERVE DE CAVALERIE.

4e brigade de hussards : 5e et 10e hussards

19e BRIGADE D'ARTILLERIE :

12e, 13e régiments.
12 batteries à pied détachées.
1 compagnie de pontonniers.

GÉNIE.

19e bataillon et 4 compagnies détachées.
1er, 2e, 3e, 4e, 5e, 6e, 7e, 8e bataillons territoriaux de zouaves.
1 bataillon et une compagnie de chasseurs à pied.
4 escadrons territoriaux de chasseurs d'Afrique.
19e régiment d'artillerie territoriale (13 batteries).

RÉSERVE GÉNÉRALE DE CAVALERIE.

1re *Division.*

1re BRIG. DE CUIRASSIERS :	2e BRIG. DE DRAGONS :	2e BRIG. DE CHASSEURS :
1e, 5e cuirassiers.	8e, 9e dragons.	7e, 11e chass.

2e *Division.*

3e BRIG. DE CUIRASSIERS :	1re BRIG. DE DRAGONS :	3e BRIG. DE CHASSEURS :
3e, 6e cuirassiers.	7e, 18e dragons.	9e, 13e chass.

3e *Division.*

4e BRIGADE DE CUIRASSIERS :	3e BRIGADE DE HUSSARDS :
4e, 9e cuirassiers.	3e, 8e hussards.

4e *Division.*

5e BRIG. DE CUIRASSIERS :	4e BRIG. DE DRAGONS :	1re BRIG. DE HUSSARDS :
7e, 10e cuirassiers.	22e, 23e dragons.	1er, 11e hussards.

5e *Division.*

2e BRIG. DE CUIRASSIERS :	3e BRIG. DE DRAGONS :	2e BRIG. DE HUSSARDS :
2e, 8e cuirassiers.	14e, 16e dragons.	2e, 4e hussards.

6e *Division.*

6e BRIG. DE CUIRASSIERS :	1re BRIG. DE CHASSEURS :	4e BRIG. DE HUSSARDS :
11e, 12e cuirassiers.	5e, 15e chasseurs.	(détachée en Algérie et déjà portée.)

Dans cette nomenclature ne sont pas compris :

- 2 régiments de pontonniers (1 compagnie détachée en Algérie);
- 1 bataillon de chemin de fer;
- 7 bataillons de chasseurs à pied.

Chacun des 18 premiers corps entrerait en campagne avec 33 bataillons, 8 escadrons[1], 17 batteries, 2 ou 3 compagnies du génie et une compagnie de

---

[1]. De dragons 4, et 4 de chasseurs ou de hussards.

pontonniers, soit en acceptant les effectifs tels que nous les avons calculés :

Infanterie	26400 hommes.	
Cavalerie	1200 »	
Artillerie	2600 »	et 102 pièces.
Génie, av. les pontonniers	1000 »	
Total	31200 hommes.	

C'est-à-dire environ 31,000 combattants et 102 pièces : 36 batteries à cheval ou montées resteraient disponibles.

Le xixe corps a 41 bataillons 3/4 ; 43 escadrons de guerre ; 19 batteries de campagne ; 9 compagnies du génie (en comptant les pionniers de discipline) et une compagnie de pontonniers. La longueur des distances à parcourir, la difficulté des communications en Algérie, feront qu'au moment de la mobilisation le xixe corps ne mettra guère en campagne qu'une division. Réunie aux troupes d'infanterie de marine elle formera un corps qui prendra le n° xx. Le reste des troupes d'Afrique pourra former ensuite un xxie corps avec les bataillons de fusiliers marins. Quels que soient en effet les progrès réalisés par la marine allemande, on peut sans exagération admettre que, tout en la contenant, notre flotte sera en état de mettre à terre quelques milliers de ses matelots. Les 4 régiments de chasseurs d'Afrique formeront la cavalerie des xxe et xxie corps, les 17 batteries réglementaires du xxie seront prises parmi les 38 batteries disponibles [1].

1. Y compris 2 batteries du xixe corps.

La réserve de cavalerie comprend 136 escadrons dont

- 48 de cuirassiers.
- 32 de dragons.
- 24 de chasseurs.
- 32 de hussards.

Chaque division, hormis la troisième, compte 8 escadrons de grosse cavalerie (cuirassiers), 8 de cavalerie de ligne (dragons), et 8 de cavalerie légère (chasseurs ou hussards). Si chaque brigade est pourvue d'une batterie à cheval, la réserve de cavalerie comprendra 23,000 combattants, dont 20,400 cavaliers avec 102 pièces.

Il restera disponible 20 compagnies du génie, 8 de pontonniers, 4 compagnies pour le service des chemins de fer, 4 batteries et 10 bataillons de chasseurs.

Plusieurs fois depuis 1871 on a mis en question l'utilité des bataillons de chasseurs. Primitivement ils étaient destinés au service de tirailleurs et devaient couvrir le front des lignes de bataille. Plus d'un tacticien avait blâmé la formation de ces longues chaînes dont les divers anneaux ne dépendaient pas directement du même chef que les fractions de corps qu'ils avaient mission de couvrir. Dans l'armée allemande, les chasseurs (jagers) forment une infanterie de réserve, destinée aux coups de main, aux marches rapides. En cas de besoin on les lance en avant des corps d'armée, pour appuyer la cavalerie ou l'artillerie légère. Avec les armes à tir rapide, la formation en tirailleurs est devenue obligatoire pour toute l'infanterie; les chasseurs sont donc réduits au rôle d'infanterie de réserve. Des corps spéciaux d'infanterie légère sont-ils aussi nécessaires dans l'armée française que dans l'armée allemande ? Moins gros, plus nerveux, fils d'un sol plus accidenté, le Français est, en général, meilleur marcheur que le Germain. Si en 1870 les mouvements de l'ennemi ont été infiniment plus rapides que les nôtres, ce n'est point à coup sûr la faute de nos soldats. Toutes choses égales d'ailleurs, ils marcheront plus vite et plus longtemps que les soldats d'outre-Rhin. Il ne faut pas oublier non plus que la création des corps spéciaux affaiblit le gros des armées, déjà bien faible, par ce temps de levées en masse et d'instruction militaire hâtive. L'idéal serait de transformer, pour ainsi dire, toute l'infanterie française en chasseurs à pied.

Malheureusement, tous les hommes ne sont pas aptes à devenir en trois ans des soldats consommés. Encore n'est-ce que la minorité qui passe trois ans sous les drapeaux. On n'y peut pas garder plus longtemps les hommes, aujourd'hui qu'on enrôle presque toute la population valide, — et l'on ne peut faire autrement que de l'enrôler. Cent bons soldats, munis de fusils perfectionnés, peuvent lutter sans peine contre un millier de sauvages armés à la diable; mais dans une guerre entre deux nations également civilisées, pourvues d'armes à peu près semblables, exercées à la même tactique, la qualité ne peut que dans une mesure restreinte suppléer à la quantité. Individuellement, le soldat d'aujourd'hui vaut moins que le soldat d'autrefois : ce qui ne veut pas dire que les armées soient moins bonnes. Une machine dont les pièces, quoique de qualité médiocre, sont judicieusement agencées, fonctionne mieux qu'une autre machine, mal construite, dont chaque rouage est bon, pris séparément. C'est donc le mécanisme général d'une armée qu'il faut connaître, pour savoir au juste ce qu'elle vaut. Comment sont ajustées les pièces de la machine, comment sont agglomérées les molécules de cet organisme qu'on appelle l'armée française?

Les recrues levées dans une même province peuvent être dispersées dans tous les corps de troupes, ou versées dans un même corps. Les corps recrutés de cette dernière façon peuvent tenir garnison dans la région même où ils se recrutent — c'est le cas ordinaire en Allemagne — ou bien être cantonnés au loin, comme en Autriche. Dans ce cas, la mobilisation ne saurait être fort prompte, car les réserves ont à franchir des distances souvent considérables pour rejoindre leurs régiments. Mais tout défectueux que soit ce système, il a cet immense avantage de verser les homme de la réserve dans les cadres où ils ont déjà passé.

Cela est fort important. Le réserviste en arrivant retrouve les camarades qu'il a quittés, les chefs qui l'ont formé au métier des armes : il les connaît et il est connu d'eux ; il reprend sans secousse sa place dans le rang. En outre, il est parmi les hommes de son pays : *il se sent les coudes,* comme on dit. Il sait aussi que sa conduite sera connue dans son village ou dans sa ville. L'orgueil local remplace chez lui le sentiment, si puissant dans les armées d'autrefois qu'on nommait l'esprit de corps ; pour mieux dire, il le double, car ici le corps c'est la province, le régiment c'est le pays.

En France on n'a pas le recrutement régional. Pour des raisons — qui n'ont absolument rien de militaire — on aurait bien voulu conserver l'ancien système, lequel offrait l'avantage — incomparable aux yeux de certaines gens — d'isoler le soldat de la nation. Mais l'expérience de 1870 en avait trop cruellement fait sentir les défauts, pour qu'on osât y persister, quelque envie qu'on en eût. On choisit donc un système mixte qui, comme toutes les demi-mesures, réunit beaucoup des inconvénients et très peu des avantages des systèmes opposés qu'il est censé concilier. En temps de paix les conscrits sont dispersés aux quatre coins de la France ; en cas de mobilisation les hommes de la réserve sont versés dans les corps les plus rapprochés de leur résidence. Ils arrivent en foule, inconnus parmi des inconnus, sans savoir rien ni de leurs chefs, ni des camarades qu'ils trouvent au régiment, ni de ceux qui rejoignent avec eux. Les chefs ne sont pas plus à leur aise que les soldats. Imaginez l'embarras d'un capitaine qui, dans sa compagnie de 85 hommes, voit subitement verser 115 nouveaux visages, 165 même si l'on porte la compagnie à 250 hommes. Une partie des sous-officiers et des caporaux pris dans la réserve deviennent, à l'impromptu, chefs d'escouades improvisées. Je crains un peu qu'on obtienne ainsi des troupeaux d'hommes plutôt que des compagnies solides. Le motif allégué pour expliquer l'adoption de ce système bizarre est tellement mauvais qu'il faut le citer. On disperse les conscrits, c'est afin que, si par suite d'un accident de guerre un corps vient à subir de grandes pertes, un canton ou un département ne soit pas dépeuplé de tous ses jeunes hommes. Il est vrai que la dure expérience des choses montre que si, dans *une* bataille, les corps sont éprouvés très diversement, pour peu que la guerre se prolonge les pertes se répartissent sur toute l'armée avec une effrayante égalité. Mais ce n'est là qu'un des côtés de la question, et le funeste inspirateur de la commission chargée d'élaborer les lois militaires n'aurait donné qu'une preuve de plus de son ignorance. Voici qui donne la mesure de sa bonne foi. *C'est en temps de paix* qu'on disperse les recrues, alors que les régiments n'ont rien à craindre ; tandis que les corps se recrutent par région *durant la guerre*, c'est-à-dire précisément lorsqu'ils sont exposés à ces désastres partiels que l'on feint de redouter pour eux. Ce que l'on voulait éviter coûte que coûte, c'était de faire occuper en temps de paix la Picardie par des Picards et Paris par des Parisiens. L'armée sera moins solide, moins homogène ; mais plus *docile*, ce qui ne veut pas dire plus disciplinée. Qu'on ne l'oublie pas, si l'on veut comprendre les bizarreries de notre organisation militaire : les lois qui la régissent furent l'œuvre d'une assemblée en quelque sorte étrangère, pour ne pas dire hostile, à la majorité du pays.

Si les législateurs de 1872 ont accepté ce compromis sur le recrutement régional, c'est qu'ils avaient été frappés de la rapide mobilisation des armées allemandes. On a pris les procédés de nos récents adversaires : on y a même ajouté certains perfectionnements — qu'ils se sont hâtés d'adopter, sitôt qu'ils les ont connus. Par exemple, à l'appel individuel des réservistes, on a substitué l'appel général au moyen d'affiches apposées dans les communes. Vingt-quatre heures après que l'ordre de mobilisation aura été lancé par le ministre de la guerre, les réservistes seront avertis. Vingt-quatre ou quarante-huit heures plus tard, suivant la distance, ils auront rallié le dépôt voisin. Là, en quarante-huit heures, ils seront armés, équipés, incorporés. En deux ou trois jours, les corps d'armée se concentreront le long des voies ferrées. Le service ordinaire sera suspendu, et des trains de 40 à 50 wagons vomiront, sans discontinuer, sur les points choisis pour les concentrations, hommes, chevaux, canons, voitures, vivres et munitions. En vingt jours, tout sera terminé. On semble s'être proposé pour but de gagner l'ennemi de vitesse. C'est jouer un jeu dangereux : faire vite est bon, faire bien est meilleur. Il faut ne se présenter à l'ennemi que quand on est prêt, tout à fait prêt, — dût-on ne s'y présenter qu'un peu plus tard. Telle fut, en 1870, l'opinion de l'état-major allemand, et tandis que Napoléon III précipitait à la frontière ses squelettes de régiments, les ennemis, laissant sur la Lauter et sur la Sarre un mince rideau de troupes, opéraient leurs concentrations sur Spire, en arrière de Landau, et sur Mayence, à six marches de la frontière. Mieux vaut, si l'ennemi a deux ou trois jours d'avance, le laisser pénétrer de dix, quinze, ou même vingt lieues sur le territoire, que de se faire battre à la frontière, car alors il pénétrera bien plus loin. Sans doute, la frontière violée peut diminuer, aux yeux des badauds, le prestige du gouvernement ; mais n'est-il pas cent fois préférable de voir son prestige s'obscurcir passagèrement, plutôt que de le voir brusquement sombrer dans un désastre avec la fortune de la patrie. En 1870, on fut perdu par trop de lenteur : qu'on ne se perde pas en 188... par trop de précipitation.

Il n'a été question, jusqu'ici, que de combattants. Dans une armée c'est le principal, mais ce n'est pas tout. Si les os et les muscles forment la plus grande partie du corps humain, il y a autre chose : un cerveau qui pense, et qui dirige certains mouvements de la masse ; des nerfs qui mettent les membres en communication avec les centres nerveux ; des organes où s'élaborent les substances destinées à réparer les pertes qu'éprouve l'organisme ; un appareil circulatoire qui distribue les produits de cette élaboration. Tout cela existe, sous d'autres formes, dans une société passablement constituée ; on doit le retrouver aussi dans une armée moderne.

Ce qui remplit dans une armée le rôle du cerveau chez un être vivant, c'est l'*état-major général*, ainsi nommé par opposition à d'autres états-majors dont il sera parlé plus loin. Il compte en ce moment 100 généraux de division et 197 généraux de brigade.

4 généraux de division ont le titre, nouveau dans l'armée française, d'inspecteurs généraux : en cas de guerre, il est probable que les titulaires auraient le commandement des armées d'opération ; 19 autres généraux commandent les 19 corps d'armée ; 39 commandent des divisions d'infanterie (3 en Algérie); 6, des divisions de cavalerie ; 32 occupent d'autres postes importants, ou sont en disponibilité.

Pour commander les 72 brigades d'infanterie, les 38 brigades de cavalerie et les 19 brigades d'artillerie, il faut 129 généraux ; les autres sont ou disponibles, ou chargés de diverses fonctions.

Les généraux transmettent leurs ordres par l'intermédiaire du corps d'*état-major*, qui est comme le système nerveux de l'armée. Il compte 400 officiers et 24 archivistes.

Pour une armée — le nom même l'indique — les armes sont la chose essentielle. Les Romains disaient qu'elles faisaient partie du soldat, comme ses membres. L'armée française reçoit de l'industrie privée la plus grande partie de ses armes, mais c'est elle qui en surveille la fabrication. Le *comité d'artillerie* est chargé d'inventer, de perfectionner, et aussi d'examiner les inventions ou les perfectionnements qu'on lui soumet. Avant la guerre, on lui reprochait son horreur pour les innovations. Il ne mérite plus autant ce reproche. Depuis 1872, il a changé une fois nos fusils et deux fois nos canons.

Le comité d'artillerie dispose de 284 officiers, formant l'*état-major particulier de l'artillerie*. Ces officiers commandent ou surveillent : *une fonderie de canons* à Bourges, 3 *manufactures d'armes*, 5 *ateliers de construction*, 14 *poudreries* et *raffineries de salpêtre*. 5 *sous-inspecteurs de forges* et 154 *contrôleurs d'armes* examinent les livraisons faites par l'industrie privée ; 10 *compagnies d'ouvriers*, et 4 *d'artificiers*, travaillent dans les établissements de l'État ; 530 sous-officiers, appelés *gardes d'artillerie*, veillent sur le matériel, dont la comptabilité et l'entretien relèvent de 27 directions ou sous-directions.

Pour traîner ses machines de guerre, pour se transporter plus rapidement où il faut, l'homme ne peut se passer du cheval : 8 *compagnies de remonte* sont chargées d'acheter et de dresser les chevaux ; 19 *dépôts d'étalons et de juments* servent aux expériences de croisement et de perfectionnement de la race chevaline.

Si le soldat trouve dans le cheval un auxiliaire, il trouve un appui dans les murailles, dans les fossés, en un mot dans les fortifications. C'est le génie qui est chargé de les concevoir, d'en tracer le plan, d'en diriger la construction, d'en surveiller l'entretien. On ne peut lui reprocher d'être resté inactif ; au contraire : 150,000 artilleurs suffiraient à peine à garnir toutes les places et tous les forts qu'il a réparés et construits. Comme l'artillerie, il a son état-major particulier — 386 officiers, et ses directions, au nombre de 42 [1], d'où relèvent 550 *gardes* : 4 compagnies d'*ouvriers* travaillent à fabriquer et à réparer ses outils. Enfin il a comme un musée : *dépôt des fortifications* et

---

1. Aux colonies, 5.

galerie des plans-reliefs, où se conservent les plans des places fortes, et les relevés de terrain exécutés par sa *brigade topographique*.

Le temps n'est plus, s'il a jamais existé, où les guerriers combattaient sans autres vêtements qu'un bouclier ou une peau de panthère ; il faut aujourd'hui bien d'autres choses pour protéger, contre les intempéries de l'air ou les cailloux des routes, nos membres — sans doute efféminés.

En campagne on couche par terre, en garnison dans des lits ; puis il faut des sacs, des cartouchières, des ceinturons, des ustensiles pour préparer la nourriture : tout cela relève du *service d'habillement et de campement*, surveillé par 80 officiers ou employés (plus 10 de réserve).

La fabrication et l'achat de certains produits d'alimentation emploient 360 officiers ou sous-officiers, plus 90 en réserve.

Tout cela concerne le soldat bien portant. Mais il faut s'occuper de lui quand il est blessé, quand il est malade, car le froid, la fatigue et les privations font plus de victimes encore que le fer et le feu. « Un médecin vaut deux guerriers, disent les poèmes homériques, car il calme les sombres douleurs. » Le service médical emploie 1,150 *médecins* ou *chirurgiens*, (plus 800 de réserve) — et 160 *pharmaciens*. L'administration *des hôpitaux* absorbe 440 employés, dont 110 de réserve, et 25 sections d'*infirmiers militaires*, environ 6,000 hommes. Enfin, comme il faut aussi soigner les pauvres chevaux malades ou blessés, 700 *vétérinaires*, dont 300 de réserve, sont affectés au service de l'armée.

Ces services relèvent plus ou moins d'un corps puissant, fort attaqué, l'*Intendance*. Les intendants de différentes classes sont au nombre de 300. En temps de paix ils emploient dans leurs bureaux 700 personnes; plus 25 sections *d'ouvriers d'administration* ou *de commis aux écritures*, qui comprennent 7,000 hommes et noircissent des montagnes de papiers.

Tout, quand il s'agit des besoins d'une grande armée, prend en effet des proportions considérables. Qu'on songe à ce qu'un million d'hommes et deux cent mille chevaux consomment de vivres en un seul jour, à ce que trois cent mille combattants usent de munitions dans une seule bataille. On a beau charger — disons même surcharger — les soldats, ils ne peuvent porter tout cela. Les munitions sont transportées par les soldats du *train d'artillerie* : 57 compagnies qui, en cas de besoin, peuvent être portées à 114. Pour le transport des vivres, des habillements, des blessés, des malades, il y a le *train des équipages militaires* : 20 escadrons à 3 compagnies, numérotées 1, 3, 5, et pouvant, en cas de besoin, se doubler par la création des compagnies portant les n^{os} pairs 2, 4, 6. Le service des transports peut donc occuper 114 compagnies pour l'artillerie, 120 pour les équipages militaires, plus 4 compagnies de *sapeurs-conducteurs* attachées au génie, et 12 compagnies affectées spécialement au service de l'Algérie; c'est environ

14,000 hommes et 10,000 chevaux, sur le pied de paix.

La discipline dans une armée ne se maintient pas seulement par des moyens moraux. Le soldat qui manque à ses devoirs tombe, pour les fautes graves, sous le coup de la *justice militaire*. Il existe 36 *conseils de guerre* de premier degré et 4 *conseils de revision*, sortes de cours d'appel. 6 *ateliers* de condamnés aux travaux publics, 6 *pénitenciers* et 43 *prisons militaires* recueillent ceux des condamnés qui ne sont pas envoyés dans les zéphyrs ou dans les compagnies de discipline. Plus de 300 personnes sont employées à faire exécuter les arrêts des conseils de guerre.

Pour diriger tous ces services, comme pour commander l'armée, il faut des hommes dont l'éducation militaire ne peut se faire en trois ni même en cinq ans. Pour former ses chefs, l'armée a des écoles assez nombreuses :

Le Prytanée de La Flèche, où entrent les fils de militaires ;

L'École de Saint-Cyr, d'où sortent les officiers d'infanterie et de cavalerie ;

L'École polytechnique, qui fournit la plupart des officiers de l'artillerie et du génie ;

L'École de Saumur, où les officiers de cavalerie vont se perfectionner dans l'équitation ;

L'École de Fontainebleau — de Metz jadis ! — où les officiers sortis de l'École polytechnique vont apprendre les secrets du métier ;

L'École supérieure de la guerre, récemment fondée,

et dans laquelle des officiers choisis au concours reçoivent un enseignement militaire supérieur ;

Quatre écoles régimentaires du génie, et dix-neuf d'artillerie ;

Une école d'application pour la fabrication des poudres et salpêtres (pyrotechnie) ;

Une école de médecine et de pharmacie militaire, à Paris, au Val-de-Grâce ;

Une école d'administration, à Vincennes ;

Un gymnase militaire à Joinville-le-Pont ;

Quatre écoles de tir, dont une en Algérie ;

Une école de sous-officiers, jadis au camp d'Avord. On avait projeté d'en établir une par corps d'armée, on s'est borné à une seule et, paraît-il, elle n'a pas donné de bien bons résultats ;

Une école pour les enfants de troupe qui donnent des espérances, à Rambouillet.

Toutes ces écoles contiennent — y compris les élèves — environ 6,000 personnes soumises à la loi militaire.

L'administration de l'Algérie emploie 83 officiers (*bureaux arabes*) et 75 *interprètes militaires*.

Le recrutement et la mobilisation de toutes ces forces s'exécutent par l'intermédiaire de 20 directions, qui emploient 2,000 *secrétaires d'état-major* répartis en 20 sections.

Huit *sections techniques d'ouvriers de chemin de fer*, et 300 employés au service télégraphique, organisés sous la direction d'une *commission supérieure*, assureront les moyens de mobiliser ces masses d'hommes, de chevaux et de matériel.

Le nombre de ces non-combattants est de 50.000 environ, en temps de paix. En temps de guerre il est bien plus considérable. Quelques-uns des services énumérés (états-majors, écoles, etc.) n'augmentent pas leurs effectifs : d'autres, par exemple le corps des chirurgiens ou les compagnies d'ouvriers, s'accroissent de 50 à 80 p. 100 : certains, comme les équipages militaires, les sections d'infirmiers, etc., sont plus que doublés. Le nombre total des non-combattants est ainsi porté à 75 ou 80,000 hommes.

A côté de ces non-combattants, il en est d'autres qui ne sont pas comptés. Chaque officier a droit, pour son service personnel, à un soldat d'ordonnance; les officiers montés en ont plus d'un : l'état-major des bataillons, des régiments, des brigades, des divisions et des corps d'armée, occupe encore bon nombre d'hommes « détachés ». Une compagnie d'infanterie compte 4 officiers; un bataillon, 18 (ceux de chasseurs 20); un régiment, 79, avec les chirurgiens; c'est-à-dire environ 650 pour l'infanterie d'un corps d'armée. La cavalerie en compte 90, avec les médecins et les vétérinaires; l'artillerie, près de 80; le génie, une vingtaine; le train et les équipages, une trentaine; les états-majors, 35 à 40 : soient 900 à 910 par corps d'armée. Pour 20 corps d'opération, 18 à 19,000, et 21 à 22,000 avec la cavalerie de réserve et les services administratifs. Plus de 30,000 hommes sont détachés comme « ordonnances » pour le service de ces 22,000 officiers, et ce n'est pas trop. En outre, bien des hommes sont employés comme boulangers, bouchers, cuisiniers, et tous ces soldats, au nombre de près de 40,000, ne sont pas toujours présents sur le champ de bataille.

Après les non-combattants viennent les non-valeurs. Il y en a de deux catégories. L'une comprend des hommes qui ne rendent plus de services, l'autre des hommes qui n'en ont jamais rendu, qui n'en rendent pas, et qui n'en rendront jamais.

Dans la première catégorie il faut placer :

La plus grande partie des soldats formant les compagnies et les pelotons hors rang, c'est-à-dire les ouvriers : tailleurs, cordonniers, etc. En temps de paix ces hommes ne font que peu de service ; en temps de guerre il est rare qu'ils ne réussissent pas à rester au dépôt. Le corps d'armée que commandait Davoust, pendant les guerres de l'Empire, passait pour un modèle d'organisation. Chaque bataillon contenait, également répartis entre les compagnies,: les boulangers, bouchers, cuisiniers, cordonniers, tailleurs, qui, aujourd'hui, sont « détachés » du nombre des combattants. Ils étaient dispensés des corvées et des gardes, mais ils étaient toujours dans les rangs à l'heure du combat. Aussi quelles troupes que les trois immortelles divisions Friant, Gudin et Morand ! Les divisionnaires de ce temps valaient mieux que les chefs d'armées du nôtre !

On a décidé en principe la suppression de l'*Hôtel des Invalides*. La fondation de cet hôpital militaire fut un grand progrès pour l'époque. Aujourd'hui on a d'autres moyens — et plus efficaces — de secourir le soldat mutilé. L'institution n'est plus qu'un

3.

prétexte à grasses sinécures. On a bien fait de la supprimer. Quand réformera-t-on la *Chancellerie de la Légion d'honneur*, qui compte quatre fois plus d'employés qu'il n'en est besoin? L'*État-major des places* devait être également supprimé par voie d'extinction. Il était réduit à 30 officiers : mais on en a créé un nouveau qui déjà compte aussi 30 officiers, et qui, l'on peut en être sûr, ne manquera pas de s'accroître. Il y a là des places à donner !

Les enfants de troupe, au nombre de 6,000, n'augmentent pas beaucoup la force de l'armée. L'éducation qu'ils reçoivent au corps de garde n'en fait pas souvent de brillants sujets. Pour eux, pour l'armée et pour la société, il vaudrait mieux les élever tout autre part.

Les généraux placés sur la liste dite de réserve sont encore des non-valeurs dont on pourrait soulager l'armée. On les appelle en cas de pressant besoin ; c'est-à-dire quand manquent les autres généraux. Or, cela n'arrive qu'après de grands désastres, quand il y a de grandes fautes à réparer, de grands efforts à faire. Et c'est alors qu'on va chercher des hommes que l'âge ou l'état de leur santé a forcés à se retirer du service actif. Napoléon blâme sévèrement ces rappels de podagres « qu'on ne doit sous aucun prétexte remettre en activité ». Rarement on obtient de bons résultats, et si le général d'Aurelles de Paladines a rendu des services, MM. Bressolles, Chabaud-Latour, Changarnier, Reyau, Ulrich, Vinoy, n'ont pas ajouté, — tant s'en faut, — à la gloire militaire de notre pays.

Parmi les non-valeurs absolument inutilisables, il faut placer les aumôniers militaires, au nombre de 104. En temps de paix le soldat trouve toujours, dans la ville même où il tient garnison, des ministres du culte catholique, seul culte représenté dans l'aumônerie militaire. En campagne 104 aumôniers pour une armée qui, avec les non-combattants, comptera plus de sept cent mille hommes, cela donne, pour près de 7,000 soldats, *un* aumônier ! quel service efficace peut-il faire ? de quelle façon peut-il exercer son ministère vis-à-vis des 7,000 ouailles qui forment son immense troupeau ?

Après tout il ne s'agit que de 104 hommes, coûtant moins de 400,000 francs, et c'est bien peu de chose auprès des milliers d'hommes inutilisés et des millions de francs dévorés par les musiques militaires.

Chaque régiment d'infanterie a 41 musiciens. Il y a 144 régiments de ligne, 4 de zouaves, 3 de turcos, et un régiment étranger ; total : 152 régiments et 6,232 musiciens. Chaque bataillon de chasseurs a une *fanfare* de 17 hommes, ce qui fait pour les 30 bataillons de chasseurs 510 hommes, qui, ajoutés aux 6,232 musiciens de la ligne, font 6,742. Chaque école d'artillerie est ornée de 40 musiciens ! il y a 19 écoles, cela fait 760 musiciens ; total général : 7,502. Les tambours, les clairons et les trompettes n'ont, — il ne faut pas l'oublier, — rien de commun avec ce qu'on appelle la « musique militaire » et ne sont pas compris dans ce nombre. D'ailleurs ils sont utiles et l'on ne peut les regarder comme des non-valeurs.

Mais, dit-on, en campagne les musiciens remplissent le rôle de brancardiers et d'infirmiers. Il faut des infirmiers, on fait des musiciens ! Je ne sais trop ce que vaut la musique de ces infirmiers, mais je plains les blessés soignés par ces musiciens. Puis six mois suffisent à former des infirmiers, on garde les musiciens aussi longtemps que le permet la loi; on les gardait quatre ans naguère, on les gardera trois ans désormais. L'éducation d'un musicien durera donc autant que celle de six infirmiers, et dans le temps consacré à dresser 7,502 musiciens, on formerait 45,012 infirmiers, plus qu'il n'en faudrait pour soigner toute l'armée française si elle tombait subitement malade. Ce n'est pas tout : l'inutile coûtant partout et toujours beaucoup plus que l'indispensable, ces 7,502 inutiles chargent horriblement un budget déjà surchargé. Les simples musiciens ont le grade de sous-officiers, ils ont une haute paye, leur uniforme est un peu plus luxueux que celui des simples fusiliers, et leurs instruments coûtent sensiblement plus cher que ceux qu'on met aux mains des infirmiers. On peut sans exagération affirmer que les 7,500 musiciens coûtent autant que 13 ou 14,000 combattants. 13,000 hommes répartis entre les 144 régiments de ligne augmenteraient de 5 ou 6 hommes l'effectif de chaque compagnie de ligne dont la faiblesse est une cause sérieuse d'inquiétude pour tous ceux qui prennent intérêt à la défense du pays. Niel, le seul homme de guerre que l'armée française ait produit de 1815 à 1870, avait supprimé les musiques de cavalerie et d'artillerie. Faidherbe, dans son projet de réorganisation militaire, proposait de supprimer purement et simplement toutes les musiques. Nous n'en sommes pas là, car on a doté les écoles d'artillerie de 760 musiciens, qui, n'allant jamais à la guerre, ne peuvent même pas comme les autres être imposés aux contribuables à titre de garde-malades éventuels. Pour quiconque a pris part à une bataille moderne, le rôle musical de la musique militaire est fini. Sa seule utilité maintenant est de charmer les repas des états-majors et d'amuser les oisifs sur les places. Si le public — qui paye — trouve cela bon, il n'y a rien à dire, seulement il faut qu'il sache le prix de ces mélodieuses distractions.

Mais la musique existe dans l'armée allemande, mais toutes les armées européennes en sont pourvues. Sans doute. La musique est comme les galons et les panaches un des colifichets dont on aimait à parer le carnage alors que c'était un passe-temps de gentilhomme. Aujourd'hui la guerre est une chose plus sérieuse, et le citoyen qui se bat pour la patrie n'éprouve pas le besoin de mourir en musique.

Les musiques militaires sont une superfétation nuisible à l'armée, coûteuse au pays. En faveur de leur maintien il n'existe pas une raison valable. On peut donc hardiment affirmer qu'on ne les supprimera pas de longtemps. Heureux encore si on ne les augmente point!

MARINE

En 1870, alors que la France n'avait plus d'armée, la marine fournit des officiers instruits, d'habiles canonniers, des fantassins solides qui formèrent les meilleurs éléments de nos armées improvisées. Mais son rôle maritime fut presque nul ; elle n'eut qu'à bloquer les côtes de l'Allemagne, et même le blocus fut restreint à celles de la mer du Nord quand la glace vint fermer les ports de la Baltique. Durant la prochaine guerre il lui faudra reprendre la même tâche, rendue plus difficile cette fois par l'accroissement considérable de la marine allemande. Comme les ports allemands sont presque tous situés au fond de baies ou sur des estuaires, ils n'ont pas grand'chose à craindre des flottes ennemies. Les gros navires ne peuvent s'approcher de ces côtes basses qui s'enfoncent sous les flots par des pentes insensibles. Il faudrait là une flotille de bâtiments à faible tirant d'eau, pour escorter et transporter un corps de débarquement. Si la guerre traîne en longueur et si la fortune ne nous est pas trop contraire sur les champs de bataille, l'interruption prolongée de son énorme commerce maritime pèsera certainement sur les résolutions du peuple allemand.

La marine française au 1er janvier 1880, comprenait :

	24 cuirassés de 1re classe, portant	340 canons.
	13 » de 2e »	130 »
	12 » garde-côtes »	20 »
	13 canonnières cuirassées portant	54 »
Total...	62 cuirassés armés de,......	544 »

Il y a en outre   53 croiseurs; frégates ou corvettes à vapeur.
                  46 avisos . . . , ...   »
                  13 bateaux à torpilles. . . . .   »

Soient . . . 109 navires de combat non cuirassés.
Plus . . . . 37 transports à vapeur.

En tout 204 navires utilisables. 60 bâtiments à voiles peuvent fournir d'excellent bois de chauffage.

Pour monter sa flotte la France dispose de 2,700 officiers et de 46,500 hommes. Le génie maritime, les ingénieurs hydrographes, le commissariat et divers autres corps auxiliaires comptent 1,600 hommes; total : 49,800 hommes.

Outre les équipages de la flotte, le ministre de la marine a sous ses ordres un corps d'infanterie et un corps d'artillerie de marine, forts ensemble de 20,500 hommes sur le pied de la paix. Ces troupes, qui fournissent des garnisons aux colonies et des bataillons auxiliaires à l'armée, ont été déjà comptées en partie dans l'armée d'opération. Il est d'ailleurs question de les faire passer sous les ordres du ministère de la guerre.

Par l'importance de son matériel et le nombre de ses équipages, la marine française est la seconde de l'Europe. Mais il faut songer que depuis Navarin (1827) elle n'a pas vu de combat naval. Les marines allemande, autrichienne, danoise, italienne, ont subi cette épreuve qui manque encore à notre marine cuirassée. Dans la dernière guerre, une seule rencontre sérieuse eut lieu au large de la Havane, entre une canonnière allemande et une canonnière française.

Si mes renseignements sont exacts, l'issue de ce duel ne fut pas du tout à l'avantage du navire français. Sans doute on ne doit rien conclure d'un fait unique, mais il faut avouer qu'on ne peut non plus rien dire de certain sur la valeur exacte de notre marine avant qu'elle ait pris part à un grand engagement naval.

En résumé la France pourrait mettre sur pied :

Armée active de première ligne.	650000 hommes.
Batteries à pied, génie et pontonniers non employés dans les armées d'opération, compagnies actives de douaniers et de forestiers.	20000 »
Gendarmerie, garde républicaine.	26000 »
Douaniers et forestiers, — portions sédentaires.	21000 »
Dépôts de l'armée active	195000 »
Troupes en Algérie, avec dépôts, gendarmes et douaniers.	24000 »
Colonies.	13000 »
Non-combattants.	80000 »
Non-valeurs, — musiciens, partie des compagnies et des pelotons horsrang. . . .	12000 »
Équipages de la flotte et services de la marine.	50000 »
Total.	1091000 »

L'armée territoriale quand elle existera, si jamais elle existe, présentera les effectifs probables suivants :

Combattants.	330000	hommes.
Dépôts	72000	»
Services auxiliaires	30000	»
Algérie.	8000	»
Colonies, — en jugeant d'après l'Algérie.	20000	»
Total.	460000	»

C'est-à-dire 1,551,000 hommes, dont un *million* de combattants à lancer hors des frontières.

CHAPITRE III

L'ARMÉE ALLEMANDE EN 1879

L'empire allemand (Deutsches Reich) est une confédération de 25 États.

		kilom.	habitants.
1. Royaume de Prusse		347509	25742000
2. » de Bavière		75863	5222000
3. » de Saxe		14993	2761000
4. » de Wurtemberg		19504	1882000
5. Grand-Duché de Bade		15084	1507000
6. » de Hesse		7680	884000
7. » de Mecklembourg-Schwerin		13304	554000
8. Ville libre de Hambourg		410	389000
9. Duché de Brunswick		3690	327000
10. Grand-Duché d'Oldenbourg		6400	319000
11. » de Saxe-Weimar		3593	293000
12. Duché d'Anhalt		2347	214000
13. » de Saxe-Meiningen		2468	194000
14. » de Saxe-Cobourg et Gotha		1968	183000
15. » de Saxe-Altenbourg		1322	147000
16. Ville libre de Brême		255	142000
17. Principauté de Lippe		1189	112000
18. Grand-Duché de Meck-Strelitz		2930	96000
19. Principauté de Reuss (ligne cadette)		829	92000
20. » de Schwartzbourg-Rudolstadt		942	77000

		kilom.	habitants.
21. Principauté de Schwartzbourg-Sondershausen.		862	67000
22. Ville libre de Lubeck.		282	57000
23. Principauté de Waldeck		1121	55000
24. »	de Reuss (branche aînée).	316	47000
25. »	de Schaumbourg-Lippe. .	443	33000

Enfin les territoires pris à la France forment sous le nom de Pays d'Empire une province, possession soi-disant indivise de la Confédération — ainsi forcée de la défendre, en réalité possédée par la Prusse. Le roi de Prusse, chef de l'empire allemand, nomme tous les fonctionnaires d'Alsace-Lorraine et dispose du pays comme il lui plaît, sous le contrôle, peu gênant, du Reichstag ou parlement de l'empire allemand.

La province d'Alsace-Lorraine compte 14,512 kilom. et 1,532,000 hab. Avec elle la superficie de l'Empire est de 539,816 kilom. et la population de 42,727,000 hab.

Le service militaire est universel, — avec de nombreuses exceptions. Tout citoyen allemand placé dans les conditions exigées par la loi, doit passer trois ans dans l'armée active, quatre dans la réserve, et cinq dans la landwehr [1]. Lorsque le territoire

[1]. Exactement : garde du pays, garde nationale. L'analogie des noms fit croire à nos hommes politiques et militaires que la landwehr allemande ressemblait à ce qui subsistait en France sous le nom de garde nationale. On croyait aussi qu'elle formait le gros de l'armée allemande. De là le mot attribué au fameux Lebœuf : « Deux cent mille Français armés de chassepots traverseront toute l'Allemagne. Ce sera comme les soldats de Cortez en face des Mexicains ! »

allemand est envahi, ou simplement lorsque les frontières sont menacées, tous les hommes valides de 17 à 42 ans sont appelés sous les armes. Cette levée en masse est désignée sous le nom de landsturm (orage du pays).

Le contingent est de 145,000 hommes. Le reste des hommes valides est dispensé de tout service en temps de paix. Il y a en outre chaque année 9 à 10,000 volontaires d'un an. Les hommes attachés aux services auxiliaires passent moins d'un an sous les drapeaux.

Sept contingents de 145,000 hommes, défalcation faite des pertes courantes, donnent 840,000 hommes, auxquels il faut ajouter les officiers, les engagés volontaires, les volontaires d'un an, et les dispensés en temps de paix. Les cinq classes de la landwehr *doivent* fournir 435,000 hommes. L'effectif de l'armée allemande sur le pied de paix est de 421,000 hommes. La gendarmerie n'est pas comprise dans ce chiffre.

Le souvenir de ses prodigieuses victoires n'a pas endormi l'Allemagne sur ses lauriers. Bien au contraire. Un nouveau corps, le xve, a été formé, le xiiie et le xive ont été renforcés de plusieurs régiments. On a perfectionné l'armement, bâti des forteresses nouvelles, et augmenté les défenses des anciennes, amélioré les services auxiliaires qui pourtant laissaient peu à désirer, subordonné plus étroitement au ministère central de Berlin les administrations militaires des petits États ; on travaille sans relâche à constituer tous les corps sur le modèle prussien, et à complètement unifier l'armée. Vraiment, si l'on compare cette activité à ce qui s'est passé chez nous, on ne se douterait guère qu'ils sont les vainqueurs, eux, et nous, les vaincus.

Aujourd'hui l'armée allemande comprend quatre sortes de troupes :

>L'armée active,
>La landwehr,
>Les troupes de dépôt,
>Les troupes de réserve.

ARMÉE ACTIVE.

INFANTERIE.

L'infanterie de l'armée active comprend :

>9 régiments de la garde prussienne.
>123 » numérotés de 1 à 96 et de 100 à 126 ; les régiments nos 97, 98 et 99 sont encore à former.
>18 régiments bavarois numérotés de 1 à 17. Plus un régiment de la garde.

Total... 150 régiments.

Quelques-uns de ces régiments sont appelés régiments de grenadiers ou régiments de fusiliers. Mais ils sont armés et équipés comme les autres, dont ils ne diffèrent que par quelques détails de costume.

Chaque régiment est à trois bataillons : un seul, le 116e, n'en a que deux, et en aura trois plus tard

Dans les régiments autres que ceux de fusiliers, le troisième bataillon est appelé bataillon de fusiliers. Il ne diffère en rien des deux premiers.

19 bataillons de chasseurs (1 de la garde, 14 de la ligne et 4 bavarois.)
1 bataillon de tirailleurs (Schutzen) de la garde prussienne.
1 bataillon d'instruction (dissous en temps de guerre).

En tout 469 bataillons de campagne.

Chaque bataillon a 4 compagnies de 250 hommes, soient 1,000 par bataillon.

L'infanterie allemande est donc forte de

469,000 fantassins.

Le chiffre officiel est 493,058, mais dans ce nombre sont compris les non-combattants et les états-majors.

Les régiments ont pour chefs des colonels, les bataillons des majors : quelques bataillons de chasseurs et quelques bataillons de la garde ont à leur tête des lieutenants-colonels.

Outre leur numéro, les régiments ont souvent un nom. Ainsi le troisième grenadiers de la garde est appelé régiment de la reine Élisabeth. Dans la ligne les régiments sont deux fois numérotés, une fois par rapport à l'arme tout entière, une fois par rapport à la province où ils sont levés. Le régiment n° 53 est le 5ᵉ westphalien. Parfois ils ajoutent un nom à ces deux numéros. Le régiment n° 2 est le 1ᵉʳ poméranien, et porte le nom de : Grenadiers du roi Frédéric-Guillaume IV.

CAVALERIE.

La cavalerie comprend :
- 10 régiments de cuirassiers prussiens.
- 4 » de grosse cavalerie (Saxons et Bavarois).
- 28 » de dragons.
- 6 » de chevau-légers (tous Bavarois).
- 25 » de lanciers (hulans).
- 20 » de hussards.
- 93

Chaque régiment a cinq escadrons dont un de dépôt, cela donne 372 escadrons de campagne à 150 hommes par escadron : 55,800 cavaliers.

61,958 avec les non-combattants.

L'artillerie comprend.

Artillerie de campagne :

14 régiments à 2 sections de 3 batteries montées et 1 section de 3 batteries à cheval.

1 régiment à 2 sections de 4 batteries montées et 1 section de 2 batteries à cheval.

18 régiments à 2 sections de 4 batteries montées.

1 » à 2 » de 3 » »

1 régiment à 1 » de 4 » » et 1 section à 3 batteries montées et 1 batterie à cheval.

1 régiment à 1 section de 3 batteries montées et 1 section de 2 batteries montées et 1 à cheval.

Soient 36 régiments d'artillerie de campagne, comprenant 300 batteries dont 46 à cheval et 254 montées.

Chaque batterie est à 4 pièces en temps de paix, à 6 en temps de guerre ; 4 ou 5 batteries à cheval ont seules, en tout temps, 6 pièces attelées.

En admettant, comme il est convenu, 150 hommes par batterie, on arrive au total de 45,000 artilleurs. Le chiffre officiel est 80,206 ; mais on sait que dans l'artillerie le nombre des non-combattants attachés au transport des munitions et du matériel (caissons, affûts de rechange, pièces de parc, etc.) est toujours très considérable.

Quatre batteries montées sont, comme dans l'armée française, attachées à chaque division. Cela fait que chaque régiment de trois bataillons est accompagné d'une batterie de 6 pièces, soient 2 par bataillon. L'infanterie allemande a besoin d'être toujours appuyée par du canon.

L'artillerie à pied comprend 13 régiments à 2 bataillons, et 3 bataillons détachés, total 29 bataillons.

Chaque bataillon a 4 compagnies d'environ 200 hommes, soient 116 compagnies, 23,200 hommes.

PIONNIERS.

16 bataillons à 4 compagnies.
2   »   bavarois à 5 compagnies.

En tout 18 bataillons et 74 compagnies, à 250 hommes par compagnie : 18,500 hommes.

SERVICE DES CHEMINS DE FER.

Un régiment prussien à 2 bataillons de 4 compagnies.
Une compagnie bavaroise.
Soient 9 compagnies et 2,250 hommes.

RÉCAPITULATION.

Infanterie.	469000
Cavalerie.	55800
Artillerie.	68200
Génie	20750
Total.	613750

Le nombre des non-combattants s'élève à près de 100,000 hommes.

LANDWEHR.

INFANTERIE.

L'infanterie de la landwehr compte :

139 régiments	à 2 bataillons,		278 bataillons.
3 »	à 1 »		3 »
1 »	à 5 »		5 »
11 »	détachés	11 »
Total.	297 »

L'effectif officiel de ces 297 bataillons est de 268,000 hommes. Mais durant la dernière guerre, les bataillons de landwehr ont rarement compté plus de 600 hommes. On peut donc admettre le chiffre 170 à 180,000 combattants, comme se rapprochant le plus de la réalité.

Chaque régiment est commandé par un lieutenant-colonel qui, la plupart du temps, commande aussi l'un des bataillons.

Les grandes villes, Berlin, Dresde, Breslau, etc., fournissent les bataillons dits de réserve de la landwehr; ces bataillons font le même service que les autres.

J'ai compté 5 bataillons pour le régiment de Berlin, parce que l'Annuaire allemand donne les noms de cinq majors, sans toutefois indiquer le nombre des bataillons.

Il sera parlé autre part de la cavalerie, de l'artillerie et du génie de la landwehr.

ORGANISATION DE L'ARMÉE ALLEMANDE.

Ces troupes sont réparties en 18 corps d'armée.

Chaque corps comprend : en infanterie,

A. Deux divisions, sauf le xie qui en a trois; chaque division a 2 brigades, sauf la 30e qui en a 3; presque toutes les brigades sont à 2 régiments, ce qui fait 8 régiments par corps d'armée :

Le xve corps en a 10, la garde et le 1er corps bavarois en ont 9, le xiiie corps et le iie bavarois en ont 7.

B. Un bataillon de chasseurs.

Le xiiie et le xive corps n'ont pas de bataillon de chasseurs. Le xiie corps saxon, le 1er et le iie bavarois en ont chacun deux. La garde a un bataillon de chasseurs et un de tirailleurs.

C. Chaque régiment est ordinairement doublé d'un régiment ou d'un bataillon de landwehr qui, la plupart du temps, porte le même numéro que lui. Les exceptions à ces règles sont trop nombreuses pour les signaler toutes ici.

CAVALERIE.

Chaque corps d'armée contient 2 brigades de cavalerie à 2 ou 3 régiments.

La garde a une division de 3 brigades, comprenant 8 régiments ; le xiie corps une division de 2 brigades, chacune à 3 régiments, le xve une division de 2 brigades, chacune à 4 régiments.

ARTILLERIE.

ARTILLERIE DE CAMPAGNE.

A chaque corps est attachée une brigade d'artillerie de campagne, placée sous les ordres d'un colonel. Elle comprend 2 régiments, commandés d'ordinaire chacun par un lieutenant-colonel.

Le premier, dit régiment d'artillerie de corps d'armée, est divisé en 3 sections de 3 batteries chacune : la troisième section est à cheval.

Le deuxième régiment, ou régiment d'artillerie divisionnaire, se fractionne en 2 sections, chacune de 4 batteries montées.

Chaque corps a donc 14 batteries montées et 3 batteries à cheval.

Exceptions :

Le xie corps, a 3 régiments, 19 batteries montées et 4 à cheval.
Le xiie corps, 16 batteries montées et 2 à cheval.
Le xiiie corps, 14 batteries montées.
Le xive corps, 15 batteries montées et 1 à cheval.
Le xve corps, 8 batteries montées.

ARTILLERIE A PIED.

De chaque corps dépend un régiment d'artillerie à pied : le ixe corps n'a qu'un bataillon, détaché au iie corps ;

Le xe n'en a aussi qu'un, détaché au xve; il en est de même du xie corps ;

Le xiie corps détache son régiment au xve corps ;

Le xiiie corps n'a pas d'artillerie à pied ;

Le xive n'a qu'un bataillon qu'il détache au xve corps ;

Le iie corps bavarois détache un de ses 2 bataillons au xve corps qui a ainsi 6 bataillons d'artillerie à pied, pour garnir Metz, Strasbourg, Thionville et Neuf-Brisach.

GÉNIE.

Un bataillon du génie est attaché à chaque corps d'armée. Trois compagnies, dont une remplit les fonctions de pontonniers, suivent les troupes de campagne. La quatrième compagnie (4e et 5e pour les corps bavarois) reste en réserve avec l'artillerie à pied.

Le régiment de chemin de fer (Eisenbahn Regiment) est attaché à la garde, la compagnie bavaroise au premier corps bavarois.

Enfin chaque corps est pourvu d'un bataillon du train à 2 compagnies (3 pour la garde).

Les corps sont généralement recrutés dans les provinces dont ils portent le nom ; d'ordinaire aussi ils y sont stationnés. Cela facilite la mobilisation et donne plus d'homogénéité aux troupes. Toutefois la garde se recrute par tout le territoire prussien.

Les conscrits d'Alsace-Lorraine sont dispersés dans tous les corps, et leur pays est occupé par des troupes de tous les États allemands. Les Polonais de Posen sont, durant la paix, casernés en Silésie, tandis que plusieurs régiments silésiens tiennent garnison dans le duché de Posen. En cas de mobilisation, les hommes de la réserve rejoignent le corps le plus voisin. En Alsace, en Posnanie et en Silésie, ils sont ainsi versés dans des cadres nouveaux pour eux. Cela ne rend pas, on le conçoit, ces régiments plus solides ; mais, comme dit le vieux proverbe : Bien mal acquis profite rarement.

Voici la distribution, ou, comme on dit, l'ordre de bataille des troupes allemandes :

GARDE.

Commandant : Auguste DE WURTEMBERG.

1re *Division d'infanterie de la garde.*

Lieutenant général : fon PAPE.

1re BRIGADE D'INFANTERIE DE LA GARDE.

1er régiment d'infanterie de la garde.
3e   »   d'infanterie de la garde.
Bataillon de chasseurs de la garde.
Bataillon d'instruction.

1er régiment de la landwehr de la garde.
3e   »   de la landwehr de la garde.

2e BRIGADE D'INFANTERIE DE LA GARDE.

2e régiment d'infanterie de la garde.
4e   »   d'infanterie de la garde.
Régiment de fusiliers de la garde.

2e régiment de la landwehr de la garde.
4e   »   de la landwehr de la garde.
Régiment de fusiliers de la landwehr de la garde.

2ᵉ Division d'infanterie de la garde.

Lieutenant général : fon DANNENBERG.

3ᵉ BRIGADE D'INFANTERIE DE LA GARDE.

1ᵉʳ grenadiers de la garde (empereur Alexandre).
3ᵉ　　»　　de la garde (reine Élisabeth).
Bataillon de tirailleurs de la garde.

1ᵉʳ régiment de la landwehr des grenadiers de la garde.
3ᵉ　　»　　de la landwehr des grenadiers de la garde.

4ᵉ BRIGADE D'INFANTERIE DE LA GARDE.

2ᵉ grenadiers de la garde (empereur François).
4ᵉ　　»　　de la garde (grenadiers de la reine).

2ᵉ landwehr des grenadiers de la garde.
1ᵉʳ　　«　　des grenadiers de la garde.

Division de cavalerie de la garde.

Lieutenant général : fon BRANDENBOURG II.

1ʳᵉ BRIGADE DE CAVALERIE DE LA GARDE.

Gardes du corps.　　　Cuirassiers de la garde.

2ᵉ BRIGADE DE CAVALERIE DE LA GARDE.

Hussards de la garde.　　1ᵉʳ hulans de la garde.
　　　　3ᵉ hulans de la garde.

3ᵉ BRIGADE DE CAVALERIE DE LA GARDE.

1ᵉʳ dragons de la garde.　　2ᵉ dragons de la garde.
　　　　2ᵉ hulans de la garde.

BRIGADE D'ARTILLERIE DE CAMPAGNE DE LA GARDE.

1ᵉʳ régiment d'artillerie de campagne de la garde.
2ᵉ　　»　　d'artillerie de campagne de la garde.
Régiment d'artillerie à pied de la garde.

Bataillon de pionniers de la garde.
Régiment des chemins de fer (2 bataillons).
Bataillon du train de la garde (3 compagnies).

Total des troupes de campagne : 29 bataillons, 32 escadrons, 17 batteries, 3 bataillons du génie, 18 bataillons de landwehr.

Ier CORPS.
Prusse orientale.

Général d'infanterie : fon BARNEKOW.

1re *Division*.

Lieutenant général : fon BECKEDORFF.

1re BRIGADE D'INFANTERIE.

Grenadiers du prince royal n° 1.	Landwehr de la Prusse orientale n° 1.
5° régiment de la Prusse orientale n° 41.	5° landw. de la Prusse orientale n° 41.
	Bat. landw. de réserve n° 33.

2° BRIGADE D'INFANTERIE.

2° grenadiers de la Prusse orientale n° 3.	2° landw. de la Prusse orientale n° 3.
6° régiment de la Prusse orientale n° 43.	6° landw. de la Prusse orientale n° 43.

2° *Division*.

Lieutenant général : fon CONRADY.

3° BRIGADE D'INFANTERIE.

3° grenadiers de la Prusse orientale n° 4.	3° landwehr de la Prusse orientale n° 4.
7° régiment de la Prusse orientale n° 44.	7° landwehr de la Prusse orientale n° 44.

4° BRIGADE D'INFANTERIE.

4 grenadiers de la Prusse orientale n° 5.	4° landw. de la Prusse orientale n° 5.
Fusiliers de la Prusse orientale n° 33.	8° landw. de la Prusse orientale n° 45.

Bataillon de chasseurs de la Prusse orientale n° 1.

1re BRIGADE DE CAVALERIE.

Cuirassiers de la Prusse orientale (comte Wrangel) n° 3.
Dragons (prince Albert de Prusse) n° 1.
Hulans de Lithuanie n° 12.

2e BRIGADE DE CAVALERIE.

Hussards de la mort n° 1.   Hulans de la Prusse orientale n° 8.

1re BRIGADE D'ARTILLERIE DE CAMPAGNE.

Régiment d'artillerie de campagne de la Prusse orientale n° 1.
   »   »   »   n° 16.
   »   à pied de la Prusse orientale n° 1.
Bataillon du génie de la Prusse orientale n° 1.
   »   du train   »   »   n° 1.

Troupes de campagne : 25 bataillons, 20 escadrons, 17 batteries, 1 bataillon du génie, 17 bataillons de landwehr.

IIe CORPS.

Poméranie et district de Bromberg.

Général de cavalerie : fon WEYHERN.

3e *Division.*

Lieutenant général : F. fon SELL.

5e BRIGADE D'INFANTERIE.

1er Poméranien (grenadiers   1er landw. poméranien n° 2
   Frédéric-Guillaume IV) n° 2.
Fusiliers poméraniens n° 34.   5e landw. poméranien n° 42.

6e BRIGADE D'INFANTERIE.

Poméranien n° 14.   3e landwehr poméranien n° 14.
7 —   n° 54.   7e —   —   n° 54.
                             Bataillon de réserve landwehr
                              poméranien n° 34.

4e *Division.*

Lieutenant général : fon BORRIES.

7e BRIGADE D'INFANTERIE.

2e Poméranien (grenadiers de Colberg) n° 9.
6e Poméranien n° 49.
2e landw. poméranien n° 9.
6e landw. poméranien n° 49.

8e BRIGADE D'INFANTERIE.

4e Poméranien n° 21. 4e landwehr poméranien n° 21.
8e   »   n° 61, 8e   »   »   n° 61.
Bataillon de chasseurs poméraniens n° 2.

3e BRIGADE DE CAVALERIE.

Cuirassiers de la reine n° 2.   Dragons de Neumark n° 3.
2e hulans poméraniens n° 9.

4e BRIGADE DE CAVALERIE.

Dragons poméraniens n° 11.   Hussards de Blucher n° 5.

2e BRIGADE D'ARTILLERIE DE CAMPAGNE.

1er régiment d'artillerie de campagne poméranien n° 2.
2e   »   »   »   »   n° 17.
Régiment d'artillerie à pied n° 2.
Bataillon   »   n° 9, détaché du IXe corps.
Bataillon de pionniers poméraniens.
    »   du train poméranien.

Troupes de campagne : 25 bataillons, 20 escadrons, 17 batteries, 4 compagnies du génie, 17 bataillons de landwehr.

IIIe CORPS.

Brandebourg.

Général fon GROSS, dit fon SCHARZHOFF.

5e *Division.*

Lieutenant général : F. fon LOE.

9ᵉ BRIGADE D'INFANTERIE.

Grenadiers de la mort (1ᵉʳ Brandebourg) nº 8.
5ᵉ Brandebourg nº 48.

1ᵉʳ landwehr de Brandebourg nº 8.
5ᵉ landwehr de Brandebourg nº 48.

10ᵉ BRIGADE D'INFANTERIE.

Grenadiers prince Karl de Prusse (2ᵉ Brandeb.) nº 12.
6ᵉ Brandebourg nº 52.

2ᵉ landw. Brandebourg nº 12.
6ᵉ landwehr de Brandebourg nº 52.

6ᵉ *Division*.

Lieutenant général : fon Forster.

11ᵉ BRIGADE D'INFANTERIE.

3ᵉ Brandebourg nº 20.
Fusiliers Brandebourg nº 35.

3ᵉ landw. Brandebourg nº 20.
7ᵉ — — nº 60.
Landwehr de Berlin nº 35 (5 bataillons).

12ᵉ BRIGADE D'INFANTERIE.

4ᵉ Brandebourg nº 24.
8ᵉ » nº 64.

4ᵉ landwehr Brandebourg nº 24.
8ᵉ » » nº 64.

Bataillon de chasseurs de Brandebourg nº 3.

5ᵉ BRIGADE DE CAVALERIE.

1ᵉʳ dragons de Brandebourg nº 2.
2ᵉ » » nº 12.
1ᵉʳ hulans de Brandebourg (empereur Alex. de Russie) nº 3.

6ᵉ BRIGADE DE CAVALERIE.

Cuirassiers de Brandebourg (emper. Nicolas Iᵉʳ de Russie).
Hussards de Ziethen nº 3   2ᵉ hussards de Brandeb. nº 11.

3ᵉ BRIGADE D'ARTILLERIE DE CAMPAGNE.

1ᵉʳ régiment d'artillerie de campagne de Brandebourg nº 3.
2ᵉ » » » » nº 18.

Régiment d'artillerie à pied de Brandebourg n° 3.
Bataillon de pionniers de Brandebourg n° 3.
    »   du train de Brandebourg n° 3.

Troupes de campagne : 25 bataillons, 24 escadrons, 17 batteries, 4 compagnies du génie, 21 bataillons de landwehr.

IVe CORPS.

Saxe prussienne. — Duché de Saxe-Altenbourg. — Principautés de Schwarzbourg-Rudolstadt. — Schwarzbourg-Sondershausen — Reuss, branche cadette. — Reuss, branche aînée.

Général d'infanterie : fon BLUMENTHAL.

7e *Division.*

Lieutenant général : fon STIEHLE.

13e BRIGADE D'INFANTERIE.

1er Magdebourg n° 26.	1er landwehr Magdebourg n° 26.
3e » n° 66.	3e » » n° 66.
	Bataillon de rés. landwehr de Magdebourg n. 36.

14e BRIGADE D'INFANTERIE.

2e Magdebourg n° 27.	2e landwehr Magdebourg n° 27.
Régiment d'Anhalt n° 93.	4e » » n° 67.
	Landwehr d'Anhalt n° 93.

8e *Division.*

Lieutenant général : ROTHMALER.

15e BRIGADE D'INFANTERIE.

Fusiliers de Magdebourg n° 36.	1er landwehr thuringien n° 31.
3e Thuringien n° 71.	3e » » n° 71.

16e BRIGADE D'INFANTERIE.

4e Thuringien n° 72.	4e landwehr thuringien n° 72.
7e » n° 96.	7e » » n° 96.

Bataillon de chasseurs de Magdebourg n° 4.

7ᵉ BRIGADE DE CAVALERIE.

Cuirassiers de Magdebourg n° 7. Hussards de Magdebourg n° 10.
Hulans d'Altmark n° 16.

8ᵉ BRIGADE DE CAVALERIE.

Dragons de Magdebourg n° 6.   Hussards de Thuringe n° 12.

4ᵉ BRIGADE D'ARTILLERIE DE CAMPAGNE.

Régiment d'artillerie de campagne de Magdebourg n° 6.
»   »   .   »   de Thuringe n° 19.
»   »   à pied de Magdebourg n° 4.
Bataillon de pionniers de Magdebourg n° 4.
»   du train de Magdebourg n° 4.

Troupes de campagne : 25 bataillons, 20 escadrons, 17 batteries, 4 compagnies du génie, 19 bataillons de landwehr.

Vᵉ CORPS.

Posen. — Basse Silésie.

Général : fon Kirchbach.

9ᵉ *Division.*

Lieutenant général : fon Rauch Iᵉʳ.

17ᵉ BRIGADE D'INFANTERIE.

3ᵉ Posen n° 58.   1ᵉʳ landwehr de la Prusse occidentale n° 6.
2ᵉ   »   n° 59.   1ᵉʳ   »   de la basse Silésie n° 46.
Bataillon de landwehr de réserve n° 37.

18ᵉ BRIGADE D'INFANTERIE.

2ᵉ Prusse occidentale (grena-   2ᵉ landwehr Prusse occiden-
diers du roi) n° 7.   tale n° 7.
2ᵉ Posen n° 19.   2ᵉ landw. basse Silésie n° 47.

10ᵉ *Division.*

Lieutenant général : fon Nitsche.

19ᵉ BRIGADE D'INFANTERIE.

1ᵉʳ Prusse occidentale (grena- 1ᵉʳ landwehr de Posen n° 18.
diers n° 6.
1ᵉʳ basse Silésie n° 46.   3ᵉ landwehr de Posen n° 58.

20ᵉ BRIGADE D'INFANTERIE.

Fusiliers de Westphalie n° 37.   2ᵉ landwehr de Posen n° 19.
2ᵉ basse Silésie n° 50.   4ᵉ   »   »   n° 59.

1ᵉʳ bataillon de chasseurs de Silésie n° 5.

9ᵉ BRIGADE DE CAVALERIE.

Cuirassiers de Westphalie n° 5.   1ᵉʳ dragons de Silésie n° 4.
Hulans de Posen n° 10.

10ᵉ BRIGADE DE CAVALERIE.

2ᵉ hussards de la mort n° 2.   Hulans de Westphalie n° 1.

5ᵉ BRIGADE D'ARTILLERIE DE CAMPAGNE.

Régiment d'artillerie de campagne de la basse Silésie n° 5.
  »   »   »   de Posen n° 20.
  »   »   à pied de la basse Silésie n° 5.
Bataillon de pionniers de la basse Silésie n° 5.
  »   du train de la basse Silésie n° 5.
Troupes de campagne : 25 bataillons, 20 escadrons, 17 batteries, 4 compagnies du génie, 17 bataillons de landwehr.

VIᵉ CORPS.

Haute Silésie.

Général de cavalerie : fon Tumpling.

11ᵉ *Division.*

Lieutenant général : fon Brandenbourg Iᵉʳ.

21ᵉ BRIGADE D'INFANTERIE.

1ᵉʳ Grenadiers de Silésie n° 10.   1ᵉʳ landwehr silésien n° 10.
Fusiliers de Silésie n° 38.   3ᵉ landwehr basse Silésie n° 10.
                                   Rég. de landw. de rés. n° 38.

22ᵉ BRIGADE D'INFANTERIE.

2ᵉ grenadiers de Silésie n° 11.   2ᵉ landwehr silésien n° 11.
4ᵉ basse Silésie n° 51.   4ᵉ   »   basse Silésie n° 51.

12e *Division.*

Lieutenant général : KRAFT, prince DE HOHENLOHE-INGELFINGEN.

23e BRIGADE D'INFANTERIE.

1er Posen n° 18.	1er landwehr haute Silésie n° 22.
3e haute Silésie n° 62.	3e » » n° 62.

24e BRIGADE D'INFANTERIE.

2e haute Silésie n° 23.	2e landwehr haute Silésie n° 23.
4e » n° 63.	4e » » n° 63

2e bataillon de chasseurs silésiens n° 6.

11e BRIGADE DE CAVALERIE.

Cuirassiers de la mort (Silésiens) n° 1.

2e dragons de Silésie n° 8.   1er hussards de Silésie n° 4.

12e BRIGADE DE CAVALERIE.

2e hussards de Silésie n° 6.   Hussards de Silésie n° 2

6e BRIGADE D'ARTILLERIE DE CAMPAGNE.

Régiment d'artillerie de campagne de Silésie n° 6.
» « » de haute Silésie n° 21.
» » à pied de Silésie n° 6.
Bataillon de pionniers de Silésie n° 6.
» du train de Silésie n° 6.

Troupes de campagne : 25 bataillons, 20 escadrons, 17 batteries, 4 compagnies du génie, 17 bataillons de landwehr.

VIIe CORPS.

Westphalie. — Prusse rhénane. — District de Dusseldorf. — Principautés de Lippe-Detmold et de Lippe-Schaumbourg.

Général de cavalerie : STOLBERG-WERNIGERODE.

13e *Division.*

Lieutenant général : fon der GOLTZ.

25e BRIGADE D'INFANTERIE.

1er Westphalien n° 13.	1er landwehr westphalien n° 13.
5e » n° 53.	5e » » n° 53.

26ᵉ BRIGADE D'INFANTERIE.

2ᵉ Westphalien (prince Frédéric de Hollande) n° 15.
6ᵉ Westphalien n° 55.

2ᵉ landw. westphalien n° 15.
6ᵉ landw. westphalien n° 55.

14ᵉ *Division.*

Lieutenant général : fon WITZENDORF.

27ᵉ BRIGADE D'INFANTERIE.

3ᵉ Westphalien n° 16.
Fusiliers du Bas-Rhin n° 39.

3ᵉ landwehr westphalien n° 16.
7ᵉ » » n° 56.

28ᵉ BRIGADE D'INFANTERIE.

7ᵉ Westphalien n° 56.
8ᵉ » n° 57.

4ᵉ landwehr westphalien n° 17
8ᵉ » » n° 57.
Bataillon de landw. de rés. n° 39.

Bataillon de chasseurs westphaliens n° 7.

13ᵉ BRIGADE DE CAVALERIE.

Cuirassiers westphaliens n° 4.   1ᵉʳ hussards westphaliens n° 8.

14ᵉ BRIGADE DE CAVALERIE.

2ᵉ hussards westphaliens n° 11.   Hulans westphaliens n° 5.

7ᵉ BRIGADE D'ARTILLERIE DE CAMPAGNE.

1ᵉʳ régiment d'artillerie de campagne westphalien n° 7.
2ᵉ » » » » n° 22.
Régiment d'artillerie à pied westphalien n° 7.
Bataillon de pionniers westphaliens n° 7.
 » du train westphalien n° 7.

Troupes de campagne : 25 bataillons, 16 escadrons, 17 batteries, 4 compagnies du génie, 17 bataillons de landwehr.

VIIIᵉ CORPS.

Prusse rhénane.

Général d'infanterie : fon GOEBEN.

15ᵉ *Division.*

Lieutenant général : fon ZYCHLINSKI.

29e BRIGADE D'INFANTERIE.

Fusiliers de Hohenzollern n° 40.   1er landwehr du Rhin n° 25.
5e régiment du Rhin n° 65.   2e   »   »   n° 65.

30e BRIGADE D'INFANTERIE.

2e régiment du Rhin n° 28.   2e landwehr du Rhin n° 28.
6e   »   »   n° 68.   6e   »   »   n° 68.
                              Régiment de landwehr de rés. n° 40.

16e Division.

Lieutenant général : fon Wichmann.

31e BRIGADE D'INFANTERIE.

3e régiment du Rhin n° 29.   3e landwehr du Rhin n° 29.
7e   »   »   n° 69.   7e   »   »   n° 69.

32e BRIGADE D'INFANTERIE.

4e régiment du Rhin n° 30.   4e landwehr du Rhin n° 30.
8e   »   »   n° 70,   8e   »   »   n° 70,

Bataillon de chasseurs du Rhin n° 8.

15e BRIGADE DE CAVALERIE.

1er hussards du Rhin (régiment du roi) n° 7   Cuirassiers du Rhin n° 8.

16e BRIGADE DE CAVALERIE.

Dragons de Westphalie n° 7.   2e hussards du Rhin n° 9.

8e BRIGADE D'ARTILLERIE DE CAMPAGNE.

1er régiment d'artillerie de campagne du Rhin n° 8.
2e   »   »   »   »   n° 23.
Régiment à pied du Rhin n° 8.
Bataillon de pionniers du Rhin n° 8.
    »   du train du Rhin n° 8.

Troupes de campagne : 25 bataillons, 16 escadrons, 17 batteries, 4 compagnies du génie, 18 bataillons de landwehr.

IXᵉ CORPS.

Schleswig-Holstein. — Mecklembourg-Schwerin. — Mecklembourg-Strelitz. — Brême. — Hambourg. — Lubeck.

Général d'infanterie : fon Tresnkow.

17ᵉ *Division.*

Lieutenant général : fon Schlothim.

33ᵉ BRIGADE D'INFANTERIE.

1ᵉʳ Hanséatique n° 75.   1ᵉʳ landwehr hanséatique n° 75.
2ᵉ   »   n° 76.   2ᵉ   »   »   n° 76.

34ᵉ BRIGADE D'INFANTERIE.

Grenadiers de Mecklembourg 1ᵉʳ landw. de Mecklembourg
  n° 89.   n° 89.
Fusiliers de Mecklembourg   2ᵉ landwehr de Mecklembourg
  n° 90.   n° 90.

18ᵉ *Division.*

Lieutenant général : fon Diringshoffen.

35ᵉ BRIGADE D'INFANTERIE.

1ᵉʳ Schleswig n° 84.   Landwehr de Schleswig n° 64.
Fusiliers de Schleswig-Holstein n° 86.

36ᵉ BRIGADE D'INFANTERIE.

1ᵉʳ Thuringien n° 31.   Landwehr de Holstein n° 85.
Régiment de Holstein n° 85.   Batail. de landw. de réser. n° 86.

Bataillon de chasseurs de Mecklembourg n° 14.

17ᵉ BRIGADE DE CAVALERIE.

1ᵉʳ dragons de Mecklembourg 2ᵉ dragons de Mecklembourg
  n° 17.   n° 18.

18ᵉ BRIGADE DE CAVALERIE.

Hussards de Hanovre n° 15.   Hussards de Schleswig-Holstein
                              (emper. Fr.-Joseph) n° 16.

9ᵉ BRIGADE D'ARTILLERIE DE CAMPAGNE.

Régiment d'artillerie de campagne de Schleswig nº 9.
» » » de Holstein nº 24.
Bataillon d'artillerie à pied de Schleswig nº 9 (detaché au IIᵉ corps).
Bataillon de pionniers de Schleswig-Holstein nº 9.
» du train de Schleswig-Holstein nº 9.

Troupes de campagne : 25 bataillons, 16 escadrons, 17 batteries, 4 compagnies du génie, 13 bataillons de landwehr.

Xᵉ CORPS.

Hanovre. — Oldenbourg. — Brunswig.

Général de cavalerie : Albert DE PRUSSE.

19ᵉ *Division.*

Lieutenant général : fon STRUBBERG.

37ᵉ BRIGADE D'INFANTERIE.

Régiment de la Frise orientale nº 78.   Landwehr de la Frise orientale nº 78.
Régiment d'Oldenbourg nº 91.   Landwehr d'Oldenbourg nº 91.

38ᵉ BRIGADE D'INFANTERIE.

Fusiliers de Hanovre nº 73.   1ᵉʳ landwehr de Hanovre nº 74.
1ᵉʳ Hanovriens nº 74.   Batail. de landw. de réser. nº 73.

20ᵉ *Division.*

Lieutenant général : fon FOIGTS-RHETZ.

39ᵉ BRIGADE D'INFANTERIE.

2ᵉ Hessois nº 82.   3ᵉ landwehr de Hanovre nº 79.
3ᵉ Hanovriens nº 79.

40ᵉ BRIGADE D'INFANTERIE.

4ᵉ Magdebourg nº 67.   Landwehr de Hanovre nº 77.
2ᵉ Hanovrien nº 77.   » du duché de Brunswig nº 92.

Bataillon de chasseurs hanovriens nº 10.

19ᵉ BRIGADE DE CAVALERIE.

Dragons d'Oldenbourg nº 19.   2ᵉ hulans de Hanovre nº 14.

20ᵉ BRIGADE DE CAVALERIE.

2ᵉ dragons de Hanovre nº 16.   Hussards de Brunswig nº 17.
1ᵉʳ hulans de Hanovre nº 13.

10ᵉ BRIGADE D'ARTILLERIE DE CAMPAGNE.

1ᵉʳ régiment d'artillerie de campagne du Hanovre nº 10.
2ᵉ   »   »   »   » nº 26.
Bataillon d'artillerie à pied nº 10 (détaché au xvᵉ corps).
   » de pionniers de Hanovre nº 10.
   » du train de Hanovre nº 10.

Troupes de campagne : 25 bataillons, 20 escadrons, 17 batteries, 4 compagnies du génie, 13 bataillons de landwehr.

XIᵉ CORPS.

Province prussienne de Hesse-Nassau. — Grand duché de Saxe Weimar. — Duchés de Saxe-Cobourg-Gotha. — De Saxe-Meinigen. — Principauté de Waldeck.

Général d'infanterie : fon BOSE.

21ᵉ *Division.*

Lieutenant général : fon THILE.

41ᵉ BRIGADE D'INFANTERIE.

1ᵉʳ Nassau nº 87.   1ᵉʳ landwehr Nassau nº 87.
2ᵉ   »   nº 88.   2ᵉ   »   »   nº 88.

42ᵉ BRIGADE D'INFANTERIE.

Fusiliers hessois nº 80.   1ᵉʳ landwehr hessois nº 81.
1ᵉʳ Hessois nº 81.   2ᵉ landwehr hessois nº 82.
                           Bataillon de landwehr de réserve nº 80.

22ᵉ *Division.*

Lieutenant général : fon BLUMENTHAL.

43ᵉ BRIGADE D'INFANTERIE.

3ᵉ Hessois n° 43. 3ᵉ landwehr hessois n° 83.
6ᵉ Thuringien n° 95. 6ᵉ » thuringien n° 95.

44ᵉ BRIGADE D'INFANTERIE.

2ᵉ Thuringien n° 32. 2ᵉ landwehr thuringien n° 32.
5ᵉ » n° 94. 5ᵉ » » n° 94.

Bataillon de chasseurs hessois n° 11.

31ᵉ BRIGADE DE CAVALERIE.

Dragons du Rhin n° 5. 1ᵉʳ hussards hessois n° 13.

22ᵉ BRIGADE DE CAVALERIE.

2ᵉ hussards hessois n° 14. Hulans thuringiens n° 6.

11ᵉ BRIGADE D'ARTILLERIE DE CAMPAGNE.

Régiment d'artillerie de campagne hessois n° 11.
» » » de Nassau n° 27.
Bataillon de pionniers hessois n° 11.
» du train hessois n° 11.

Au XI° corps se rattache la 25ᵉ division fournie par le grand-duché de Hesse.

25ᵉ *Division.*

Général : prince Henri DE HESSE.

49ᵉ BRIGADE D'INFANTERIE.

1ᵉʳ Hesse Grand-Ducale n° 115. 1ᵉʳ landwehr de la Hesse Grand-Ducale n° 115.

2ᵉ Hesse Grand-Ducale n° 116. (Ce régiment n'a que 2 bataillons). 2ᵉ landwehr de la Hesse Grand-Ducale n° 116. (Un seul bataillon).

50ᵉ BRIGADE D'INFANTERIE.

3ᵉ Hesse Grand-Ducale n° 117. 3ᵉ landwehr de la Hesse Grand-Ducale n° 117.

4ᵉ Hesse Grand Ducale (prince Charles) n° 118. 4ᵉ landwehr de la Hesse Grand-Ducale n° 118.

25ᵉ BRIGADE DE CAVALERIE.

1ᵉʳ dragons de la garde Hesse Grand-Ducale n° 23.   2ᵉ dragons Hesse Grand-Ducale n° 24.

Régiment d'artillerie de campagne Hessois n° 25.
(5 batteries montées, 1 à cheval).
1 bataillon d'artillerie à pied détaché au XVᵉ corps.
Compagnie du train Hesse Grand-Ducale

Troupes de campagne : 36 bataillons, 24 escadrons, 23 batteries, 4 compagnies du génie, 24 bataillons de landwehr.

XIIᵉ CORPS.

Royaume de Saxe,

Général d'infanterie : prince Georges DE SAXE.

24ᵉ *Division.*

Major général : fon HAUSEN.

1ʳᵉ BRIGADE D'INFANTERIE, n° 45.

1ᵉʳ grenadiers saxons n° 100.   1ᵉʳ landwehr saxon n° 100.
2ᵉ grenadiers saxons (empereur Guillaume) n° 101.   2ᵉ landwehr saxon n° 101.
   Bataillon de landwehr de réserve n° 108.

2ᵉ BRIGADE D'INFANTERIE, n° 46.

3ᵉ régiment saxon n° 102.   3ᵉ landwehr saxon n° 102.
4ᵉ   »   »   n° 103.   4ᵉ   »   »   n° 103.

Bataillon de chasseurs n° 12.

25ᵉ *Division.*

Lieutenant général : fon MONTBÉ.

3ᵉ BRIGADE D'INFANTERIE, n° 47.

5ᵉ régiment saxon n° 104.   5ᵉ landwehr saxon n° 104.
Fusil. du prince Georges n°   6ᵉ   »   n° 105.

4ᵉ BRIGADE D'INFANTERIE, n° 48.

7ᵉ Saxon (pr. Georges) n° 106.   7ᵉ landwehr saxon n° 106.
8ᵉ   »   (pr. Jean-Georges) n° 107.   8ᵉ   »   »   n° 107.

Bataillon de chasseurs n° 13.

Division de cavalerie.

Lieutenant général : SENFFT fon PILSACH.

23ᵉ BRIGADE DE CAVALERIE.

1ᵉʳ régiment de grosse cavalerie (gardes).
1ᵉʳ hulans saxons n° 17.   1ᵉʳ hussards saxons n° 18.

24ᵉ BRIGADE DE CAVALERIE.

2ᵉ régiment de grosse cavalerie (carabiniers).
2ᵉ hussards saxons (prince Fr. Guillaume de Prusse) n° 19.
2ᵉ hulans saxons n° 18.

12ᵉ BRIGADE D'ARTILLERIE DE CAMPAGNE.

1ᵉʳ régiment d'artillerie de campagne saxon n° 12.
2ᵉ   »   »   »   »   n° 28.
Régiment d'artillerie à pied n° 12, détaché au xvᵉ corps.
Bataillon de pionniers saxons n° 12.
»   du train saxon n° 12.

Troupes de campagne : 26 bataillons, 24 escadrons, 18 batteries, 4 compagnies du génie, 17 bataillons de landwehr.

XIIIᵉ CORPS.
Royaume de Wurtemberg.

Général d'infanterie : fon SCHACHTMEYER.

26ᵉ *Division.*

Lieutenant général : fon GOTTBERG.

51ᵉ BRIGADE D'INFANTERIE.

1ᵉʳ Wurtembergeois (grenad.   1ᵉʳ landwehr wurtembergeois
de la reine Olga) n° 119.   n° 119.

2ᵉ Wurtembergeois n° 125.   2ᵉ landwehr wurtembergeois n° 125.

Bataillon de réserve de la landwehr n° 127.

52ᵉ BRIGADE D'INFANTERIE.

3ᵉ Wurtembergeois n° 121   3ᵉ landwehr wurtemb. n° 121.
4ᵉ   »   n° 122   4ᵉ   »   »   n° 122.

27ᵉ *Division.*

* Lieutenant général : fon SALVIATI.

53ᵉ BRIGADE D'INFANTERIE.

5ᵉ Wurtembergeois (grenad. du roi Karl) n° 123.   5ᵉ landwehr wurtembergeois n° 123.

6ᵉ Wurtembergeois (roi. Guillaume) n° 124.   6ᵉ landwehr wurtembergeois n° 124.

54ᵉ BRIGADE D'INFANTERIE.

2ᵉ Wurtembergeois (empereur Guillaume, roi de Prusse) n° 120.   2ᵉ landwehr wurtembergeois n° 120.

8ᵉ landwehr wurtembergeois n° 126.

26ᵉ BRIGADE DE CAVALERIE.

1ᵉʳ dragons wurtembergeois (reine Olga) n° 25.
1ᵉʳ hulans   »   (roi Karl)   n° 19.

27ᵉ BRIGADE DE CAVALERIE.

2ᵉ dragons wurtembergeois n° 26.
2ᵉ hulans   »   (roi Guillaume) n° 20.

13ᵉ BRIGADE D'ARTILLERIE DE CAMPAGNE.

1ᵉʳ régiment d'artillerie de campagne wurtembergeois (2 sections de 4 batteries) n° 13.

2ᵉ régiment d'artillerie de campagne wurtembergeois n° 29. (2 sections de 3 batteries.)

Bataillon   »   à pied de Wurtemberg n° 13.
   »   de pionniers wurtembergeois n° 13.
   »   du train   »   n° 13.

Troupes de campagne : 21 bataillons, 16 escadrons, 14 batteries, 4 compagnies du génie, 17 bataillons de landwehr.

XIVᵉ CORPS.

Grand-duché de Bade.

Général d'infanterie : fon OBERNITZ.

28ᵉ *Division.*

Lieutenant général : fon WILLISEN.

55ᵉ BRIGADE D'INFANTERIE.

1ᵉʳ grenadiers badois n° 109.   Grenadiers de la landw. badois
2ᵉ   »   »   (empe-   (non encore formé) n° 109.
 reur Guillaume) n° 110.   2ᵉ landwehr badois n° 110.

56ᵉ BRIGADE D'INFANTERIE.

1ᵉʳ régim. haute Silésie n° 22.   3ᵉ landwehr badois n° 111.
3ᵉ Badois n° 111.

29ᵉ *Division.*

Lieutenant général : fon SCHEFFLER.

57ᵉ BRIGADE D'INFANTERIE.

5ᵉ Badois n° 113.   5ᵉ landwehr badois n° 113.
6ᵉ   »   n° 114.   6ᵉ   »   »   n° 114.

58ᵉ BRIGADE D'INFANTERIE.

4ᵉ Westphalien n° 17.   4ᵉ landwehr badois n° 112.
4ᵉ Badois (prince Guil.) n° 112.

28ᵉ BRIGADE DE CAVALERIE.

1ᵉʳ dragons badois n° 20.
3ᵉ dragons badois (prince Karl) n° 22.

29ᵉ BRIGADE DE CAVALERIE.

Dragons de Rurmærk n° 14.
2ᵉ dragons badois (margrave Maximilien) n° 21.

14ᵉ BRIGADE D'ARTILLERIE DE CAMPAGNE.

1ᵉʳ régiment d'artillerie de campagne Badois (7 batteries montées, 1 à cheval) n° 14.
2ᵉ régiment d'artillerie de campagne Badois n° 30.

Bataillon d'artillerie à pied Badois n° 14 (attaché au régiment d'artillerie à pied n° 15).
Bataillon de pionniers badois n° 14.
» du train badois n° 14.

Troupes de campagne : 24 bataillons, 16 escadrons, 16 batteries, 4 compagnies du génie, 10 bataillons de landwehr

XVe CORPS.

Alsace. — Lorraine.

Général : fon Francescky.

30e *Division.*

Lieutenant général : fon Woyna.

59e BRIGADE D'INFANTERIE.

8e Prusse orientale n° 45.   Régiment de landwehr de Lorraine n° 128.
7e Brandebourg n° 60.
                              Bataillon de landwehr de réserve de Lorraine n° 97.

60e BRIGADE D'INFANTERIE.

5e Poméranien n° 42.   Régiment de landwehr d'Alsace-Lorraine n° 129.
Régiment du duché de Brunswig n° 92.

BRIGADE DE GARNISON (BAVAROISE).

4e Bavarois (roi de Wurtemberg).
8e   »   (Palatinat).

31e *Division.*

Lieutenant général : fon Scheffler.

61e BRIGADE D'INFANTERIE.

1er régiment du Rhin n° 25.   Landwehr de la basse Alsace n° 130.
6e Saxon n° 105.
                                   Bataillon de réserve de landw. de la basse Alsace n° 98.

6.

62ᵉ BRIGADE D'INFANTERIE.

2ᵉ basse Silésie n° 47. Régiment de landwehr de la haute Alsace n° 131.
8ᵉ Wurtembergeois n° 1 Bataillon de réserve de landw. de la haute Alsace n° 99.

Bataillon de chasseurs de Lauenbourg n° 9.

Division de cavalerie.

Lieutenant général : fon DRIGALSKI.

30ᵉ BRIGADE DE CAVALERIE.

1ᵉʳ dragons de Hanovre n° 9. Dragons de Sleswig-Holstein n° 13.
Dragons de la Prusse orientale n° 10. 1ᵉʳ hulans poméraniens n° 4.

31ᵉ BRIGADE DE CAVALERIE.

3ᵉ dragons de Silésie n° 15. Hul. de Sleswig-Holstein n° 15.
Hulans du Rhin n° 7. 5ᵉ chevau-légers bavarois.

15ᵉ BRIGADE D'ARTILLERIE.

Régiment d'artillerie de campagne n° 15 (8 batteries).
   »   »   à pied n° 15 (formé des bataillons 10 et 11).
   »   »   »   Saxon n° 12.
1ᵉʳ bataillon du 2ᵉ régiment d'artillerie à pied Bavarois.
Bataillon d'artillerie à pied n° 14 (Badois).
   »   de pionniers n° 15.
   »   du train n° 15.

Troupes de campagne : 31 bataillons, 32 escadrons, 8 batteries, 4 compagnies du génie, 11 bataillons de landwehr.

Iᵉʳ CORPS BAVAROIS.

Haute et Basse Bavière. — Souabe.

Général : fon der TANN-RATHSAMHAUSEN.

1ʳᵉ Division.

Lieutenant général : fon DIEHL.

1re BRIGADE D'INFANTERIE.

Gardes du corps.   Gardes de la landwehr.
1er régiment (du roi).   Landwehr du régiment du roi.
4e bataillon de chasseurs.

2e BRIGADE D'INFANTERIE.

2e régiment (prince royal).   Landwehr du 2e.
11e   »   (fon der Tann).   »   du 3e.
16e   »

2e *Division.*

Lieutenant général : fon Leonrod.

3e BRIGADE D'INFANTERIE.

3e régiment (pr. Karl de Bavière). Landwehr du 3e régiment.
12e   »   (prince Arnoulph).   »   du 12e   »
1er bataillon de chasseurs.

4e BRIGADE D'INFANTERIE.

10e régiment (prince Louis).   Landwehr du 10e régiment.
13e   »   (emp. François-   »   du 13e régiment.
Joseph d'Autriche).

1re BRIGADE DE CAVALERIE.

1er régiment de grosse cavalerie (prince Karl de Bavière).
2e   »   »   (archid. Rodol. d'Autriche).
3e chevau-légers (duc Maximilien).

2e BRIGADE DE CAVALERIE.

2e chevau-légers (Saxe).   4e chevau-légers (roi).

1re BRIGADE D'ARTILLERIE DE CAMPAGNE.

3e régiment d'artillerie de campagne (reine mère).
1er   »   »   »   (prince Luitpold).
1er   »   »   »   à pied.
1er bataillon de pionniers bavarois.
Compagnie de chemin de fer.
1 bataillon du train (Bavarois).

Troupes de campagne : 29 bataillons, 20 escadrons, 17 batteries, 6 compagnies du génie, 16 bataillons de landwehr.

IIᵉ CORPS.

Franconie. — Palatinat.

Lieutenant général : fon ORFF.

3ᵉ *Division.*

Lieutenant général : fon WEINRICH.

5ᵉ BRIGADE D'INFANTERIE.

6ᵉ régiment (empereur Guillaume de Prusse).   Landwehr du 6ᵉ régiment.
7ᵉ régiment (prince Léopold).   » du 7ᵉ régiment.

6ᵉ BRIGADE D'INFANTERIE.

14ᵉ régiment (duc Karl Théodore).   Landwehr du 14ᵉ régiment.
15ᵉ régiment (roi Albert de Saxe).   Landwehr du 15ᵉ régiment.
3ᵉ bataillon de chasseurs.

4ᵉ *Division.*

Lieutenant général : fon HORN.

7ᵉ BRIGADE D'INFANTERIE.

5ᵉ régiment (grand-duc de Hesse).   Landwehr du 5ᵉ.
9ᵉ   »   (Wrède),   » du 9ᵉ.

8ᵉ BRIGADE D'INFANTERIE.

17ᵉ régiment (Orff).   Landwehr du 4ᵉ.
2ᵉ bataillon de chasseurs,   » du 8ᵉ.

3ᵉ BRIGADE DE CAVALERIE.

1ᵉʳ chevau-légers (Alexandre de Russie).
6ᵉ   »   (grand duc Constantin Nicolaiewitch).

4ᵉ BRIGADE DE CAVALERIE.

1ᵉʳ hulans (prince royal Frédéric-Guillaume de Prusse).
2ᵉ   »   (roi).

2e. BRIGADE D'ARTILLERIE DE CAMPAGNE.

2e régiment d'artillerie de campagne.
4e   »   »   »   (roi).
2e bataillon du 2e régiment d'artillerie à pied.
2e   »   de pionniers.
2e   »   du train.

Troupes de campagne : 23 bataillons, 16 escadrons, 17 batteries, 5 compagnies du génie, 16 bataillons de landwehr.

Tableau général des forces allemandes et leur répartition par État.

INFANTERIE.

	Ligne. regiments.	bataillons.	Chasseurs. bataillons.	Total des batail.
Prusse et petits États voisins	105	315	14	329
Bavière...............	18	54	4	58
Wurtemberg.............	8	24	»	24
Bade.................	6	18	»	18
Hesse................	4	11	»	11
Saxe.................	9	27	2	29
	150	449	20	469

CAVALERIE.

	Cuirassiers et grosse caval.	Dragons.	Chevau-legers.	Lanciers (hulans).	Hussards.	Total.
Prusse et petits États voisins.	10	21	»	19	18	68
Bavière.......	2	»	6	2	»	10
Saxe.........	2	»	»	2	2	6
Wurtemberg...	»	2	»	2	»	4
Bade.........	»	3	»	»	»	3
Hesse........	»	2	»	»	»	2
	14	28	6	25	20	93

ARTILLERIE.

	Régiments.	Batteries montées.	Batteries à cheval.	Total des batteries.
Prusse et petits États voisins	25	176	36	212
Bavière	4	28	6	34
Saxe	2	16	2	18
Wurtemberg	2	14	»	14
Bade	2	15	1	16
Hesse	1	5	1	6
	36	254	46	300

GÉNIE.

	Bataillons.	Compagnies.
Prusse et petits États voisins	13	52
Bavière	2	10
Saxe	1	4
Wurtemberg	1	4
Bade	1	4
	18	74

CORPS POUR LE SERVICE DES CHEMINS DE FER.

	Bataillons.	Compagnies.
Prusse	2	8
Bavière	»	1
	2	9

INFANTERIE DE LA LANDWEHR.

	Régiments.	Bataillons.
Prusse et petits États voisins	101	214
Bavière	16	32
Saxe	8	17
Wurtemberg	8	17
Bade	5	10
Hesse	4	7
	142	297

FORMATION DE CAMPAGNE.

En cas de guerre, la brigade d'infanterie bavaroise qui tient garnison en Alsace rejoindra probablement le IIe corps bavarois, et sera remplacée par de la landwehr. La garde et le XIIe corps conserveront leurs divisions de cavalerie ; celle du XVe, forte de 32 escadrons, couvrira la frontière pendant la mobilisation et, si la guerre est déclarée, tentera même quelques pointes contre nos voies ferrées. Ensuite il est vraisemblable que chaque brigade détachera un régiment pour former la cavalerie du XVe corps, et les 6 autres formeront une division indépendante. Les 15 autres corps détachent chacun une de leurs brigades qui sont réunies en 6 ou 7 divisions. Chaque brigade est pourvue d'une batterie à cheval, détachée d'un corps d'armée.

La landwehr d'Alsace-Lorraine (11 bat.) ne peut compter comme troupes de campagne contre la France. On l'enverra probablement tenir garnison dans le duché de Posen, tandis que la landwehr polonaise occupera les trois départements français, conjointement peut-être avec la landwehr du Schleswig !

L'armée d'opération prussienne comprendra ainsi 18 corps, et 7 ou 8 divisions de cavalerie, 469 bataillons, 372 escadrons, 300 batteries, 63 compagnies du génie et environ 280 bataillons de landwehr. Soient 756,000 combattants et 1,800 canons.

En réserve il restera : 116 compagnies d'artillerie à pied et 20 compagnies du génie. Ces 28,000 hommes pourraient au besoin renforcer l'armée d'opération, coopérer aux sièges des forteresses et garnir les places conquises. Le total des combattants que l'Allemagne peut lancer sur ses voisins est donc de 784,000 ou 800,000 en nombre rond.

TROUPES DE GARNISON.

Pendant que l'armée est hors du pays, le faterland n'est pas sans défense. Il y reste :

1° Les troupes de dépôt.

A. — Infanterie.

En temps de guerre, chaque régiment d'infanterie forme un 4ᵉ bataillon (un 3ᵉ pour le 116ᵉ) à 4 compagnies. Chaque bataillon de chasseurs forme une 5ᵉ compagnie. Soient 150 bataillons et 20 compagnies. Avec les corps qui restent toujours au dépôt (ouvriers, employés, etc.), ces troupes présentent le total officiel de 187,000 hommes. Les recrues ne manquent pas et l'on peut accepter ces chiffres comme exacts.

B. — Cavalerie.

1 escadron par régiment, 93 escadrons et 24,000 hommes.

C. — Artillerie de campagne.

2 batteries par régiment (une seule pour le XIIIᵉ corps), 71 batteries, 13,600 hommes.

D. — Artillerie de pied.

2 compagnies par bataillon d'artillerie à pied, 58 batteries, 46,000 hommes. Ce dernier chiffre, 810 hommes par compagnie, paraîtra excessif.

E. — Génie.

20 compagnies (une par bataillon), 5,000 hommes.
Total des troupes de dépôt :

Infanterie.	187000
Cavalerie.	24000
Artillerie.	31000
Génie.	5000
Total.	247000

Environ 250,000 hommes dont une armée envahissante rencontrerait une portion plus ou moins grande, selon qu'elle s'enfoncerait plus ou moins dans le pays.

TROUPES DE RÉSERVE.

Restent des troupes de la landwehr dont on n'a pas encore parlé.

Infanterie : 20 compagnies, 1 pour chaque bataillon de chasseurs.

Certains ouvrages donnent à ces troupes un effectif de 5.000 hommes, d'autres ne mentionnent même pas leur existence, qui est en effet problématique.

Cavalerie : 36 régiments à 144 escadrons.

Ils existent bien : M. de Bismarck est même colonel d'un de ces régiments ; mais, durant la dernière guerre, le manque de chevaux les a fait transformer en troupes de garnison, ce qui est assez plaisant pour de la cavalerie. Rien ne porte à croire qu'il en serait autrement dans la prochaine guerre.

Il y a donc là une vingtaine de mille hommes (23,796) à ajouter aux garnisons.

Artillerie : L'artillerie de la landwehr compte 54 batteries et 9,000 hommes (sur le papier).

Génie : 48 compagnies de pionniers, 8,600 hommes.

En admettant 30 à 35,000 hommes pour toutes ces troupes, on ne s'écartera pas sensiblement de la vérité.

La gendarmerie, les douaniers, quelques compagnies de vétérans et les gardes du corps de différents princes forment une cinquième classe de troupes qui s'élève au chiffre d'environ 50,000 hommes, et dont une partie serait utilisée en cas d'invasion.

LANDSTURM.

Le landsturm n'a pas de cadres : les hommes qui en font partie savent seulement qu'ils peuvent être appelés quand la patrie est en danger. Ils savent aussi où ils doivent se rendre et, le cas échéant, ils ne ressembleraient pas aux pauvres diables ahuris par un appel inattendu, qui en 1870 composaient nos bataillons de mobilisés. Un grand nombre des hommes du landsturm ont passé par l'armée et par la landwehr : ce seraient de bonnes recrues pour les rangs éclaircis de l'armée active, pour les garnisons des places et pour les corps de partisans. Leur nombre n'est pas facile à évaluer ; mais à coup sûr le landsturm fournirait, au bas mot, de 6 à 800,000 hommes.

Les 18 corps d'armée sont répartis en 6 inspections de corps d'armée.

La première [1] comprend les IVe, V^e et VIe corps.
La deuxième (duc de Mecklembourg) : Ier, IIe, IXe corps.
La troisième (Frédéric-Charles) : VIIe, VIIIe, X^e, XIIe corps.
La quatrième (prince royal) : IIIe, XIe, XIIIe corps.
La cinquième (grand duc de Bade) : XIVe et XVe corps.
La sixième (Luitpold, prince de Bavière) : Ier et IIe corps bavarois.

Il y a en outre 1 inspection de cavalerie, 2 inspections et 6 sous-inspections d'artillerie, 5 du génie et 1 de télégraphie militaire.

Une commission supérieure des chemins de fer règle les mouvements des troupes sur les voies ferrées, et prend toutes les mesures pour faire concorder le service des chemins de fer avec les exigences de la guerre.

Comme en France, il y a un comité supérieur de l'artillerie, investi à peu près des mêmes fonctions. Deux écoles d'artillerie et du génie, l'une à Berlin, l'autre à Munich, forment les officiers des armes savantes. Les écoles militaires pour les officiers d'infanterie et de cavalerie sont au nombre de 19 et portent différents noms : écoles de guerre, écoles de cadets, académie militaire, etc.

Sept écoles de sous-officiers, une école d'enfants de troupe et deux écoles de tir complètent l'ensemble des établissements consacrés à l'étude des choses de la guerre. Ces écoles sont accessibles à tous, après examen.

L'armée a un chef, l'empereur ; et, après lui, le chef

---

1. La charge est vacante.

du grand état-major. Le grand état-major prussien, ce corps fameux, sans rival en Europe, est infiniment moins nombreux que le corps français qui porte le même nom. Il a pour chef M. de Moltke lui-même, assisté du colonel de Glaer, un nom à retenir. Il comprend :

    1 lieutenant général (général de division).
    1 major général (général de brigade).
   15 colonels.
   16 lieutenants-colonels.
   18 majors.
   76 capitaines.
    3 lieutenants.

En tout 160 officiers ! Les états-majors bavarois, saxon et wurtembergeois n'en comptent que 57. Les corps d'armée ont pour chefs d'état-major des colonels ou des lieutenants-colonels. Les grades, on le voit, ne sont pas prodigués dans l'armée allemande.

MARINE.

La marine militaire allemande s'est considérablement accrue, dans les dernières années. En 1864, réunie à la marine autrichienne, elle ne put tenir la mer contre les escadres danoises. En 1870, elle comptait une trentaine de bâtiments, dont pas un seul grand cuirassé. Aujourd'hui elle a 74 navires de combat [1], savoir :

---

1. Y compris 5 navires en construction.

7 frégates cuirassées portant	85	canons.
5 corvettes » »	32	»
1 monitor » »	4	»
9 canonnières »	9	»
Total... 22 cuirassés armés de......	130	»

Il y a en outre :

1 vaisseau de ligne portant...	23	canons.
19 corvettes..............	241	»
4 avisos	9	»
2 yachts	5	»
14 canonnières	45	»
11 bateaux à torpilles......	»	»

Soient 51 vapeurs non cuirassés, portant 323 canons.

Plus 2 transports à vapeur. Quatre bâtiments à voiles sont des navires-écoles.

Le personnel comprend :

A. Équipages : 843 officiers et employés, 752 sous-officiers, 5,621 matelots et 400 mousses. Total 7,616.

B. Dans les chantiers et les magasins : 148 officiers et 1,853 sous-officiers et soldats.

C. Un bataillon de marine de 6 compagnies : 39 officiers et 1,179 sous-officiers et soldats.

En tout près de 11,000 hommes, dont 950 officiers.

Le nombre des officiers, hors de proportion avec l'état actuel de sa flotte, montre que l'Allemagne songe à l'avenir. En effet, elle pousse avec activité ses armements et prépare à l'avance des équipages. Elle ne veut pas attendre l'annexion du Danemark et de la Hollande pour devenir une puissance navale respectable. Elle possède une grande étendue de côtes, quelques bons ports, de l'argent et — qu'on ne l'oublie pas — une marine marchande supérieure en tonnage à celle de la France [1].

En résumé les forces totales de l'Allemagne peuvent s'estimer comme suit :

Armée active	784000
Troupes de dépôt	250000
» de garnison	35000
Gendarmes, douaniers, invalides, etc.	50000
Train, administrations, ambulances, etc.	165000
Marine	11000
Total	1295000

Plus 7 à 800000 hommes de landsturm.

---

[1]. Marines marchandes de la France et de l'Allemagne en 1876 :

	ALLEMAGNE		FRANCE	
	Navires.	Tonneaux.	Navires.	Tonneaux.
Navires à vapeur	318	180946	546	218449
Navires à voiles	4491	922704	14861	792836
Total	4809	1103650	15407	1011285

Différence à l'avantage de l'Allemagne, 92,365 tonneaux. En outre la marine marchande de l'Allemagne s'accroît d'année en année, celle de la France suit depuis longtemps une marche inverse. Elle ne vient qu'au sixième rang, après : l'Angleterre 6,115,000 ton. et 8,133,000 pour les colonies britanniques; les États-Unis 4,200,000 ton.; le royaume de Suède et Norvège, 1,963,000 ton.; l'Italie, 1,119,000 ton., et l'Allemagne, 1,103,650 tonneaux.

CHAPITRE IV

FORCES EN PRÉSENCE

I

Le territoire européen de la France a 528,572 kilomètres carrés; il est peuplé de 36,900,000 habitants, ce qui donne 70 habitants par kilomètre carré. L'accroissement annuel moyen de la population est de 4,45 pour 1,000; il est plus faible qu'en aucun autre pays de l'Europe et se ralentit d'année en année.

L'Allemagne a 42,700,000 habitants répartis sur une superficie de 539,816 kilomètres carrés; c'est 79 habitants par kilomètre carré. La population s'accroît annuellement de 10,15 pour 1,000.

L'Allemagne est donc plus vaste et plus peuplée que la France, la population y est plus dense et s'y accroît beaucoup plus vite.

Son accroissement serait plus rapide encore sans l'émigration. Depuis 1820, 3,500,000 Allemands ont quitté leur patrie; c'est environ 58,000 par an. Dans la période 1870-77 le nombre moyen des émigrants a dépassé 100,000 par année.

Si tant d'hommes quittent, sans espoir de retour, leur vieille terre natale, c'est qu'elle est pauvre et en leur donne pas le pain de chaque jour. Malgré la sévère économie qui préside à l'administration de ses finances, l'empire allemand est en déficit. Le découvert probable du budget de 1880 est évalué à 65 millions de marks [1], plus de 80 millions de francs.

En France l'excédant des recettes pour 1879 est de 140 millions de francs, ce qui permet d'espérer des dégrèvements d'impôts. La situation financière de la France est donc meilleure que celle de l'Allemagne.

Il ne faut pas s'exagérer la valeur de cet avantage en cas de guerre. Pour se battre on trouve toujours de l'argent. Puis, en prévision des luttes futures, la Prusse a formé un trésor de guerre en or monnayé. Au milieu d'août 1870, l'Allemagne put à grand-peine trouver des prêteurs, tandis que l'emprunt français fut couvert en deux jours. Cela ne répara point Reischoffen et n'empêcha pas Sedan.

La pauvreté de l'Allemagne n'est d'ailleurs que relative. Un pays, qui possède autant de voies ferrées qu'elle en a, n'est pas dans la misère; il est formidablement outillé pour la guerre, où la rapidité des communications est d'une importance capitale. L'art de la guerre peut se ramener à cette règle unique : être le plus fort en un moment donné sur un point décisif. Le talent consiste à reconnaître ce point, et, ce point reconnu, le coup qu'on frappe est d'autant plus efficace qu'on a porté le plus de forces où il fallait. On voit l'importance d'un bon système de communications. A la fin de 1878, les lignes ferrées

---

[1]. Le mark vaut 1,25.

allemandes avaient une longueur de 31,636 kilomètres, soit 59 par 1,000 kilomètres carrés.

Les chemins de fer français présentaient à la même époque un développement de 23,793 kilomètres, ou 45 kilomètres par 1,000 kilomètres carrés. La France est donc sensiblement en retard sur son ennemie.

Si les chemins de fer sont plus multipliés chez nos voisins que chez nous, cela tient un peu à ce que l'établissement en est moins coûteux. Le sol de l'Allemagne est moins accidenté que celui de la France. Au premier abord cela peut faire croire l'invasion de la France moins facile que celle de l'Allemagne. Un coup d'œil jeté sur la carte fait reconnaître que c'est là une illusion.

Berlin est à 660 kilomètres de notre frontière. Pour y arriver il faut forcer quatre lignes de défense successives, enlever ou neutraliser dix à douze grandes forteresses.

Une invasion partant du territoire français peut débuter de deux façons :

Ou bien une seule armée débouche entre Metz et les Vosges, et s'avance ayant à gauche Metz, Thionville et Sarrelouis, à droite les montagnes à travers les défilés desquelles l'ennemi peut tomber sur son flanc et sur sa ligne de retraite : en outre elle aura plus tard la chaîne vosgienne à conquérir.

Ou bien, deux armées prenant pour bases d'opération Belfort et Nancy débouchent simultanément sur les deux revers des Vosges. **La première doit enlever ou masquer Neuf-Brisach et Strasbourg, la**

7.

seconde bloquer Metz et Thionville. Cela fait, elles arriveront sur la ligne de défense formée par la Sarre et par la Queich, que garnissent Sarrelouis, Deux-Ponts, Landau et Gemersheim. Elles seront séparées par les Vosges et exposées isolément aux coups d'un ennemi concentré dans les montagnes, vers Bitche ou Pirmasens. En août 1870, les 250,000 hommes qui formaient l'armée française, en prenant ainsi une position centrale dans les Vosges auraient pu accabler l'une après l'autre les deux armées allemandes séparément moins fortes, au début des hostilités, que toute notre armée du Rhin.

La Sarre-Queich forcée, les armées envahissantes peuvent se réunir le long du Rhin, de l'embouchure de la Queich à celle de la Nahe. Là, le fleuve est large et profond, Gemersheim, Spire et Mayence en défendent le cours ; il faut prendre ou masquer ces places, puis passer le Rhin. On arrive alors dans la longue et sinueuse vallée du Mein, dont le sol onduleux se prête bien à la défensive. Aucune forteresse ne défend la grande route de Hanau à Cronach. Vers le milieu du bassin, le cours de la Saal [1] pourrait seul offrir un obstacle un peu sérieux.

A Cronach, on se trouve au pied du Frankenwald, chaîne peu élevée que traversent trois défilés faciles à défendre. Les défilés franchis, on arrive dans les plaines arrosées par la Saale et par l'Elster. Ce pays, sorte de vestibule commun aux bassins de l'Oder, de l'Elbe, du Wéser et du Rhin a toujours été un

---

1. Ne pas confondre avec la Saale.

lieu de rendez-vous pour les armées. Aux lecteurs français il suffit de rappeler qu'Iéna et Rosbach, Lutzen et Leipzig y sont situés.

En sept ou huit marches par des routes excellentes, on arrive sur l'Elbe moyen entre Magdebourg et Torgau, deux places fortes à observer. Après l'Elbe on ne trouve plus en avant de Berlin que la ligne du Havel, rivière facile à passer en amont de Potsdam. De Potsdam à Berlin il y a 30 kilomètres.

Paris n'est qu'à 317 kilomètres de Metz. De ce côté la France n'a qu'une seule ligne de défense, très forte il est vrai. Elle s'étend de la frontière belge à la frontière suisse en un vaste demi-cercle formé par les monts Faucilles et par la double chaîne des Ardennes-Argonnes, entre lesquelles coule la Meuse. Un espace vide, à son extrémité orientale, est fermé par Belfort. Épinal, Toul, Verdun, Montmédy, Sedan, Mézières, la défendent. Des ouvrages nombreux commandant tous les passages relient ces forteresses, et au delà, presque au centre du demi-cercle, en face du camp retranché de Metz, on a jeté le camp retranché de Nancy qui s'appuie en arrière sur Toul. Garnie de troupes solides, cette grande place d'armes gênerait considérablement un envahisseur venant de Metz; et si, renouvelant la faute favorite de M. de Moltke, l'ennemi s'avisait de déboucher par deux points éloignés, Metz et Saverne, par exemple, un général passable lui ferait payer cher cette fantaisie stratégique plusieurs fois renouvelée sans accident jusqu'à ce jour.

Derrière cette ligne et jusqu'à Paris, il n'y a rien.

L'Aisne, la Vesle, la Marne dans son cours supérieur, pourraient servir d'abri contre une armée peu considérable. Mais en présence de masses énormes, supérieures en nombre et ne craignant pas de s'engager à fond dans la direction de Paris, toutes ces vallées convergeant vers la capitale ne sont que des routes pour l'invasion. Quelques forts et quelques places gêneraient les communications de l'ennemi sans retarder sa marche. Paris est fortifié sans doute, encore faudrait-il qu'il fût sérieusement défendu.

Mais, comme on l'a dit, le meilleur rempart d'un État est la poitrine des braves, et les plus solides forteresses ne valent pas des armées.

L'armée allemande fut formée en des jours de détresse. La patrie avait été écrasée sur les champs de bataille. Les vieux régiments du grand Frédéric avaient disparu dans la tempête; les vainqueurs occupaient le territoire réduit de moitié. En présence d'aussi grands malheurs, la haine de l'étranger domina tout autre sentiment. En outre, la Prusse n'était pas née encore à la vie politique et ne connaissait pas les passions forcenées qui, sous le sabre même de l'envahisseur, font crier : « Plutôt Mahomet que le pape ! Vivent nos amis les ennemis ! » Le roi, sûr de son peuple, trouva dans le peuple tous les instruments de son ambition. L'Allemagne délivrée, il fallait réunir ses membres épars. C'était là une tâche patriotique pour l'accomplissement de laquelle prince et sujets furent d'accord et oublièrent tous les dissentiments intérieurs. Jusqu'à ces derniers temps le soin de se défendre contre le peuple n'a pas été la préoccupation principale et constante du gouvernement. L'armée prussienne, devenue l'armée allemande, n'a pas cessé d'être l'armée du pays en demeurant l'armée du roi.

En France, il en fut autrement. Depuis le commencement du siècle tous nos gouvernements se sont établis par surprise ou par violence. N'ayant pas pu exterminer le parti qu'ils avaient chassé du pouvoir, qu'ils avaient parfois cruellement frappé, ils le sentaient vivre dans l'ombre, guettant l'occasion favorable, profitant de leurs fautes, tournant contre eux leurs concessions, ne voulant rien d'eux... que leur départ. En face d'ennemis implacables, les gouvernements durent nécessairement s'appuyer sur la force matérielle, et ce genre de force était surtout représenté par l'armée. Poussés par l'instinct de la conservation, ils firent tout, et cela *devait* être, pour avoir une armée qui fût à eux, bien à eux. On s'appliqua d'abord à l'isoler du pays. La dispersion des conscrits dans les régiments, les changements fréquents de garnison, le service de longue durée, n'eurent pas d'autre but. Par suite l'armée ne pouvait avoir de réserves nombreuses, ni se mobiliser promptement, mais elle était plus isolée du pays, mieux dans la main du pouvoir. Au moyen du remplacement, on écarta de l'armée les classes intelligentes qui fournissent des recrues moins dociles. Du même coup, le pouvoir obtenait deux autres grands avantages : il faisait perdre aux classes aisées l'habitude des armes, et les désintéressait en partie de la politique extérieure et des choses de la guerre qui ne les touchaient plus de bien près depuis qu'il ne leur fallait plus payer en nature le lourd impôt du sang. L'armée avait ses lois, ses tribunaux, ses hôpitaux particuliers; elle eut aussi ses ateliers, ses industries, on aurait voulu qu'elle se suffît à elle seule. On arriva même, grâce à la loi sur les rengagements, à la faire en partie se recruter en elle-même. L'idéal du genre était atteint.

C'était des chefs surtout qu'il fallait s'assurer; mais sur ce point les intérêts du pays se séparaient profondément des intérêts du pouvoir. Le pays a besoin de généraux capables, le pouvoir de généraux dévoués; ils en sauront toujours assez pour écraser une émeute. Ce système restreignait les choix aux hommes d'un seul parti, et dans un parti il y a moins à choisir que dans la nation tout entière. Tout parti peut contenir des hommes habiles; le dévouement n'exclut pas la capacité. Sans doute : mais les chefs d'État ne peuvent juger du dévouement que par les démonstrations extérieures. Le zèle le plus expansif n'est pas toujours sincère, ni surtout le plus intelligent. L'homme de mérite a généralement peu de goût pour les démonstrations bruyantes. Les sots, au contraire, sont moins retenus, par nature d'abord, puis par nécessité. Voyant que le zèle prime le mérite, ils en font d'autant plus étalage qu'ils se sentent moins de chances de réussir par un autre moyen. Quand le dévouement mène à tout, à quoi bon le talent? à quoi bon le travail? Aussi dans l'armée française le travail avait-il fini par être considéré comme inutile, bien plus, comme désavantageux.

Cela semble un paradoxe, rien de plus vrai pourtant. Un officier n'était pas mal vu, par cela seul qu'il travaillait, mais il le devenait dès qu'il publiait les résultats de ses travaux. Comment étudier un art sans formuler quelques critiques sur la façon dont on le voit pratiquer? et Dieu sait si notre manière de faire la guerre prêtait à la critique. Dès qu'on blâmait quelque chose, c'est qu'on n'était pas dévoué : on était perdu.

Tel fut le résultat de nos dissensions politiques, voilà où en vint l'armée de la France pour être devenue l'armée du gouvernement. Nulle part la prédiction sur le sort de la maison divisée contre elle-même ne s'est réalisée plus tristement que dans notre malheureux pays. Nos défaites ont pour cause première nos divisions; tout dérive de là. Si notre armée était peu nombreuse, c'est qu'on craignait d'y admettre certaines classes de citoyens; si nos généraux étaient mauvais, c'est qu'on les choisissait non pas pour leurs talents militaires, mais pour leur dévouement au pouvoir. Si la nation privée de soldats a mal résisté aux envahisseurs, c'est que par crainte des révolutions on lui avait fait perdre l'habitude et le goût des armes, c'est enfin qu'en présence même de l'étranger beaucoup par attachement à des régimes passés refusaient de prêter leur concours au régime nouveau. Quand donc finiront nos discordes? Il est impossible de le dire, mais on peut affirmer avec certitude que si la France reste divisée, la France périra.

L'Allemagne a sur nous un autre avantage. Son

armée n'a jamais fait que la grande guerre, elle n'a jamais combattu que contre des troupes européennes. Chacune de ses campagnes est ainsi devenue pour elle une préparation sérieuse aux campagnes à venir. Elle a eu le bonheur d'éviter ces petites guerres contre des masses désordonnées, luttes cent fois plus funestes aux armées que la plus complète oisiveté, parce que l'officier y prend de mauvaises habitudes et le général des idées fausses. L'armée française a été formée par la guerre d'Afrique et pour la guerre d'Afrique; l'Algérie fut l'école de nos régiments. Triste école! passable pour le soldat, mauvaise pour l'officier, détestable pour le général. On avait pour adversaires des hommes braves, mais ignorants, mal armés, sans discipline. Dans ces conditions, l'issue d'un combat en rase campagne ne pouvait guère être douteuse. Les Arabes le comprirent vite et contre la tactique européenne, contre les armes de précision, contre l'artillerie, ils cherchèrent des auxiliaires dans le climat, dans la distance, dans les difficultés du terrain. Il était plus facile de les vaincre que de les atteindre : aussi les difficultés du terrain, la distance, le climat, devinrent-ils pour nos soldats les principaux obstacles, ceux dont on s'appliqua surtout à triompher. Armement, équipement, organisation, tactique, tout fut adapté aux nécessités de la guerre d'Afrique et l'on en vint à oublier qu'à la guerre, le principal ennemi, c'est l'ennemi.

Dès lors, à quoi bon les manœuvres, à quoi bon la stratégie? De brillants *africains* ont dit « que cela

n'existait pas » ! Pour eux, ce n'était que trop vrai !
Où et comment auraient-ils appris à manier les grandes masses? Bien rarement un corps expéditionnaire comptait 10,000 hommes, y compris les non-valeurs. Excepté lors de la prise d'Alger en 1830, et de l'expédition contre la grande Kabylie en 1857, jamais 15.000 combattants ne furent concentrés sur un seul point. Aussi quels hommes de guerre, que ces généraux d'Afrique ! L'un des plus brillants, Lamoricière, qui avait bataillé quinze ans contre les Arabes, entendit *pour la première fois*, à Castelfidardo, l'artillerie de campagne ennemie. Ce fut la seule occasion où il eut à combattre des troupes régulières, armées comme les siennes, dressées comme les siennes. Il fut piteux. Ses soldats n'étaient pas de première qualité, soit ; mais ses conceptions stratégiques furent lamentables et présagèrent dignement celles de Bazaine et de Trochu. On a dit que l'Algérie avait coûté à la France le plus pur de son sang et de son or, ce n'est pas tout : elle lui a coûté aussi l'Alsace et la Lorraine.

Le Mexique, la Chine et la Cochinchine n'étaient pas de meilleures écoles de guerre que l'Algérie. En Crimée on eut des ennemis sérieux, mais les opérations stratégiques furent à peu près nulles. La façon dont l'armée française fut conduite en Italie, excita par l'Europe tout autre chose que de l'admiration. L'état-major prussien suivit de près cette campagne, dont l'étude fut pour lui féconde en enseignements.

Il remarqua, il écrivit que nos avantages dans cette guerre avaient été dus uniquement à l'intelligence et à l'initiative du soldat français. On s'appliqua dès lors en Prusse à développer les mêmes qualités chez l'Allemand, moins vif, plus docile, aussi brave que le Français. Quand cela n'était pas possible, on s'efforça de remédier, à force de travail, aux défauts de la nature et de compenser les aptitudes qui manquaient aux Allemands par le développement de celles qu'ils possédaient. Le Germain est moins bon marcheur, moins dur à la fatigue que le Français, on allégea son équipement ; il mange beaucoup, on perfectionna le service des vivres ; c'est un tirailleur médiocre, on en fit un bon tireur, et à l'impétuosité gauloise on résolut d'opposer la précision et la rapidité des feux. Les moyens de combattre les Français devinrent un sujet de préoccupation continuelle et d'études acharnées pour l'état-major prussien.

Cet état-major, peu nombreux, se recrute par voie de concours parmi tous les officiers de l'armée. Sans cesse occupé d'études militaires, il se tient au courant de tous les progrès de la science, de tous les changements qui se produisent dans les effectifs et dans la composition des armées étrangères. La méditation des écrits des grands capitaines, l'étude profonde de la carte, l'habitude de régler aux manœuvres d'automne les mouvements de corps considérables, avaient préparé ces bénédictins militaires au grand rôle qu'ils ont joué depuis. Point de campagne à laquelle n'ait assisté comme témoin quelqu'un d'entre eux. Leurs rapports sur les opérations qu'ils ont suivies, ou sur celles qu'ils ont conduites, sont des sources inestimables de renseignements positifs et précis. Leurs jugements ne sont pas infaillibles, cela va sans dire ; mais leurs observations sont scrupuleusement exactes. Ce ne sont donc pas des êtres au-dessus de la nature humaine, et tout autre corps d'officiers pourrait, en travaillant, faire aussi bien qu'eux.

L'état-major français, deux fois aussi nombreux que l'état-major allemand, ne peut même de loin soutenir la comparaison avec lui. Jusqu'à ces dernières années, il se recrutait presque exclusivement parmi les élèves qui sortaient les premiers de Saint-Cyr, et subissaient de nouveaux examens [1]. On passait deux ans à l'école d'état-major, puis on entrait au corps avec le grade de lieutenant. A partir de ce moment on n'avait plus à redouter de concurrence. De cette façon l'état-major se *spécialisait* au lieu de *s'universaliser*. Les armes savantes, l'artillerie et le génie, avaient leurs états-majors particuliers et ne concouraient pas à la formation de l'état-major général [2].

Le corps d'état-major contenait des officiers d'élite qui, n'ayant pas l'occasion d'exercer leurs brillantes facultés, s'atrophiaient dans des travaux de genre inférieur. Ce n'était pas en Algérie ni en Chine, qu'on pouvait apprendre à régler les mouvements de grandes armées ; ce n'était pas même en Crimée, où l'on

---

[1]. En 1876, sur 54 officiers que renfermait l'école d'état-major, å sortaient de l'École polytechnique et 6 de la ligne ; dans la première division, un seul sortait de la ligne.

[2]. Ce mot est pris ici dans le sens du mot allemand *generalstab* ; en France, on appelle état-major général l'ensemble des généraux de toute arme.

resta immobile dans ses retranchements. Comme il n'existait, des pays à demi barbares où la France a porté ses armes, que des cartes très imparfaites, on ne les étudiait pas de fort près ; on peut même dire que ceux qui ne travaillaient pas à la confection des cartes avaient presque perdu l'habitude de s'en servir. S'il en était ainsi dans l'état-major, qu'était-ce dans les autres armes ? La guerre de 1870 nous a fourni à cet égard des traits qu'on n'ose rapporter, tellement, quoique vrais, ils sont invraisemblables [1].

Sous le dernier régime, l'état-major avait encore baissé. Avides, comme tous les parvenus, de se frotter aux classes aristocratiques, les Bonaparte visaient à s'entourer de « gentilshommes ». La possession, même très mal justifiée, d'une particule constituait partout, et surtout dans l'état-major, un titre fort sérieux à l'avancement. Les fils de riches familles, habitués au cheval dès l'enfance, excellent généralement dans l'équitation. Or l'école n'avait pas même de manège, l'équitation y était à peine pratiquée. De là un grand avantage, lors des examens de sortie, pour ceux à qui leur fortune avait permis, avant d'entrer à l'école, de monter beaucoup à cheval.

D'après une loi en discussion *depuis plusieurs années*, l'état-major devra se recruter au concours parmi les officiers de toute arme jusqu'au grade de capitaine inclusivement. Pourquoi les officiers supé-

---

1. Voir par exemple, dans le procès Bazaine, la déposition d'un certain M. Castagny qui figurait dans l'armée française sous le costume de général de division.

rieurs sont-ils exclus du concours ? On ne sait pas. L'ancienne école d'état-major est remplacée par l'école supérieure de guerre. Le corps ainsi recruté et formé à cette école égalera, peut-être bien, un jour, le *general stab* allemand. Mais les effets de ces réformes ne seront pas sensibles avant longtemps, et durant encore de longues années, durant la *prochaine guerre*, nous aurons l'état-major de 1870, l'état-major des guerres d'Afrique.

Sa tâche sera lourde en présence des masses à mettre en mouvement. Notre seule armée active s'élève, on l'a vu, à 650,000 combattants, l'armée active allemande à 590,000.

Sur ce dernier nombre l'infanterie, y compris le bataillon de marine, compte pour 470,000 hommes, à raison de 1,000 par bataillon. A 800 hommes par bataillon, l'infanterie française atteint le chiffre de 520,000 hommes, sans compter les fusiliers marins.

Des deux côtés l'armement est presque le même, le fusil Mauser vaut le fusil Gras. Le chassepot était supérieur en portée au dreysse, c'est un avantage qu'a perdu notre infanterie. Matériellement l'infanterie ennemie n'a pas gagné beaucoup au changement de fusil, parce que, hors en de rares circonstances, le tir n'est plus efficace au delà de 7 à 800 mètres, et que le dreysse portait jusque-là. Mais la conviction que son arme vaut de tout point celle de l'adversaire influe très favorablement sur le moral du soldat.

Le fantassin allemand est plus légèrement équipé que le nôtre. Il ne porte ni tente, ni piquets, un manteau remplace pour lui la couverture, il est coiffé d'un casque et chaussé de fortes bottes. L'infanterie française a été débarrassée de la tente-abri, nécessaire dans les solitudes nues de l'Afrique, mais parfaitement inutile en Europe où le soleil est toujours supportable et où ne manquent pas les maisons. On va substituer un casque de liège au képi d'étoffe et des bottines lacées au soulier à guêtre de toile ou de cuir. Mais ces changements ne peuvent se faire subitement, et si la guerre éclatait au printemps, nos fantassins devraient traîner encore l'abominable *godillot*. Avec ses bords minuscules, il prend l'eau dans la moindre flaque ; retenu seulement par le sous-pied de la guêtre que l'humidité relâche, il reste à chaque instant dans la boue. C'est une chaussure de la guerre d'Afrique, bien faite pour marcher sur un terrain sec et résistant ; elle est de plus très légère, grande qualité dans un climat chaud ; la guêtre soutient le pied et le bas de la jambe sans l'échauffer autant que la botte. Tout cela était excellent dans un pays où l'on avait plus à souffrir de la chaleur que du froid et de l'humidité. On a aussi diminué le poids de la baïonnette et de son embarrassant fourreau : pourquoi n'avoir pas repris la vieille lame triangulaire avec son fourreau de cuir, si léger qu'on ne le sentait pas au côté ?

On a déjà parlé des qualités respectives du fantassin français et du fantassin allemand : celui-ci mieux dressé et tirant plus juste, celui-là marchant mieux et tirailleur plus intelligent. L'infanterie allemande s'est perfectionnée dans la tactique qui lui a si bien réussi en 1870 ; l'infanterie française, qui connaissait mal alors le nouveau règlement de combat, avait beaucoup plus à apprendre : elle a beaucoup plus appris. Quelques hommes de guerre avaient cru l'introduction des armes à tir rapide funeste pour notre infanterie, dont l'élan expirerait sous un déluge de balles. Mais en substituant au combat en lignes serrées le combat en tirailleurs, la tactique nouvelle est éminemment favorable au soldat français avec ses qualités et ses défauts naturels, car il a autant d'initiative et d'inspiration que de fougue et d'impétuosité.

Tout bien considéré, l'infanterie française ira au combat dans des conditions bien meilleures qu'en 1870. Or, l'avis de presque tous les étrangers, l'avis même de beaucoup d'officiers allemands, est que notre infanterie du début de la guerre, celle qui n'était pas formée de recrues de trois mois, ne s'est nullement montrée inférieure à l'infanterie ennemie ; bien au contraire. Nos recrues même, si elles avaient eu des cadres, auraient tenu tête aux fantassins d'outre-Rhin.

L'infanterie de notre armée active a donc aujourd'hui pour elle le nombre et la qualité ; en est-il ainsi des autres armes ?

La cavalerie allemande est forte de 372 escadrons, elle est bien montée, bien équipée, bien exercée ; 25 régiments (100 escadrons) de hulans portent la lance, vraie arme du soldat à cheval, supprimée dans la cavalerie française. Les officiers de toutes les cavaleries du monde passent — à tort sans doute — pour n'être pas les plus intelligents de l'armée. Les officiers allemands de cavalerie ne sont pas supérieurs aux nôtres, dans les grades subalternes ; mais l'Allemagne possède ce que la France ne connaît plus : des généraux de cavalerie et des généraux en chef qui savent se servir de la cavalerie. En 1870 la cavalerie allemande n'a presque pas été engagée sur les champs de bataille, où l'importance de son rôle a été bien diminuée par l'emploi des armes à tir rapide. Hormis dans des cas tout à fait exceptionnels, il ne faut plus songer à la lancer contre l'infanterie ; mais elle peut toujours charger la cavalerie ennemie, escorter l'artillerie, et parfois même sabrer les batteries portées trop audacieusement en avant. C'est hors du champ de bataille qu'elle a été surtout employée. Éclairer la marche de l'armée, dérober ses mouvements, découvrir ceux de l'adversaire, se montrer, pour ainsi dire, partout à la fois, et, grâce à cette rapidité de mouvements, répandre la terreur sur une grande étendue de pays, telle fut la tâche de la cavalerie allemande. Comme l'a judicieusement remarqué Rossel, dans les souvenirs du peuple l'invasion de 1870 s'appellera les hulans, comme celle de 1814 s'appelle les cosaques. Faire jouer aux lourds escadrons allemands le rôle des légers coureurs du steppe, c'est le triomphe des études hipparchiques.

La France peut mettre en campagne 300 escadrons de guerre ; c'est 72 escadrons ou 10,800 chevaux de moins que l'Allemagne. Jusqu'au xviie siècle la cavalerie française a passé pour la meilleure de l'Europe, et sous le premier empire elle valait notre infanterie. La plupart des chevaux sont tirés de l'étranger. Bien des fois on s'est plaint qu'ils fussent trop chargés. C'est qu'en Algérie, où l'on avait à parcourir de vastes espaces déserts, le cavalier devait porter avec lui plus de choses qu'au milieu d'un pays européen bien peuplé. Un autre résultat de nos guerres d'Afrique, c'est qu'on y a perdu l'habitude de manier de grands corps de cavalerie. Jamais un chef n'y a réuni 3,000 cavaliers, agissant isolément avec leurs batteries légères. Un général de division conduisait le plus souvent cinq ou six escadrons, un général de brigade, trois ou quatre, plus quelques centaines d'irréguliers. Il en fut de même au Mexique. En Crimée, où les opérations se bornèrent pour ainsi dire au siége de Sébastopol, la cavalerie n'eut presque rien à faire. En Chine et en Cochinchine on n'envoya pas de cavalerie du tout [1]. Ce n'était pas le moyen de former des chefs. Aussi que n'a-t-on pas vu dans la dernière campagne? A Reischoffen la cavalerie est inconsidérément lancée à travers un village occupé par l'ennemi. Le matin de Rezonville la cavalerie de Forton, chargée d'éclairer la route de Verdun, est surprise au bivouac. La veille de Sedan, le général Margueritte — un beau sabreur tué le lendemain — avait si peu l'idée de son rôle et de la situation des affaires, qu'il restait isolé sur la rive gauche du Chiers où l'ennemi l'eût

---

1. En Chine, une centaine de spahis d'escorte.

certainement enlevé, si le général Ducrot ne lui avait pas ouvert les yeux sur le danger et fait passer la rivière. Le lendemain son successeur, le général de Galliffet, conduisit les fameuses charges des chasseurs d'Afrique, aussi mal conçues que vaillamment poussées, ce qui n'est pas peu dire. A Coulmiers le général Reyau, septuagénaire malencontreusement tiré du cadre de réserve, mena neuf régiments de cavalerie à l'attaque de Saint-Sigismond, défendu par quelques centaines de fantassins allemands. Deux heures plus tard il reculait avec ses escadrons désorganisés ; et le soir on n'eut pas de cavalerie pour achever la victoire. Le chef d'escadron Lambilly s'élançant à la poursuite des fuyards avec les *cinquante* cavaliers qui formaient l'escorte de l'amiral Jauréguiberry ramena 2 canons, 25 caissons, 30 voitures et 130 prisonniers, *dont 5 officiers*. Qu'auraient fait les 36 escadrons si maladroitement gaspillés le matin à l'attaque d'un village barricadé. Le programme des dernières grandes manœuvres de cavalerie reposait sur des données tellement peu pratiques, tellement peu en rapport avec les réalités de la guerre, qu'on en a ri à nos dépens dans toute l'Europe. La cavalerie française attend encore ses Lasalle et ses Montbrun : quant aux Westerman et aux Murat, il n'y faut même pas songer.

Ce n'est pas que les Murat, ou même les Bessières aient abondé chez l'ennemi. Les hommes de talent y étaient rares ; mais les chefs possédaient à fond le métier, et avaient médité les règles de l'art. Une de ces règles, énoncée par Bonaparte, est que toutes les armes doivent être employées par grandes masses pour produire tout leur effet. Cela est vrai surtout pour l'artillerie. A Wagram, Napoléon faisait ébranler par 100 bouches à feu le centre ennemi, avant d'y lancer Macdonald ; à Waterloo, l'attaque contre l'infanterie anglo-allemande [1] fut préparée par le feu d'une batterie de 78 pièces. Les Allemands ont imité ces exemples. A Reischoffen, Kirchbach réunit en une seule batterie 84 de ses 90 canons, et foudroya Wœrth durant trois quarts d'heure avant d'engager son infanterie. Il en fut de même partout ; la Prusse dut en grande partie ses victoires au judicieux emploi de son artillerie qui était plus nombreuse, tirait plus vite et portait plus loin que la nôtre. Elle a encore amélioré son matériel. Ses officiers de batterie, moins savants peut-être que les nôtres, sont plus exercés à la pratique sur le terrain. Les manœuvres et les exercices à feu de l'artillerie allemande sont vraiment dignes d'admiration. Comme on l'a vu, cette artillerie comprend 300 batteries attelées et 1,800 canons.

L'artillerie française est forte de 2,166 pièces de campagne, réparties en 361 batteries. Les canons

---

[1]. A force d'entendre les Anglais s'intituler les vainqueurs de Waterloo, on a fini par les croire. En réalité ils ne formaient, à Mont Saint-Jean, qu'un corps auxiliaire. Sur 69,000 hommes que commandait Wellington au début de la bataille, 24,000 seulement, c'est-à-dire un tiers, étaient Anglais. Après que Bulow eut amené ses 30,000 Prussiens, les Anglais faisaient moins du quart de l'armée alliée, et un peu plus du cinquième après l'irruption des 15,000 hommes de Ziethen et de Pirch, qui décidèrent la déroute de l'armée française. Sur 22,000 hommes perdus par les ennemis, 7,200 étaient Anglais. Dût cette vérité blesser le très sensible amour-propre de nos voisins d'outre-Manche, Waterloo est une victoire allemande.

sont en acier et se chargent par la culasse. Pour la portée (4 à 6,000 mètres) et la justesse du tir, nos pièces de 0,08 et de 0,09 ne le cèdent en rien à celles de l'ennemi. Officiers et soldats n'ont pas dégénéré depuis la dernière guerre où, malgré l'effrayante infériorité de leur matériel et le manque de direction supérieure, ils ont vaillamment lutté contre l'artillerie allemande. Presque toutes les bouches à feu conquises par les ennemis ne sont tombées entre leurs mains qu'après les capitulations de ces généraux qui ont livré leurs canons, comme ils ont livré leurs drapeaux, livré leurs armées, livré les places fortes, livré la France. Quand des canons ont été pris sur les champs de bataille, les affûts étaient brisés, les chevaux éventrés par les obus, les artilleurs tués sur leurs pièces. Canonniers français, vous n'avez pas failli.

Ce n'est pas votre faute si vos chefs ne savaient plus se servir de l'artillerie ; ce n'est la faute de personne, c'est le résultat des guerres d'Afrique. En Algérie les canons n'étaient le plus souvent qu'un embarras. Comme on n'avait pas d'artillerie ennemie à contre-battre, on diminua de plus en plus le calibre des pièces. Le canon de 4, bon en lui-même, fut employé dans une proportion excessive. L'obusier de montagne prit les dimensions d'un joujou. Quand un corps expéditionnaire eut à traîner 12 ou 15 canons à travers le désert ou les montagnes, ce fut beaucoup. C'est ainsi qu'on oublia l'emploi de l'arme par grandes masses. A Gravelotte, où les canons allemands écrasèrent notre infanterie, notre réserve générale d'artillerie, 16 batteries, demeura toute la journée inactive. Vers le soir 2 batteries furent envoyées au maréchal Canrobert à Saint-Privat, le reste (84 pièces) *ne tira pas un seul coup de toute la bataille;* pendant ce temps les batteries engagées manquaient de munitions ! Espérons qu'il n'en sera pas ainsi dans la prochaine guerre.

L'Allemagne possède 74 compagnies de pionniers et de pontonniers, et 9 compagnies pour le service des chemins de fer, en tout 83 compagnies actives. La France a 80 compagnies de sapeurs-mineurs, 4 compagnies pour le service des chemins de fer et 26 compagnies actives de pontonniers[1], rattachés à l'artillerie on ne sait trop pourquoi. Ceux qui ont vu les travaux exécutés par les deux armées durant la guerre, sont demeurés convaincus que nous n'avions rien à envier aux Allemands. L'unique différence serait peut-être que le génie français est plus méthodique et le génie allemand plus pratique. Celui-ci cherche à faire vite, celui-là cherche à faire bien. On pourra trouver aussi que 26 (28) compagnies de pontonniers sont un nombre excessif et que, pour le service des chemins de fer, 4 compagnies seraient insuffisantes si l'on occupait une grande étendue de territoire ennemi. Il est vrai que, suivant toute apparence, nous ne sommes pas sur le point d'avoir à souffrir de cet inconvénient.

Jusqu'ici les deux armées se valent; l'armée française a même une supériorité numérique assez

---

[1] Deux de dépôt.

marquée. Mais l'aspect des choses se modifie considérablement quand on arrive aux troupes de seconde ligne, à la landwehr et à l'armée territoriale.

La landwehr a sur la territoriale un incommensurable avantage : elle existe et la territoriale n'existe pas ou n'existe que sur le papier. Encore un effet de nos discordes politiques. On a pris pour règle de ne pas admettre parmi les officiers de l'armée territoriale certaines opinions. Ce qu'il était facile de prévoir arriva : les officiers manquèrent. On n'aurait pas eu trop de toute la France pour y recruter 14 à 15,000 officiers. Comme les opinions proscrites étaient justement celles de la majorité du pays, on a eu beau prendre tout ce qui se présentait de gens bien pensants, on n'a pu trouver que 9 à 10,000 officiers et, pour la plupart, quels officiers ! Si l'armée territoriale existait, elle serait plus nombreuse que la landwehr. Mais celle-ci est composée d'hommes plus jeunes (27 à 32 ans) et commandée par des officiers qui n'ont pas été choisis uniquement pour leurs opinions politiques et religieuses. Ses 280 bataillons disponibles renforceraient d'environ 170,000 combattants l'armée d'opération.

Les troupes de garnison de l'Allemagne : dépôts, artillerie à pied, artillerie et génie de la landwehr dépassent en nombre (280,000 hommes) les troupes de dépôt de l'armée française augmentées de l'artillerie à pied et des compagnies mobiles de douaniers et de chasseurs forestiers : 220,000 hommes. La gendarmerie et le corps des douaniers sont à peu près égaux des deux côtés en nombre et aussi en qualité, puisqu'ils sont formés d'éléments analogues.

La garde nationale ayant été abolie, nous n'avons rien à comparer au landsturm allemand.

Pour monter ses escadres, la France dispose d'environ 50,000 marins, c'est-à-dire cinq fois autant que l'Allemagne : notre flotte de guerre, trois fois plus nombreuse que celle de nos rivaux, compte aussi proportionnellement plus de gros navires.

La mobilisation et la concentration de toutes ces forces exigeront 19 à 20 jours en France, 16 à 17 en Allemagne. Celle-ci doit au recrutement régional cette avance de trois ou quatre jours. C'est une première marque de sa supériorité d'organisation. En voici une autre : lorsque les armées allemandes s'avancent en pays ennemi, elles se relient à leurs bases d'opérations par un *service d'étapes* pour lequel existe un corps spécial d'officiers. Troupes de renfort, convois, recrues, trouvent sur leur passage des vivres prêts et des cantonnements assurés. On a songé chez nous à créer un service d'étapes, mais on l'a rattaché à l'armée territoriale, c'est-à-dire qu'il est resté comme la territoriale elle-même à l'état d'embryon. D'autres services assurant les communications entre l'armée et le pays, la poste, les télégraphes sont admirablement organisés en Allemagne et fort imparfaitement en France. Chez nous la poste de campagne est aussi formaliste que la poste ordinaire ; chez les Allemands tout bout de papier griffonné sur le champ de bataille, pourvu qu'il porte une adresse, arrive à destination. C'est un grand soulagement de pouvoir donner de ses nouvelles à ceux qu'on aime.

Une autre chose qui soutient le moral du soldat, c'est la pensée que, s'il est blessé, il sera vite recueilli et bien soigné. En 1870, les ambulances allemandes ont fait des merveilles. Elles ont relevé les blessés et enseveli les morts des deux partis avec une promptitude remarquable. La mortalité de l'armée allemande en temps de paix est très faible, ce qui fait le plus grand éloge de son service médical [1]. Le nôtre demeure bien loin en arrière, il est surtout moins bien outillé. On a augmenté le personnel, mais la nouvelle organisation n'a pas encore subi la décisive épreuve d'une campagne. Pour les ambulances, les grandes manœuvres ne remplacent pas la guerre.

Mais ce qui, bien plus que l'art médical, contribue à entretenir la santé et la bonne humeur du soldat, c'est la façon dont il est nourri. « Une seule fois j'ai souffert de la faim pendant toute la campagne », m'a dit un officier allemand. Nos officiers et surtout nos soldats n'en pourraient dire autant. On s'en est pris à l'intendance et l'on a eu raison, quoique ce ne fût pas la faute des hommes, mais le résultat du

---

1. Voici le chiffre moyen de la mortalité par suite de maladies dans quelques armées européennes (période 1872-74) :

Austro-Hongrie.	14,40	par 1,000
Russie.	13,11	—
Italie.	12,30	—
Belgique.	9,63	—
France.	8,71	—
Angleterre.	8,00	—
Allemagne.	7,19	—

système en vigueur. Comme l'armée, l'intendance s'est formée à l'école des guerres d'Afrique. Là, pas de grosses armées à nourrir; des régions mal peuplées, parfois même désertes; il ne fallait donc pas songer à vivre sur le pays. Des convois portaient aux corps expéditionnaires des vivres extraits de magasins remplis d'avance. De même en Crimée : le plateau de la Chersonèse, où nos soldats passèrent dix-huit mois, ne produisant rien, tout fut tiré de grands magasins établis sur les bords de la mer Noire, et même en France et en Angleterre. De là une centralisation excessive dans le service. Chaque intendant devait amasser tous les vivres nécessaires à une fraction considérable de troupes, puis les répartir ensuite entre les corps. Quelle perte de temps! Avec une armée en mouvement c'était une tâche impossible. Aussi en Italie, dans un pays allié, l'un des plus riches et des plus peuplés du monde, l'armée française manqua quelquefois de pain. L'intendant en chef de l'armée d'Italie mourut de fatigue à la fin de la campagne. Il avait fait tout ce qu'il avait pu [1].

On a voté une loi réorganisant l'intendance d'après le type prussien. Mais comment cette loi est-elle appliquée? Durant les grandes manœuvres les vivres se sont plusieurs fois fait beaucoup attendre. Il est vrai que, comme on n'était pas en pays ennemi, l'on ne pouvait employer les moyens persuasifs dont on use à la guerre pour être obéi vite et bien. Mais, si

[1]. Je n'ai pu retrouver le nom de cet homme mort au devoir, victime d'un système qui a fait tant d'autres victimes.

chaque commune qui ne fournirait pas à l'heure dite les vivres exigés et payés, était frappée d'une amende, les retards ne viendraient plus du fait des populations.

En Allemagne le service est décentralisé. Chaque régiment a son intendance qui réquisitionne sur place tout ce dont il a besoin. Cela n'empêche pas d'avoir de grands magasins où sont, en temps de paix, accumulés des vivres, principalement des conserves de viande qui renferment une grande quantité de matières nutritives sous un volume relativement petit.

Nous avons donc encore beaucoup à apprendre de l'Allemagne pour la vaincre. Dans l'état actuel des choses, il ne faut pas songer à une guerre offensive. Mais aidée par les dépôts, par les troupes locales (douaniers, gendarmes, forestiers), appuyée sur les places fortes, grossie de semaine en semaine par les bataillons territoriaux qu'on se déciderait sans doute à finir d'organiser, notre armée active, malgré ce qui lui manque, est en état de repousser une invasion, à la condition, toutefois, d'être passablement commandée, c'est-à-dire infiniment mieux qu'au début de la dernière guerre.

II

Le commandement est l'âme des armées ; nulle part on ne peut dire plus justement qu'à la guerre : *Mens agitat molem.*

L'armée est l'instrument, le général est l'ouvrier ; le grand capitaine est un artiste. Jamais mauvais ouvrier ne trouva bon outil, tandis que l'artisan habile tire souvent parti d'un instrument défectueux.

Dans une guerre entre deux peuples à peu près égaux en nombre, en richesses, en civilisation, le talent des généraux fait toute la différence. On ne peut donc avoir une idée juste des forces en présence si l'on ignore ce que valent les généraux français et les généraux allemands.

Mais comment le savoir? De ceux qui en 1870 jouèrent un rôle important, beaucoup ont disparu. De ceux qui les ont remplacés, beaucoup, surtout en France, n'ont paru sur les champs de bataille qu'à la tête de brigades ou même de régiments. D'ici à la prochaine guerre les états-majors subiront encore d'autres modifications. Il y a donc, il y aura toujours là de redoutables inconnues.

Dire ce qu'ont fait les généraux qui commandent aujourd'hui est la seule chose possible et raisonnable ; c'est ce que je vais essayer de faire en commençant par les chefs ennemis.

La grandeur des victoires est proportionnelle au talent des vainqueurs ou à l'ineptie des vaincus. Quelle qu'ait été l'immensité de ses triomphes, l'Allemagne n'a pas eu dans ce siècle un grand homme de guerre. C'est là un fait cruel pour notre orgueil ; mais fermer les yeux à la vérité ne sert à rien, sinon à préparer de nouveaux désastres. Si nous en avons éprouvé, c'est que nos généraux ne valaient pas à beaucoup près les généraux ennemis. N'invoquons pas non plus l'inégalité du nombre, ce n'est pas toujours une excuse. Quand on est trop faible, on ne se dissémine pas tout le long des frontières ; quand on est trop faible, on ne reste pas comme à Reischoffen à portée d'un ennemi qu'on sait, ou du moins qu'on doit savoir plus fort que soi [1] ; quand on est trop faible on ne va pas, comme à Sedan, se jeter dans la gueule du loup. Le nombre d'ailleurs, les Allemands ne l'ont pas toujours eu pour eux. A Spickeren, la supériorité numérique de l'ennemi n'est pas chose démontrée. A Mars-la-Tour, le 16 août, ils étaient un contre deux. On les repoussa et ce fut tout. L'armée de Metz qui comptait encore 140,000 combattants après Gravelotte fut bloquée soixante-dix jours par 210,000 Allemands dispersés sur une circonférence de 70 kilomètres ; 250,000 hommes bloquèrent Paris qui en contenait 500,000. Non, ce n'est pas faute d'hommes que sont tombés Bazaine et Trochu.

Il faut donc le redire et bien haut, les désastres de Sedan, de Metz, de Paris, de l'Est, ont eu pour cause non pas le génie allemand, mais bien l'incapacité française. On a vu des généraux aussi mau-

---

1. On *savait* que l'armée concentrée dans la Bavière rhénane était commandée par le prince royal de Prusse. On *savait* qu'en 1866 ce même prince avait eu sous ses ordres plus de cent mille hommes. Il ne fallait pas de grands efforts d'intelligence pour deviner que, les forces de la Prusse ayant presque doublé, le fils du roi devait, en 1870, commander une armée au moins aussi considérable qu'en 1866. Mais demandez à M. de Mac-Mahon combien d'ouvrages il avait lus sur la guerre austro-prussienne, et sur quelle carte il avait suivi la campagne de Bohême.

vais que MM. Canrobert, Douay, Failly, Frossard, Ladmirault, Lebœuf, Lebrun, Vinoy, mais jamais tant à la fois et dans une aussi courte période de temps. MM. Trochu, Bazaine et Bourbaki égalent ou surpassent tout ce que les temps anciens et modernes ont produit de plus étonnant, et l'avenir aura peine à comprendre comment trois pareils esprits ont pu coexister dans un même siècle et dans un même pays. Quant à Mac-Mahon, il est hors de pair, comme la marche sur Sedan est sans exemple dans l'histoire.

Cela ne veut pas dire que les généraux allemands soient sans mérite; non : seulement leurs victoires ont été hors de proportion avec leur talent. Napoléon et Annibal n'ont pas eu de triomphes plus éclatants que ceux de M. de Moltke; nul pourtant ne songerait à comparer le général prussien à Annibal ou à Napoléon.

Helmuth-Karl Bernhard fon Moltke naquit à Gnewitz dans le Mecklembourg, le 26 octobre 1800. Il était donc septuagénaire en 1870. Les officiers allemands sont plus vieux en moyenne que les officiers français. Mûr plus tard, le Germain dure plus longtemps. On vieillit vite dans notre race. Presque tous nos grands hommes de guerre étaient illustres avant quarante ans; après soixante, bien peu d'entre eux ont ajouté quelque chose à leur gloire.

M. de Moltke est Danois d'origine (c'est un de Moltke qui représente en ce moment le Danemark à Paris), et le futur conquérant d'Alsen servit d'abord quelque temps dans l'armée danoise. Passé au service prussien en 1822, il fut attaché à l'état-major et envoyé en mission en Turquie. Il y resta plusieurs années et prit part aux réformes militaires du sultan Mahmoud. En 1858, il fut mis à la tête du corps d'état-major prussien.

Mêlé à de très grands événements militaires, il est considéré par bien des gens comme un très grand stratégiste. De même Cuvier, pour s'être occupé des faunes éteintes, est un grand géologue aux yeux du gros public. Les talents stratégiques de M. de Moltke n'ont rien d'extraordinaire, mais c'est un organisateur aussi puissant peut-être que Carnot. La mobilisation partielle de l'armée prussienne en 1859 lui révéla les défauts d'une organisation militaire dont une longue paix avait détendu les ressorts. Cette leçon ne fut perdue ni pour lui, ni pour le prince Guillaume, aujourd'hui empereur d'Allemagne, et alors régent de Prusse, par suite de la démence de son frère. En 1864 l'armée reformée fut essayée contre le Danemark, et M. de Moltke traça le plan de l'invasion de sa patrie. Il devint chef d'état-major du prince Frédéric-Charles quand celui-ci remplaça Wrangel. On ne suivit pas de fort près les détails de cette guerre ; on eut tort, car on aurait appris deux choses : qu'il existait en Prusse une armée redoutable et que cette armée avait des généraux. Le passage de la Schlei (bras de mer à demi gelé, large de trois kilomètres, franchi en une seule nuit à l'insu des Danois qui gardaient les deux rives) est une opération militaire de premier ordre. Le siège de Duppel fut sagement conduit et la prise de l'ile d'Alsen est un brillant fait d'armes.

Les manœuvres de 1866 méritent moins d'éloges, bien qu'elles aient été couronnées de succès foudroyants. Pendant que Fogel fon Falckenstein faisait dans les vallées du Wéser et du Mein son admirable campagne, Moltke dirigeait sur la Bohême trois armées qui devaient y pénétrer par trois points différents fort éloignés les uns des autres. Les deux premières venant du Nord se réunirent assez vite, mais leur jonction avec la troisième (armée de l'Oder) devait s'opérer sur un terrain occupé par plus de 200,000 Autrichiens. Que Benedeck, laissant quelques troupes devant le prince royal, se fût porté *d'une seule marche* au-devant de Frédéric-Charles et de Bittenfeld, qui n'avaient que 126,000 hommes, il les aurait très probablement accablés avant que l'armée de Silésie eût pu leur prêter le moindre secours. Le général autrichien ne bougea pas et fut battu. Le succès n'excuse pas M. de Moltke de s'être exposé à de si grands risques, alors qu'il aurait pu faire autrement.

En 1870 les opérations du début de la campagne furent bien conçues et assez bien conduites. Mais la marche de flanc autour de Metz était une de ces témérités énormes qui ne peuvent réussir que grâce à la stupidité de l'ennemi. La tentative était si périlleuse que la seule force des choses amena le 16 août un choc entre l'armée française en marche sur Verdun, et l'armée allemande qui voulait lui barrer le passage. Les Prussiens au nombre de 80,000 à peine furent repoussés après cet affreux carnage[1]. L'armée française, exaltée par sa victoire, comptait encore le soir plus 150,000 hommes dont une partie n'avait pas combattu. Si elle avait poussé en avant, la route de Verdun était ouverte, les Allemands rejetés au delà de la Moselle, la marche du prince royal sur Paris arrêtée. Le 17 août, Bazaine recula de deux lieues, et le 18, attaqué par toute l'armée allemande ralliée et raffermie, il fut battu et forcé de se réfugier sous les murs de Metz, derrière les forts.

Les hommes passionnés pour un art et qui l'ont beaucoup pratiqué ont toujours quelques heures d'inspiration et de génie. Un bon versificateur est poète au moins un jour. M. de Moltke eut son jour à Sedan. L'armée française venant, en face d'un ennemi supérieur en nombre, s'engouffrer dans un cul-de-sac, tout le monde — hormis un de ceux qui la commandait — aurait eu l'idée de la couper de Mezières; ce qu'un général de talent pouvait seul concevoir, c'étaient de la tourner à la fois par ses deux ailes, et de lui couper aussi la retraite sur la Belgique. Mais une belle manœuvre ne fait pas plus un grand capitaine qu'une belle page ne fait un grand écrivain.

Le blocus de Paris, entrepris avec des forces inférieures de moitié à celles des assiégés, était une véritable folie — le mot est de Falkenstein. Mais

---

1. 16,000 tués ou blessés; les Français en avaient perdu 17,000.

la folie de Trochu, et la... faiblesse de ses collègues du Gouvernement provisoire donnèrent raison au vainqueur de Sadowa. En récompense de tant de services, M. de Moltke fut comblé d'honneurs et de richesses. Il est, depuis 1871, l'un des neuf feld-maréchaux de l'empire allemand.

Trois autres sont plus anciens que lui : Charles, prince de Prusse et maréchal par droit de naissance depuis 1854 ; Frédéric-Guillaume, prince royal de Prusse, héritier présomptif de la couronne impériale ; et Frédéric-Charles, son cousin, surnommé le Prince Rouge. Celui-ci est un vrai soldat, instruit, rigide, impitoyable. Né en 1828, il a cinquante-deux ans, et nous sommes à peu près sûrs de le rencontrer de nouveau sur les champs de bataille. Il fit ses premières armes en 1849 contre les corps francs du grand-duché de Bade, et consacra les loisirs d'une longue paix aux études militaires ; ses écrits, ses conférences sur la manière de combattre les Français prouvent qu'il connaissait à fond les faiblesses de notre système militaire et qu'il jugeait à leur juste valeur nos généraux d'Afrique. Il commanda en Danemark une division d'abord, puis toute l'armée d'opération avec Moltke pour chef d'état-major.

Général en chef de la première armée en 1866, il traversa rapidement la Saxe orientale, franchit le Riesen-Gebirge, et, chassant devant lui le corps autrichien de Clam Gallas, vint faire sa jonction à Gitschin avec l'armée de l'Elbe qu'amenait Herwarth fon Bittenfeld. A Sadowa il attaqua le centre de Benedeck et contint l'ennemi jusqu'à l'arrivée du prince royal.

C'est lui qui commandait en chef à Rezonville, où malgré l'infériorité de ses forces il arrêta Bazaine toute la journée. A Gravelotte il avait sous ses ordres la gauche et le centre de l'armée allemande. Il fut ensuite chargé avec sept corps de bloquer Metz, et quand Bazaine, reconnaissant que le commandement d'une armée dépassait de beaucoup ses forces, renonça aux opérations militaires pour se lancer dans des intrigues politiques, Frédéric-Charles l'amusa par des négociations jusqu'à l'épuisement de ses vivres. Alors il le fit prisonnier avec toute son armée. Après la chute de Metz il fut dirigé vers la Loire; mais au lieu d'expédier ses troupes sur Paris par les voies rapides et de là sur Orléans, il traversa obliquement le bassin de la Seine et n'arriva que le 17 novembre à Fontainebleau. Malheureusement d'Aurelle, après sa victoire de Coulmiers, ne profita pas de ce retard, dont la seule explication plausible est que l'état-major allemand ne croyait pas à l'existence, ni surtout à l'efficacité de nos régiments improvisés. Ralliant fon der Tann et Mecklembourg avec trois corps d'armée, Frédéric-Charles escarmoucha d'abord avec notre aile droite; puis voyant qu'elle restait isolée, il se jeta sur notre centre, l'enfonça, coupa en deux notre armée et se mit à la poursuite de l'aile gauche. Mais il rencontra un rude adversaire dans Chanzy, qui lui tint tête pendant un mois de combats presque quotidiens. Obligé de laisser reposer ses troupes harassées, il se remit en marche le 7 janvier, et, renouvelant la faute de fon Moltke à Sadowa, il poussa sur le Mans deux colonnes convergentes venant l'une de Vendôme, l'autre de Nogent. Il aurait payé cher cette fantaisie, si les troupes de Chanzy avaient été en état de marcher ; mais c'était beaucoup de les maintenir en place. La paix lui évita le danger d'une campagne dans le massif montagneux du centre de la France. Le feld-maréchal Frédéric-Charles est inspecteur des VIIe, VIIIe, X^e, XIIIe corps allemands.

Dans sa campagne sur la Loire, il avait été secondé par Frédéric, grand-duc régnant de Mecklembourg [1], beau-frère de M. le duc d'Aumale, oncle de M. le duc de Chartres et de M. le comte de Paris. Avec un corps nouvellement formé, Mecklembourg prit Toul, Laon, Soissons. Ensuite il commanda la droite de l'armée de Frédéric-Charles et prit part à la bataille du Mans. Le tzar Alexandre, qui l'avait décoré de la croix de Saint-Georges après le bombardement de Soissons, le félicita « des grandes qualités militaires dont il avait fait preuve pendant la guerre de France ». L'empereur Guillaume le nomma inspecteur général, et l'éleva en 1873 au grade de feld-maréchal en même temps que le comte fon Manteuffel.

Celui-ci, ami particulier de l'empereur, est un des mauvais généraux allemands. En 1866 il servit sous Falckenstein, auquel il succéda dans le commandement de l'armée du Mein. On put alors apprécier

---

[1]. Né en 1823.

facilement la différence entre un bon général et un bon courtisan. De son prédécesseur Manteuffel n'imita que les exactions, et l'armistice de Nikolsbourg vint fort à propos le dispenser de donner preuves d'incapacité. En 1870, il prit part, à la tête du 1er corps aux batailles sous Metz. Il fut ensuite nommé chef de la première armée à la place de Steinmetz, vieux soldat de 1813, général à la Blücher, marchant toujours au canon et lançant impétueusement ses bataillons dans la mêlée d'où ils sortaient vainqueurs ou écrasés. A la tête du 1er et du viiie corps, Manteuffel marcha sur Amiens, et, quoique très supérieur en nombre et surtout en artillerie, il eut beaucoup de peine à triompher, le 27 novembre, du général Farre, qu'il ne poursuivit pas. Rappelé de Rouen, qu'il avait occupé, par l'apparition inattendue de Faidherbe sur la Somme, il ne put, à Pont-Noyelles, dans une bataille de deux jours, ébranler l'armée du Nord. On lui donna alors le commandement des corps détachés de Paris pour prendre en flanc l'armée de Bourbaki. Quand il arriva, nos malheureuses troupes, aussi mal conduites qu'à Sedan et à Metz, avaient déjà été battues par fon Werder, et se reposaient sur la foi de l'armistice dont elles ne se savaient pas exceptées. J. Favre, au milieu de ses larmes, avait négligé de leur faire connaître ce détail insignifiant. Manteuffel les poussa en Suisse, ramassa des traînards, mais laissa échapper des corps assez importants. Après la guerre il commanda les troupes d'occupation en France. Il est aujourd'hui gouverneur de l'Alsace-Lorraine et porte allégrement ses soixante et onze ans. Puisse-t-il avoir un commandement dans la prochaine guerre !

Le prince Frédéric des Pays-Bas est aussi maréchal prussien, mais maréchal honoraire. Un autre prince, Auguste de Wurtemberg, commande depuis plus de quinze ans la garde prussienne. Chose digne de remarque, la garde royale faisait partie en 1866 de l'armée de Silésie où ne se trouvait pas le roi. Elle et son chef se couvrirent de gloire dans cette campagne. Deux fois, en marchant jour et nuit, elle dégagea deux autres corps compromis. A Sadowa, elle décida la victoire. Un de ses généraux de division. Hiller, apercevant un vide dans la ligne de bataille autrichienne, s'y précipita et vint occuper le village de Chlum, derrière le centre de l'ennemi stupéfait, pris à revers, écrasé par les canons de ses propres redoutes. Isolée au milieu de l'armée autrichienne, assaillie par toutes les réserves de Benedeck, la division se maintint dans le village. Hiller fut tué, mais la bataille était gagnée. A Gravelotte la garde impatiente s'entassa dans un vallon au pied des hauteurs de Saint-Privat qu'occupait le 6ᵉ corps français, elle y perdit 6,000 hommes en vingt minutes. A Sedan, elle forma l'extrême droite de l'armée allemande et coupa aux Français la route de Bouillon. Pendant le reste de la campagne elle ne fut sérieusement engagée qu'à la seconde affaire du Bourget.

Je ne parlerai pas du vieux maréchal Herwarth fon Bittenfeld, qui exécuta en 1864 le fameux passage de la Schlei et commanda l'armée de l'Elbe en 1866. Il a quitté le service actif. Ont également disparu de la scène, Steinmetz, Falckenstein, Werder, qui prit Strasbourg et battit Bourbaki, et Foigt-Rhetz, qui à la bataille du Mans décida la victoire en enlevant, par une attaque de nuit, la position du Tertre-Rouge.

Quand Moltke prendra sa retraite, il aura probablement pour successeur le général fon Blumenthal commandant du IV° corps. Blumenthal fut le chef d'état-major du prince royal, et commanda de fait la troisième armée à Reischoffen, à Sedan et devant Paris. C'est un homme de guerre fort instruit et ayant plus d'acquis que de talent naturel.

Le Ier corps a pour chef fon Barnekow qui, à la tête d'une division du VIII° corps, combattit sous Metz, à Amiens, à Pont-Noyelles, prit Péronne, et, à Saint-Quentin, commanda l'aile droite de l'armée allemande.

Le général fon Kirchbach commande le V° corps. A Sadowa, il se distingua comme divisionnaire. Promu général le 4 août 1870, il engagea le 6 la bataille de Reischoffen avec le V° corps soutenu par le XI° et par le II° corps bavarois. Quand, à midi un quart, Blumenthal se décida à soutenir les troupes engagées, Wœrth était pris, et les Français réduits à la défensive. Lorsque l'avant-garde du Ier corps bavarois, et une brigade de cavalerie wurtembergeoise, parurent sur le champ de bataille, l'affaire était décidée. Dans la marche enveloppante de Sedan, le V° corps placé presque à l'extrême gauche de la troisième armée eut beaucoup de chemin à faire pour arriver en ligne. Le 1ᵉʳ septembre, après avoir marché une partie de la nuit, il déborda la droite du 7ᵉ corps français et donna la main sur la route de Bouillon à la garde, qui arrivait en sens opposé, complétant ainsi le cercle qui enserrait l'armée française. Placé en avant de Versailles, durant le siège de Paris, Kirchbach soutint presque seul le combat de Buzenval.

A la tête du viiiᵉ corps est fon Gœben, un des meilleurs généraux de l'Allemagne. Il fit l'apprentissage des armes en Espagne, durant la première guerre carliste (1833-40). Quoiqu'il eût acquis le grade de colonel, il rentra dans l'armée prussienne comme simple lieutenant. En 1864 il commanda une brigade en Danemark, et en 1866, une division de l'armée du Mein sous Falckenstein. Les talents qu'il déploya dans cette campagne lui valurent le commandement du viiiᵉ corps. Il contribua puissamment au gain de la bataille de Spickeren, combattit à Gravelotte, Amiens, Pont-Noyelles et devint, après le départ de Manteuffel, chef de la première armée. Il rencontra enfin un adversaire digne de lui dans le général Faidherbe, qui le battit à Bapaume, et qu'il battit à Saint-Quentin. Ce fut la première fois depuis longtemps qu'on vit engagés l'un contre l'autre deux généraux manœuvriers sachant bien tous deux ce qu'ils voulaient, et ne se jetant pas l'un sur l'autre par hasard.

Albrecht de Prusse [1], chef du xᵉ corps, comman-

---

1. Né en 1837.

dait en 1870 une division mixte d'infanterie et de cavalerie. Il ne faut pas le confondre avec son père, frère du roi Guillaume et commandant général de la cavalerie. Celui-là est mort en 1872.

Le xi⁰ corps a conservé son général de 1870, fon Bose, qui prit une grande part à la bataille de Reischoffen, en occupant la colline du Gunstett, d'où son artillerie foudroya les Français, qui ne purent le déloger. Le 1ᵉʳ septembre, de très grand matin, il franchit la Meuse à Donchery pour couper à Mac-Mahon la route de Mézières, lança bien en avant son artillerie et sa cavalerie et jusqu'à l'arrivée de son infanterie en imposa au général Douay, ce qui d'ailleurs n'était pas bien difficile. Pendant le siège de Paris, le xi⁰ corps ne prit part qu'à des engagements de peu d'importance. Une de ses divisions, la 22ᵉ, fut détachée à l'armée allemande de la Loire.

Georges, prince héréditaire de Saxe, a le commandement de l'armée saxonne, qui forme le xii⁰ corps. A Sadowa, il combattit contre les Prussiens. L'intervention de la France sauva l'indépendance de la Saxe, qui fut englobée dans la confédération du Nord au lieu d'être purement et simplement annexée à la Prusse. Comme membres de la confédération, les Saxons firent la campagne de France aux côtés de leurs anciens ennemis. Le xii⁰ corps décida la victoire à Gravelotte en enfonçant le 6ᵉ corps français, attaqué de front par le xᵉ corps et par la garde. A Sedan, à Champigny, à la Ville-Évrard, le xii⁰ corps joua un rôle important. Le prince avait pour chef d'état-major le général Fabrice, aujourd'hui ministre de la guerre à Dresde.

A Berlin, le ministre de la guerre est le général fon Kamecke [1]. Il occupe la place du célèbre fon Roon, à qui l'Allemagne doit, tout autant qu'à de Moltke, l'organisation de sa nouvelle armée. Dans un pays où les spécialistes surabondent, on ne peut accuser M. Kamecke d'être un homme spécial. Tour à tour attaché à l'ambassade de Vienne et au ministère de la guerre, officier du génie, d'infanterie et d'état-major, il s'est battu contre les Autrichiens et contre les Français. Après avoir en 1870 commandé une division d'infanterie du VII⁰ corps, il fut chargé des sièges de Verdun, de Thionville et de La Fère, qu'il prit sans même se donner la peine de commencer les travaux d'approche. Appelé au quartier général de Versailles, il fit établir une partie des batteries qui bombardèrent Paris. Cela lui valut l'honneur de commander les troupes qui occupèrent un quartier de la ville. Que les Parisiens se souviennent!

Un autre, dont la France fera bien de ne pas oublier le nom, est le baron Ludwig fon der Tann, commandant du 1ᵉʳ corps bavarois. La Bavière, qui s'efforce de garantir contre l'intrusion prussienne les restes de son autonomie politique et militaire, oppose la réputation de fon der Tann à celle des généraux prussiens. Tann naquit le jour de Waterloo, le 18 juin 1815. En 1848, 49 et 50, il servit

---

[1]. Né en 1817.

comme volontaire dans l'armée du Schleswig-Holstein, soulevé contre le Danemark par les aristocrates allemands. Devenu chef d'état-major général, il acquit, malgré la défaite de son parti, la réputation d'un manœuvrier savant et hardi. Placé en 1866 à la tête des forces de l'Allemagne du Sud, il ne trouva rien de prêt et ne put tenir contre le redoutable Falckenstein. Il fut même blessé au combat de Kissingen.

En 1870, il prit avec le Ier corps bavarois une faible part à la bataille de Reischoffen. Il surprit et mit en déroute, à Beaumont, le 5e corps français (de Failly). Le matin de Sedan, il attaqua de front avec trois divisions bavaroises notre 12e corps retranché dans le village de Bazeilles, et assailli d'un autre côté par le IVe corps allemand. Une partie des habitants du village accusés d'avoir pris part à la lutte, furent massacrés après le combat. Envoyé vers la Loire pour couvrir le siège de Paris, Tann balaya les détachements de Polhès et de Lamotterouge et occupa Orléans, tandis que son lieutenant fon Wittich brûlait Châteaudun. Forcé de reculer à l'approche du général d'Aurelle, il prit à Coulmiers une bonne position et, avec 25,000 hommes, résista toute la journée à 50,000. Vaincu, il se retira sur Étampes, où le rejoignit Mecklembourg et plus tard Frédéric-Charles. Battu le 1er décembre à Patay, par Chanzy, il prit sa revanche le lendemain et fit le reste de la campagne de l'Ouest sous les ordres du « Prince Rouge ». On doit dire qu'il a décliné la responsabilité des massacres de Bazeilles, et qu'il s'est efforcé d'en atténuer l'importance aux yeux du public.

Au-dessus de tous ces généraux, de tous ces maréchaux, de tous ces princes, domine un homme qui semble d'un autre âge, le vieux roi de Prusse, empereur d'Allemagne, Guillaume Ier dit le victorieux. Comme Charles VII de France, il pourrait joindre à ce surnom celui de « bien servi ». Mais ses serviteurs c'est lui qui a su les choisir, et ce qui est plus difficile, les garder et les défendre. Il est resté sourd aux cris qui s'élevaient contre son ministre dans le pays, dans sa cour, et jusque dans sa propre conscience. Il a fait plier devant les ordres de son chef d'état-major ses favoris, ses parents et, son fils : c'est ainsi qu'il a, pour sa large part, contribué aux triomphes de ses armées. Ce victorieux a connu l'adversité qui trempe les hommes. Deuxième fils de cette reine Louise « la mère du pays » (Landes-Mutter) que Napoléon accabla des plus ignobles outrages, il vit à neuf ans, après Iéna, sa famille fugitive et son pays envahi. Il grandit au milieu d'un peuple humilié, opprimé, préparant la revanche, mais non pas sans en parler, car les peuples oublient vite ce dont on ne leur parle pas à tout moment. En 1813, à seize ans, il fit ses premières armes contre les Français, et en 1814 il entra dans Paris qu'il devait revoir en vainqueur cinquante-six ans plus tard. De 1815 à 1848, il vécut tout occupé d'études et de projets militaires. Haï des libéraux pour ses opinions gothiques, il dut en 1848 s'enfuir de Berlin devant la révolution triomphante et se réfugia en Angleterre. Il en revint bientôt et fut mis à la tête de l'armée qui comprima l'insurrection du pays de Bade. Nommé au commandement militaire des provinces Rhénanes, il se mit en communication intime avec l'armée, et pendant la guerre de Crimée, il fit tout ce qu'il put pour entraîner le roi son frère à prendre parti pour la Russie. Devenu régent en 1858, il se préparait à soutenir l'Autriche contre la France, quand la paix de Villafranca coupa court, encore une fois, à ses rêves de gloire militaire. Devenu roi en 1861, il appela auprès de lui des hommes qui partageaient ses idées, ses goûts, ses ambitions. Pendant que Bismarck préparait les voies, Roon et Moltke organisaient les moyens d'action. En vain le parlement s'oppose aux réformes militaires, le roi n'en tient compte : la Chambre des députés refuse de voter les impôts, le roi passe outre et le peuple paye. En 1866, tout était prêt, les armées et les prétextes.

Duppel, Sadowa, Sedan, l'écrasement du Danemark, la délivrance de Venise, l'expulsion des Habsbourg de l'Allemagne et de l'Italie, l'introduction du régime constitutionnel en Autriche et du suffrage universel en Allemagne, la chute de la dynastie des Bonaparte et du pouvoir temporel des papes, le démembrement de la France, la fondation de l'empire allemand, le bouleversement des vieux systèmes militaires, tels sont les résultats du règne de Guillaume dans le passé. L'avenir en verra de plus étonnants peut-être. Né en 1797, le vainqueur de Sedan n'en sera pas témoin; mais il a assez vécu : il a vu sa patrie vengée, il a vu l'Allemagne unie, il a vu tomber sous ses coups et rouler dans la fange le dernier descendant de celui qui avait insulté sa mère. Le fils des vaincus d'Iéna, l'avide et dur héritier des chevaliers Teutoniques, au moment de descendre dans la tombe, peut chanter le cantique de Siméon.

III

Puissent les Français de ma génération avoir le même bonheur! puisse la République être aussi bien servie que le roi Guillaume! Qu'elle se garde par-dessus tout de préférer les serviteurs dévoués aux serviteurs capables! Les généraux mamelouks ont conduit Napoléon III à Sedan : s'il avait choisi les chefs de l'armée pour leur mérite et non pour leur dévouement à « la dynastie », il n'aurait pas été battu, et « son trône » eût été consolidé par les victoires de généraux royalistes ou républicains. Les chefs militaires en France ont si peu d'initiative politique, qu'un gouvernement appuyé sur l'opinion n'a rien, absolument rien à craindre d'eux. Les batailles gagnées sous un régime républicain tourneront, quelle que soit l'opinion des généraux vainqueurs, à la gloire et au profit de la République, tandis que les défaites lui seront d'autant plus funestes que les généraux battus passeront pour être républicains.

Aux plus habiles donc le commandement, quel que soit leur *credo*. Ne renouvelons pas les fautes de 1870. Depuis lors tout le monde s'est rejeté la responsabilité de nos désastres. Les généraux ont accusé leurs soldats, et les soldats leurs généraux. L'opinion publique s'est prononcée dans le même sens que les soldats ; cela ne suffit point à faire condamner les généraux. Outre que c'est un procédé naturel et constant chez les peuples de résumer les événements par un nom propre, d'appeler la Terreur, Robespierre, et la défaite de Waterloo, Grouchy, la vanité nationale trouve son compte à incriminer ceux qui commandaient, plutôt que la nation tout entière, et à dissimuler la faiblesse de tous sous les fautes de quelques-uns. Malheureusement pour nos généraux, l'étranger, plus désintéressé que nous, et par suite plus impartial, a jugé comme le public français. En Europe, en Amérique, la réputation de nos soldats n'a pas souffert de nos défaites ; mais j'ai entendu plus d'un officier allemand me dire : « Vos soldats étaient bons, mais vos généraux, du début de la guerre, ne valaient pas le diable. »

Les faits d'ailleurs sont là avec leur irréfutable éloquence. Est-ce la faute des soldats, si les corps ont été disséminés de Thionville à Belfort? Est-ce la faute des soldats si Mac-Mahon est parti de Châlons pour Sedan ? Est-ce la faute des soldats si Bazaine, après s'être laissé couper de Verdun comme un niais, est resté deux mois immobile comme un traître? Mais il y a plus : les recrues de la fin de la guerre ne valaient certainement pas les soldats aguerris du commencement; pourtant on n'a plus vu dans la seconde partie de la campagne des désastres comparables à ceux qui en avaient marqué le début. On essuya des revers, mais les armées nouvelles avaient à leur tête de vrais généraux, des hommes qui, ne pensant point que « la stratégie ça n'existe pas », savaient livrer bataille dans des conditions telles que la défaite ne se transformait pas nécessairement en désastre. Des désastres, on en a subi deux encore après la chute de Metz : c'est sur les deux points où l'on avait conservé ou replacé deux généraux du commencement de la guerre, M. Trochu et M. Bourbaki [1].

Donc la cause est entendue, ce sont les généraux qui ont failli. Heureusement bon nombre d'entre eux ne sont plus là. Le mépris public a fait justice des uns ; le temps, plus fort que l'esprit de parti, en a éliminé d'autres. On avait pourtant bien fait pour les conserver tout ce qui était possible. La limite d'âge reculée avait permis de garder deux ou trois ans de plus quelques-uns de ces vieillards aussi décrépits de corps qu'infirmes d'esprit. Eux à la tête de l'armée, une nouvelle invasion était fatale en cas de guerre ; mais leur présence semblait donner une légère apparence de possibilité à la réalisation de certains rêves politiques.

---

1. Ce dernier, qu'on aurait dû fusiller à son retour de Londres, — voir le code militaire, — fut employé sur les recommandations pressantes et réitérées de M. Trochu, qui écrivit sur lui cette phrase véritablement prophétique : Bourbaki sauvera la province comme nous sauverons Paris.

En 1880, dix ans après Sedan, nous en sommes, sous le rapport du commandement, à peu près où nous aurions dû en être en 1872. Les généraux tant battus sont partis presque tous, et l'on peut espérer voir disparaître avant la prochaine guerre les derniers de ces peu glorieux débris. Ils auront rejoint dans la tombe ou dans la retraite les Douay, les Ladmirault, et les Frossard et les Canrobert et tant d'autres qu'il serait trop long et trop triste d'énumérer. Quels sont en ce moment les hommes qui nous conduiraient à la bataille et que peut-on attendre d'eux à en juger par ce qu'ils ont fait déjà ?

Parmi les généraux que la lutte contre l'invasion a mis en lumière, deux surtout ont attiré l'attention ; ce sont MM. Faidherbe et Chanzy.

L. Faidherbe, né dans le département du Nord, en 1818, fut d'abord officier du génie. Il passa presque toute sa vie hors de France : en Algérie, à la Guadeloupe, puis de nouveau en Algérie où il prit part à plusieurs expéditions. Envoyé au Sénégal en 1852, il fut, deux ans plus tard, nommé gouverneur de cette colonie avec le grade de chef de bataillon. Sur ce théâtre restreint il déploya des talents de premier ordre ; il soumit les rives du Sénégal jusqu'aux cataractes et presque tout le littoral de l'Atlantique, des limites du Sahara à l'embouchure du rio Nunez. De hardis officiers exploraient pour lui les estuaires de la côte et les montagnes de l'intérieur, en dressaient la carte et y établissaient l'influence française, malgré la tenace opposition des Anglais, nos voisins sur la Gambie. Le bruit de ces travaux, mêlés à des expéditions militaires presque continuelles — et parfois très remarquables — vint retentir jusqu'en France. En 1865, après onze ans de séjour sous ce climat meurtrier qui avait ruiné sa santé, Faidherbe demanda son rappel. Il était général de brigade, on l'envoya commander la subdivision de Bone, puis celle de Constantine. En novembre 1870, il fut nommé général de division et mis à la tête du 22ᵉ corps que le général Farre venait d'improviser dans la région du Nord.

Alors, chose merveilleuse, cet homme de cinquante-trois ans, qui n'avait jamais commandé que quelques centaines de soldats contre quelques milliers de nègres, se révéla tout à coup stratégiste consommé. Il prit, le 3 décembre, le commandement d'une armée qui, six jours auparavant, avait soutenu un combat fort honorable, mais malheureux contre des forces très supérieures. Dès le 8, il commença les opérations pour dégager le Havre et les côtes de Normandie, balaya tout le pays jusqu'à la Somme et vint avec trois divisions prendre position en face d'Amiens dont l'ennemi occupait la citadelle.

Tout en marchant il s'organisait : il appelait à lui une division de gardes nationaux mobilisés, distribuait ses troupes en deux corps sous les ordres des généraux Lecointe et Paulze d'Ivoy, et, le 23 décembre, avec 40,000 hommes et 78 pièces, il livrait bataille à l'armée de Manteuffel à peu près près égale en nombre, mais très supérieure en artillerie et composée de troupes solides, bien encadrées, bien organisées, aguerries par cinq mois de campagne. Le soir, Faidherbe coucha sur le champ de bataille; le 24 l'ennemi ne renouvela pas l'attaque et le général français ramena sans être inquiété son armée derrière la Scarpe, pour y donner un peu de repos à ses soldats novices.

Le 31 décembre il se remit en campagne et marcha sur Péronne, dont les Prussiens avaient commencé le siège. Le 3 janvier, il rencontra près de Bapaume le général fon Gœben qui couvrait le siège avec 20,000 hommes. Il le battit.

Malheureusement, sachant Péronne en état de résister longtemps, il s'arrêta. Ses troupes, hâtivement formées, mal habillées, presque sans cadres, pouvaient bien livrer une bataille, mais non profiter d'une victoire et supporter des opérations prolongées. Le 11, il apprit que le commandant Garnier, gouverneur de Péronne, avait — toutes ses défenses intactes — livré la ville à l'ennemi.

Averti qu'un grand effort se préparait dans l'Est, sur la Loire, à Paris — où cet effort se réduisit à la fausse sortie de Buzenval, — Faidherbe se porta vers la haute Somme pour attirer sur lui le plus possible des ennemis en menaçant leurs communications. Gœben accourut : les deux armées se rencontrèrent à Saint-Quentin, les Français étaient environ 40,000 avec 96 pièces, les Allemands 45,000 avec 180 canons. « Ils pourraient nous battre en deux heures, disait la veille au soir Faidherbe malade, je les contiendrai toute la journée. » Il tint parole et ne recula qu'à la nuit tombante après huit heures de combat, ne laissant aux mains de l'ennemi que quelques pièces, en batterie sur des barricades, à l'entrée de Saint-Quentin. En deux mois de marches et de combats, l'armée du Nord perdit un seul canon de campagne, abandonné dans un abreuvoir où il avait versé par accident.

Après la guerre, Faidherbe épuisé demanda à être mis en disponibilité. On l'y mit et on l'y laissa : pendant ce temps MM. Bourbaki et d'Aumale se prélassaient dans de grands commandements. Aujourd'hui la paralysie l'a saisi par les jambes. Pourra-t-il commander encore ? Un général doit sans doute être valide, mais c'est l'intelligence surtout qui gagne les batailles et l'on a vu, dans tous les temps et dans tous les pays, conserver à la tête des armées des chefs brisés par les maladies et par les blessures, quand ils avaient fait preuve de talents supérieurs. Rantzau le Danois, qui servit dans l'armée française, perdit successivement un œil, une jambe, un bras,

> Et Mars ne lui laissa rien d'entier que le cœur.

Il fut victorieux dans tous les combats qu'il livra. Un autre, qui lui aussi ne connut jamais la défaite, Jean Ziska, le chef des Hussites, devint aveugle et vainquit encore. Le plus rapide des généraux de la guerre de trente ans, fut Torstenson le paralytique, et n'avons-nous pas appris dans notre jeunesse l'histoire de Fuentès, le valeureux Espagnol « qu'on voyait porté dans sa chaise et malgré ses infirmités montrer qu'une âme guerrière est maîtresse du corps qu'elle anime »? Enfin, même aujourd'hui, ne maintient-on point en activité dans l'armée française des généraux qui ne sont pas beaucoup plus valides de corps que Faidherbe et qui pourtant n'ont dans leurs états de services rien de comparable à la campagne du Nord?

Né en 1823 dans les Ardennes, Alfred Chanzy a cinquante-sept ans, et pourvu que la prochaine guerre ne se fasse pas trop attendre, nous l'aurons pour général en chef d'une de nos armées. Marin à seize ans, artilleur à dix-huit, élève de Saint-Cyr quelques mois plus tard, sous-lieutenant de zouaves, lieutenant dans la ligne, employé dans les bureaux arabes, chef de bataillon en Italie, lieutenant-colonel en Syrie, colonel à Rome et en Afrique, il devint général de brigade en 1868.

Placé, le 22 octobre 1870, à la tête d'une division dans l'armée de la Loire, il fut le 2 novembre promu au commandement du 16ᵉ corps.

Deux de ses divisions formaient à Coulmiers l'aile gauche de l'armée française. L'une (Barry) enleva Coulmiers, clef des positions allemandes, l'autre (Jauréguiberry) emporta les villages de Champs et d'Ormeteau, qui couvraient la droite de l'ennemi. Voyant sa ligne de retraite menacée, Tann abandonna le champ de bataille.

C'était le 9 novembre. Cinq journées de marche au plus nous séparaient des lignes prussiennes devant Paris. Deux divisions qui n'avaient pas combattu avaient rallié l'armée victorieuse. Chanzy pensait qu'il fallait mettre à profit l'élan des soldats pour essayer, tout au moins, d'accabler fon der Tann et Mecklembourg avant l'arrivée de Frédéric-Charles. Le général d'Aurelle ne crut pas pouvoir le tenter.

Vingt jours s'écoulèrent, et ce fut seulement le 30 novembre, que, vers l'ordre du gouvernement, on se mit en marche sur Paris, pour donner la main au général Ducrot qui *devait* sortir. Combiner les opérations de deux armées éloignées l'une de l'autre est une entreprise bien délicate alors même qu'elles sont en communication directe et constante; quand elles ne communiquent pas, c'est pure folie. Le succès serait un vrai miracle et la défaite est à peu près sûre. L'armée française s'ébranla, le 30 novembre. Chanzy commandait l'aile gauche forte de 6 divisions (16e et 17e corps).

Les Allemands avaient mis le temps à profit; cinq corps étaient concentrés devant nous sous les ordres de Frédéric-Charles; Mecklembourg, avec le XIIIe corps prussien et Tann avec le Ier corps bavarois, faisaient face à Chanzy.

Le 1er décembre, le 16e corps prit l'offensive et chassa l'ennemi de Villepion; attaqué le lendemain par toutes les troupes de Mecklembourg, mais soutenu par le 17e corps, Chanzy put conserver à peu près ses positions. Pendant ce temps l'ennemi, profitant de l'éloignement de notre aile droite, enfonça notre centre, poussa sur Orléans et coupa en deux l'armée française. L'aile gauche, très éprouvée, dut aussi battre en retraite. Le 5 décembre, Chanzy fut nommé commandant en chef de la deuxième armée de la Loire, qui comprit trois corps : le 16e, le 17e et le 21e nouvellement formé.

Alors commença la fameuse retraite qui fit tant d'honneur au général Chanzy. Une simple marche suffisait pour jeter un peu de désordre dans nos régiments improvisés, la marche en arrière les aurait désorganisés complètement. Le combat seul maintenait ensemble ces éléments sans cohésion. Il fallait donc combattre. L'occasion ne s'en fit pas attendre. Dès le 6, la lutte recommença. On se battit encore le 7. Le 8, à Villorceau, une attaque générale des Allemands fut repoussée sur toute la ligne. Malheureusement sur notre droite, Beaugency, évacué par ordre du gouvernement de Tours, sans que le général français en eût été prévenu, fut occupé par l'ennemi qui pénétra entre l'armée et la Loire.

Le gouvernement se transporta de Tours à Bordeaux, et Chanzy recula sur Vendôme pour se mettre à couvert derrière le Loir. Le 9 et le 10 décembre furent deux rudes journées de marche et de combat. L'illustre Bourbaki, qu'on avait commis la faute impardonnable de mettre à la tête de la première armée de la Loire, restait immobile à Bourges malgré les pressants appels de son collègue. Ses troupes étaient en mauvais état ! et celles de Chanzy donc !

Le 13 décembre au soir, nos soldats harassés s'établirent autour de Vendôme où Chanzy voulait leur faire prendre quelque repos. Frédéric-Charles ne lui en laissa pas le temps. Le 14, il attaqua notre gauche à Fréteval. Repoussé, il assaillit le lendemain, sans grand succès, toutes nos positions. Mais Chanzy, voyant se dessiner un mouvement tournant sur sa droite, abandonna la ligne du Loir et se mit en retraite sur le Mans.

Cette marche rétrograde de quatre jours fut la plus rude de cette rude campagne. Le temps était affreux, les chemins épouvantables; les voitures et les canons s'embourbaient dans les fondrières; les hommes avançaient péniblement dans la boue et couchaient dans la neige; la variole décimait nos bataillons; les coureurs ennemis sabraient les traînards. Chanzy était à l'arrière-garde, donnant des ordres, prodiguant les conseils, faisant passer dans tous un peu de son indomptable ténacité. La plupart des généraux, surtout Jaurès et Jauréguiberry, à force d'habileté et d'énergie, maintenaient quelque apparence d'ordre dans cette effroyable débandade. Au milieu de ces dures épreuves, Chanzy, en véritable homme de guerre, n'accuse ni ses soldats, ni les services administratifs, ni les populations, laissant aux Bazaine et aux Ducrot ces récriminations sans dignité. Il écrivait à Bourbaki : « Nous luttons depuis onze jours, aidez-nous un peu par un mouvement sur Orléans. Nous avons sur les bras Frédéric-Charles, il ne peut rester que peu de monde devant vous. » Et Bourbaki ne bougeait pas.

Enfin, le 19 décembre, l'armée atteignit le Mans et prit position sur des hauteurs à l'est et au nord de la ville. Les Allemands épuisés avaient cessé toute poursuite. Le général Chanzy profita de ce répit pour faire reposer ses troupes et pour les réorganiser. Cela ne lui suffit pas. Puisque l'ennemi ne paraissait point, on irait le chercher. Dès le 23, deux colonnes mobiles furent lancées en avant, et jusqu'au 7 janvier elles battirent le pays, refoulant les avant-gardes allemandes et poussant des pointes audacieuses jusqu'auprès de Vendôme, où Frédéric-Charles avait son quartier général. Pendant ce temps l'armée française se raffermissait, les renforts arrivaient, et comprenant que pour Paris assiégé depuis quatre mois le moment critique était venu, Chanzy se préparait à un vigoureux effort.

Le 7 janvier Frédéric-Charles reprit l'offensive. Suivant une routine dont les Prussiens ne se corrigeront pas avant d'avoir reçu quelque bonne leçon, il fit avancer son armée par deux routes convergentes ; lui-même marcha droit de Vendôme sur le Mans, tandis que Mecklembourg descendait la vallée de l'Huisne. Si Chanzy avait eu les bataillons livrés par Bazaine, M. de Moltke ne passerait pas aujourd'hui pour un si grand général ! Malheureusement la deuxième armée de la Loire n'était pas en état de manœuvrer.

Les Prussiens s'avancèrent en bataillant contre les colonnes mobiles qui disputèrent le terrain avec acharnement. Le 10 janvier les deux armées étaient en présence. Le 11, la bataille commença dès le matin et le canon tonna sur une ligne de 20 kilomètres. Jaurès à gauche, Jauréguiberry à droite, repoussèrent toutes les attaques. Une seule position importante au centre, le plateau d'Auvours, un moment perdu, fut vaillamment repris par le général Gougeard.

A la nuit l'ennemi recula. Les Français se crurent victorieux. Mais, vers huit heures, le xe corps allemand, profitant de l'obscurité, attaqua brusquement la Tuilerie, clef de toutes nos positions, et que gardait une brigade de mobilisés bretons. Assaillies à l'improviste, ces troupes peu solides lâchèrent pied et jetèrent le désordre dans notre centre et dans notre aile droite. Jauréguiberry fit des efforts surhumains pour rallier ses soldats et reprendre la Tuilerie. Tout fut inutile, et Chanzy frémissant de rage dut reculer encore une fois.

Le 21e corps couvrit la retraite et contint l'ennemi. On se battit sans interruption le 12 dans les rues du Mans et sur les bords de la Sarthe, le 14 à Longue et à Chassillé, le 15 à Sillé-le-Guillaume où les Allemands furent repoussés par l'amiral Jaurès, et à Saint-Jean-sur-Erve où Jauréguiberry, qui avait remis un peu d'ordre dans le 16e corps, arrêta l'ennemi jusqu'à la nuit close. Le 17, l'armée atteignit Laval et prit position derrière la Mayenne. Le 18, une colonne prussienne, qui venait reconnaître nos positions, fut battue à Saint-Mélaine.

Ce fut le dernier combat sérieux de la campagne. Dix jours plus tard on apprit la reddition de Paris et l'armistice. Depuis le 5 décembre, jour où Chanzy avait pris le commandement en chef, la deuxième armée de la Loire, outre d'innombrables engagements de jour et de nuit, avait livré trois batailles et quarante-cinq combats.

Élu député par le département des Ardennes, Chanzy fut un des cent deux hommes de cœur qui refusèrent jusqu'au bout de signer le déshonneur de la France. Il avait rétabli son armée ; 100,000 hommes de troupes locales défendaient l'accès de la Bretagne, et menaçaient les flancs de l'ennemi. Les 16ᵉ, 17ᵉ, 21ᵉ et 26ᵉ corps, concentrés au sud de la Vienne, comptaient 128,000 hommes et 324 canons : ils avaient à leur tête des chefs éprouvés, Jauréguiberry, Jaurès et Billot ; derrière eux, les massifs du plateau central offraient en quantité de fortes positions défensives. L'Allemagne fatiguée allait avoir fort à faire, si la France ne s'abandonnait pas.

La France s'abandonna : la paix humiliante enfanta la guerre civile que nous aurait épargnée la lutte à mort contre l'étranger. Tour à tour député, commandant du ixᵉ corps, puis du xixᵉ et gouverneur de l'Algérie, le général Chanzy est aujourd'hui ambassadeur à Saint-Pétersbourg. Il a été question de le nommer inspecteur d'armée honoraire.

Ce titre, emprunté à l'Allemagne et nouveau chez nous, fut conféré pour un an, à partir de février 1879, à MM. d'Aumale, Deligny et Douay.

M. Douay est mort ; paix à sa cendre. Le général Deligny commandait à Metz la 1ʳᵉ division de la garde, qui prit part aux batailles de Rezonville et de Gravelotte. Il passe pour un officier distingué, mais il n'a jamais exercé devant l'ennemi de commandement indépendant. Il n'est donc pas possible de savoir au juste ce qu'il vaut. On peut seulement se demander pourquoi on l'a préféré à d'autres chefs qui, dans la dernière guerre, avaient commandé des corps d'armée.

Si l'on ne voit pas bien les motifs qui ont pu faire nommer M. le général Deligny au poste d'inspecteur, on saisit très aisément tous ceux qui auraient dû ne pas y faire élever M. le duc d'Aumale. Je ne parle, bien entendu, qu'au point de vue militaire, la carrière de ce général semblant empruntée à quelque vaudeville. Jugez plutôt. Né en 1822, il entra dans l'armée, en 1839, à dix-sept ans. On ne peut y entrer, à cet âge, que comme simple soldat, ou comme élève d'une école militaire d'où l'on ne sort sous-lieutenant que deux ans plus tard, soit à dix-neuf ans. Les lois sont formelles. En vertu sans doute de ce principe que tous les Français sont égaux devant la loi, M. d'Aumale fut d'emblée sous-lieutenant à dix-sept ans.

Il ne languit pas longtemps dans ce grade subalterne. *La même année* il devint lieutenant, puis capitaine, par la grâce de Dieu. En 1840 il franchit allégrement les grades de capitaine-adjudant major, de chef de bataillon et de lieutenant-colonel. En 1841, à *dix-neuf ans*, il était colonel. Une maladie, suivie d'un congé de convalescence, arrêta le cours de cet avancement prodigieux.

Qu'on se rassure, ce ne fut pas pour longtemps, car en 1842 il était maréchal de camp — général de brigade, comme on dit aujourd'hui. Enfin, en 1843, ce prince de vingt et un ans atteignit le plus haut échelon de la hiérarchie militaire et devint lieutenant général, c'est-à-dire général de division. En moins de cinq ans, y compris le congé de convalescence, il avait acquis neuf grades : c'est un séjour de cinq à six mois dans chacun d'eux.

Sous ces différents titres, il assista à plusieurs affaires contre les Arabes. Il enleva la smalah (la famille) d'Abd-el-Kader, et dirigea l'expédition contre Biskra. Ce fut là sa bataille d'Austerlitz. La Révolution de 1848 le rendit à la vie privée ; il ne prit part à aucune guerre ni en Europe, ni en Amérique. Rentré en France, il réclama, outre beaucoup d'argent, son grade qu'on lui rendit — naturellement. Il présida gravement à la comédie du procès Bazaine, fut nommé chef du VII° corps, puis inspecteur d'armée. Cela lui crée, comme on dit, les titres au commandement d'une armée d'opération — cent cinquante à deux cent mille hommes.

Une grande armée, confiée à un général qui n'a jamais vu que la guerre d'Afrique, et qui ne l'a pas vue depuis trente-cinq ans, est, selon toute probabilité, une armée perdue, c'est un cadeau fait à l'ennemi. Les malheureux qui la formeront doivent en d'avance être bien persuadés ; cela leur évitera au moins le déplaisir de la surprise. Ils auront, en outre, la consolation de se dire que si on les fait égorger ainsi, c'est pour donner à « monseigneur » quelques chances de plus de renverser la constitution de leur pays.

Dans les États monarchiques on donne parfois des commandements à des généraux du sang. Dans ce cas, on les flanque d'un chef d'état-major dont ils sont tenus de suivre les « avis ». Mais le duc en question entend bien commander lui-même, et sans doute on s'inclinera, une fois de plus, devant son désir. Seule, une république a les moyens de dépenser une armée pour l'agrément d'une altesse.

Ce tableau serait incomplet si l'on n'ajoutait pas que cette altesse, percluse de rhumatismes, est hors d'état de faire deux lieues à pied, et pas beaucoup plus à cheval pour peu que le temps soit humide. Mais quoi! son frère M. de Joinville, sourd, et par suite admirablement impropre au service, n'est-il pas vice-amiral ? Je parlais de vaudeville, c'est opérabouffe qu'il fallait dire.

Laissons ces choses tristement plaisantes et revenons à des hommes sérieux.

Après la mort de M. Douay, M. le général Aymard, gouverneur de Paris, fut nommé inspecteur d'armée. Il faut répéter de lui ce qui a été dit de M. Deligny. Au début de la guerre, le général Aymard commandait une brigade dans le 3e corps. Promu général de division, il prit part aux grands combats autour de Metz. Mais, dans les immenses lignes de bataille d'à présent, une division est si peu de chose, qu'à moins d'avoir un commandement indépendant, un divisionnaire a peu de chances de déployer des talents stratégiques. Or, avec les masses qu'on réunit maintenant, la stratégie, c'est-à-dire l'art de conduire les armées, de les faire arriver où il faut et quand il faut, de les employer en un mot, la stratégie tient le premier rang parmi les sciences militaires. Un stratégiste passable vaut mieux que trois bons tacticiens. Cela ne signifie pas qu'il faille dédaigner les tacticiens ; nous aurions d'autant plus tort de le faire, qu'en Europe ils sont en ce moment aussi rares que les stratégistes [1]. Un simple divisionnaire, noyé dans une armée de deux cent mille hommes, ne peut, hors en des cas tout à fait exceptionnels, prendre l'initiative d'un grand mouvement stratégique. Il y aurait donc imprudence à se prononcer sur la valeur d'un général qui n'a commandé une division que sous les ordres directs d'un chef de corps. Aussi, parmi les généraux qui semblent devoir exercer un commandement dans la prochaine guerre, je ne parlerai que de ceux qui ont commandé devant l'ennemi, soit un corps, soit une division agissant isolément.

Le général Farre, naguère à la tête du XIV° corps, était en 1870 colonel du génie et directeur des fortifications à Lille, lorsqu'il fut nommé général de brigade et chargé d'organiser la défense dans la région du Nord.

Pour cela il avait à sa disposition, en infanterie de ligne, « des effectifs assez nombreux, réunis dans les dépôts, mais sans cadres. La garde mobile se

1. La stratégie est l'art de *conduire les armées* avant, pendant et après la bataille. La tactique est l'art de *ranger* les soldats et de leur faire employer le mieux possible leurs moyens d'attaque et de défense. Par exemple se concentrer, menacer les communications de l'ennemi, l'assaillir sur un point plutôt que sur un autre, c'est de la stratégie. Se déployer en tirailleurs ou se former en colonne, charger en ligne ou en fourrageurs, disperser ou grouper ses batteries, c'est de la tactique.

composait de bataillons d'un effectif de 1,200 à 1,500 hommes, par conséquent trop nombreux pour être maniés. En fait d'artillerie il n'existait à Lille qu'une seule batterie, encore était-elle hors d'état de marcher. Enfin le dépôt de cavalerie du 7e dragons pouvait à peine fournir quelques cavaliers d'escorte. [1] »

On était au 15 octobre. Six semaines plus tard, le 27 novembre, le général Farre se trouvait en avant d'Amiens avec 25,000 hommes et 42 canons. Attaqué par 30,000 hommes appuyés de 120 pièces, il résista neuf heures et se mit en retraite le lendemain matin sans que l'ennemi osât le poursuivre. Il faut dire aussi que les Allemands n'étaient commandés que par Manteuffel.

M. Farre remit le commandement au général Faidherbe dont il devint chef d'état-major. C'est en cette qualité qu'il fit le reste de la campagne.

Il est aujourd'hui ministre de la guerre. Avec lui arrivent au commandement les officiers de Coulmiers et de Bapaume. Ils remplacent enfin ceux de Metz et de Sedan, qui, revenus d'Allemagne et remis à la tête des troupes comme si de rien n'était, le prenaient de très haut avec tous ceux qui n'avaient pas eu comme eux l'honneur d'être faits prisonniers. C'est donc peut-être un système nouveau qui va s'inaugurer. On ne peut d'avance savoir ce qu'il vaudra, mais il sera difficilement inférieur au système suivi jusqu'à présent.

---

1. Faidherbe. Campagne de l'armée du Nord.

Le général Borel, commandant du IIIe corps, était en 1870 colonel et chef d'état-major de la garde nationale de Paris ; c'étaient là des fonctions assez pacifiques. Il fut, durant la guerre, chef d'état-major de l'armée de la Loire ; puis de l'armée de l'Èst ; et plus tard de l'armée de Versailles. Un chef d'état-major a surtout chance de se distinguer lorsqu'il n'est pas sous les ordres d'un général trop capable. Sous ce rapport M. Borel a été tout particulièrement favorisé de la fortune, puisqu'il eut pour chefs M. Bourbaki et M. Mac-Mahon. Néanmoins il a peu fait parler de ses talents militaires. Ministre de la guerre en 1878, il trouva moyen de paraître insuffisant, même après MM. de Cissey et du Barail. Le poste qu'il occupe lui fut donné comme « compensation » lorsqu'il quitta le ministère. Cette idée de distribuer les grands commandements, comme fiches de consolation, aux ministres remerciés, pénétrerait malaisément dans les cervelles allemandes.

Le VIe corps est confié au général Clinchant. Brillant colonel au Mexique, il commandait une brigade à Metz. Lorsque l'armée ouvrit enfin les yeux sur le compte de Bazaine, de jeunes officiers, parmi lesquels était l'infortuné Rossel, formèrent le projet de sauver l'armée en déposant le maréchal et les chefs de corps complices ou témoins complaisants de ses menées. Pour entraîner les hésitants il fallut pouvoir mettre en avant le nom d'un général. On croyait que le général Clinchant avait de l'énergie, mais on s'aperçut vite à quel point on s'était trompé. Changarnier le fit venir et l'apostropha en ces termes : « Je n'aime pas les braillards, général[1]. *J'aime mieux voir l'armée perdue, que sauvée par l'*INDISCIPLINE. » Au lieu de jeter d'un revers de main ce vieux haillon dans un coin de la pièce et de n'écouter que la voix du patriotisme et de l'honneur, M. Clinchant courba la tête et se soumit. Il s'échappa d'Allemagne et fut mis, en décembre 1870, à la tête du xxᵉ corps qui fit partie de l'armée de Bourbaki. Lancé de front à l'assaut de positions inabordables, le xxᵉ corps fut repoussé avec de grandes pertes. Après le faux suicide de son chef, M. Clinchant prit le commandement et il aurait sauvé l'armée, si la nouvelle de l'armistice n'avait pas arrêté ses mouvements. Prévenu trop tard, ainsi que Garibaldi, que l'armistice ne s'étendait pas à la région de l'est, M. Clinchant fut obligé de se jeter, avec ses troupes, sur le territoire helvétique.

Ce désastre, amené par l'impéritie d'un autre, ne peut être en rien imputé à M. Clinchant qui déploya dans ces tristes circonstances beaucoup de vigueur et d'habileté. Mis à la tête du vᵉ corps de l'armée de Versailles, il ne s'acquitta ni mieux ni pis qu'un autre de cette tâche peu difficile. Ce général n'a peut-être point l'énergie morale, si différente du courage physique, et si rare chez les militaires qui redoutent par-dessus tout l'initiative et la responsabilité, mais c'est du moins un militaire de talent et qui rendrait d'éminents services, au second rang.

1. Changarnier n'aimant pas les *braillards!*

Le chef du ix⁰ corps a commandé une fois, durant quelques heures, et avec un succès remarquablement négatif, 2,500 hommes devant l'ennemi. Je ne devrais donc point parler de lui. Mais, depuis quelque temps, il se fait du bruit autour de son nom, et l'on affecte de le considérer comme un des généraux de l'avenir.

Ce n'est point son passé, à coup sûr, qui peut autoriser de semblables pronostics. Officier de cavalerie, M. de Galliffet fut blessé au siége de Puebla. Guéri, il retourna au Mexique et reçut le commandement de la contre-guérilla française, après le départ du fameux colonel Dupin, « le vieux de la montagne », soudard de la plus rude espèce, peu ferré sur la morale, mais doué de talents militaires tels qu'on n'a jamais eu lieu d'en soupçonner chez celui qui lui succéda sans le remplacer. Les temps héroïques de la contre-guérilla étaient passés ; l'âme de la bande semblait être partie avec le « vieux de la montagne ».

M. de Galliffet était, en 1870, colonel du 3⁰ chasseurs d'Afrique. Il fut promu général de brigade vers le commencement de la guerre. A Sedan, après la mort du général Margueritte, il conduisit les charges de cavalerie tentées pour donner du répit à l'infanterie du vii⁰ corps. Que l'idée fût heureuse ou non, M. de Galliffet n'en est pas responsable : il obéissait aux ordres du général Ducrot. On ne pourrait mettre à son compte que le défaut d'ensemble qui, suivant les ennemis, caractérisa ces charges et leur enleva le peu de chances qu'elles eussent de réussir. « Oh ! les braves gens ! » s'écriait le roi Guillaume, à la vue de tant de bravoure si mal utilisée.

A son retour de captivité, M. de Galliffet commanda une brigade de cavalerie dans l'armée de Versailles. Il ne prit qu'une très faible part au combat, mais il en prit une très grande à la « répression ». Les « fonctions pénibles » qu'il remplit alors, lui valurent en Europe une renommée fâcheuse, et plusieurs fois j'ai eu, à l'étranger, la douleur d'entendre accoler le nom d'un général français aux noms de Haynau et de Mouravieff. Envoyé en Algérie, il dirigea, en 1873, une petite expédition contre El-Koleah, dans le désert.

Un peu plus tard, quoique général de cavalerie, il reçut le commandement d'une division d'infanterie (la 15e), puis celui du ixe corps. On le dit très ambitieux et très travailleur. L'ambition est un sentiment fort légitime et le travail une chose excellente. Malheureusement il ne supplée pas aux dons de la nature, et lorsque après avoir eu tant d'occasions de montrer ce qu'on vaut, on arrive à quarante-huit ans sans avoir révélé aucun talent remarquable, ce n'est pas bon signe. Pour dire toute ma pensée, je crains bien que le chef du ixe corps n'ait pas été choisi pour des motifs purement militaires. C'est une faute : d'ardent bonapartiste, M. de Galliffet a pu devenir républicain fervent, à en juger par ses paroles, mais à considérer ses états de service, il n'a jamais été qu'un colonel de cavalerie très ordinaire. Ajoutez à cela qu'une épouvantable blessure le rend incapable de monter à cheval sans aide.

Encore une condition fâcheuse pour viser à l'emploi des Murat.

Le commandant du xie corps est le général Courtot de Cissey. Comme il avait assez bien conduit une division de l'armée de Metz, on lui confia dans l'armée de Versailles un corps qu'il conduisit assez mal. M. Thiers, le sachant presque aussi ennemi que lui-même de toute innovation, le prit pour ministre et le chargea de s'opposer à la réorganisation de l'armée. M. Courtot fit de son mieux. Contre presque tous les généraux et contre l'Assemblée, il défendit le service de cinq ans — une des marottes de son protecteur — créa les quatrièmes bataillons ce qui a réduit les compagnies à l'état de fantômes, et s'appliqua surtout à ne pas organiser l'armée territoriale. Ce fut lui qui posa en principe de n'accepter comme officiers territoriaux que les hommes bien pensants ; et dans les bureaux de la guerre, un principe une fois posé, un précédent établi, les ministres peuvent changer, les gouvernements s'écrouler même, la routine persiste immuablement. C'est donc à M. de Cissey qu'il faut s'en prendre si notre armée de seconde ligne est dans le triste état que l'on sait, à lui qu'on aurait à reprocher une préparation insuffisante, si la guerre éclatait demain. Plusieurs fois ministre, il a définitivement abandonné le portefeuille, à la suite de bruits étranges, qu'on ne peut rapporter ici, puisqu'ils n'ont été ni confirmés, ni démentis. Heureusement il touche à l'âge de la retraite et l'on a tout lieu d'espérer que dans la prochaine guerre on ne verra pas

30,000 hommes confiés à M. Courtot (de Cissey).

Chef d'état-major de Cousin-Montauban en Chine et de M. Trochu à Paris, M. Schmitz, du XIIe corps, a été mêlé à de grandes affaires militaires, mais il n'a jamais exercé de commandement indépendant en face de l'ennemi. On manque donc des éléments nécessaires pour formuler une opinion sur lui.

M. Cambriels commande le XIIIe corps. Général de brigade à Sedan, il fut si grièvement blessé à la tête, que les Allemands, le trouvant dans une ambulance, ne le firent pas prisonnier. A peine, ou plutôt non encore rétabli, il fut donné comme général au rassemblement d'une vingtaine de mille hommes, qu'on appelait l'armée des Vosges. L'excentricité de sa conduite, qu'expliquait trop bien la nature de sa blessure, jointe à l'état de sa santé, l'obligèrent à se démettre du commandement. Avec un courage digne d'éloges, il reprit du service un mois plus tard comme chef du camp de Bordeaux, puis du XIXe corps. Mais de nouveau le mal fut plus fort que sa volonté. A défaut d'autre qualité, M. Cambriels possède donc une tenacité remarquable, et le plus tenace, à la guerre, triomphe souvent du plus habile.

Le commandant du XVe corps est M. le général Billot, né en 1828, dans le département de la Corrèze. En 1870, au commencement de la guerre, il n'était que lieutenant-colonel. Chef d'état-major du XVIIIe corps, alors sans général, il dirigea provisoirement les opérations, chassa les Prussiens de Beaune-la-Rolande et reçut à titre définitif le commandement qu'il s'était montré digne d'exercer.

Trop éloigné de d'Aurelle de Paladines, il ne put prendre part à la seconde bataille d'Orléans et fut rappelé derrière la Loire. Là, grâce à son énergie, le xviiie corps fut préservé de la désorganisation qui faillit dissoudre le xve et le xxe. Dans la fatale campagne de l'Est, il forma l'aile gauche de Bourbaki, et, devant Héricourt, enleva brillamment plusieurs positions. Quand l'armée oubliée par J. Favre fut forcée de se retirer en Suisse, Billot couvrit la retraite et contint vigoureusement l'ennemi. Interné, il s'échappa et vint prendre le commandement d'un de ces corps d'armée nouveaux (le xxvie), que le gouvernement de la Défense semblait faire jaillir du sol[1]. Élu député il repoussa, comme Chanzy, la paix sans honneur. Aussi, la célèbre commission qui jugea très valables les titres de M. d'Aumale au grade de général de division, trouva-t-elle insuffisants ceux de M. Billot. Le chef du xviiie corps redevint général de brigade. Il passa de nouveau divisionnaire en 1878 et fut l'année suivante élevé au poste qu'il occupe maintenant.

M. le général Lecointe commande le xviie corps. En 1870, il était colonel du 2e grenadiers de la garde. Pris avec toute l'armée de Bazaine, il s'évada et vint à Lille. A la bataille d'Amiens, il commandait une brigade. Promu général de brigade, il com-

---

1. En quatre mois (octobre-janvier) il créa quatre armées : Loire, Est, Vosges, Nord, comprenant 14 corps, 50 divisions et plus de 100 brigades d'infanterie ou de cavalerie. C'étaient en moyenne cinq à six bataillons, deux escadrons et plus d'une batterie : 4 à 5,000 hommes et 7 ou 8 canons par jour.

manda une division lorsque Faidherbe marcha sur la Somme, et il enleva d'un coup de main, en passant, le château de Ham, occupé par les Prussiens. Quelques jours après, il reçut, avec le grade de général de division, le commandement du XXIIe corps qui supporta presque tout le poids de la bataille de Pont-Noyelle, et joua le rôle principal à Bapaume. A Saint-Quentin, ses deux divisions, — des conscrits et des mobiles, — sans cavalerie et pourvues seulement de 36 pièces, eurent à combattre les divisions Barnekow, prince Albert et comte de Lippe, appuyées d'une artillerie supérieure et d'une nombreuse cavalerie. Elles tinrent bon de neuf heures du matin à six heures du soir et se retirèrent sur le Cateau sans se laisser entamer. Si tous nos corps d'armée étaient commandés comme le VIe, le XVe et le XVIIe, nous pourrions recommencer de suite la guerre contre les Allemands.

La plupart des autres chefs de corps sont des hommes nouveaux et qu'on n'a pas vus à l'œuvre. Mais les qualités guerrières n'étant point ce qui manque à notre race on peut, sans outrecuidance, admettre que l'armée française contient assez d'hommes de talent pour supporter la comparaison avec n'importe quelle armée du monde ; et les nouveaux choix peuvent très bien être tombés sur des hommes de talent. Outre les chefs de corps en activité, il y a plusieurs généraux qui ont joué un certain rôle en 1870, et qui pourront prendre part à la prochaine guerre.

Le premier, par rang d'ancienneté, est M. Ducrot.

Malgré le discrédit dans lequel il est tombé, on ne doit pas fermer les yeux sur ses qualités. Je ne les tairai donc point, pas plus que ses défauts. Ce livre n'étant ni un pamphlet ni un panégyrique, je dis seulement ce qui me semble vrai. Peu m'importe qu'on approuve ou qu'on blâme, qu'on croie ou qu'on ne croie pas ; je n'ai pas la moindre velléité de prosélytisme. Parmi les généraux de l'Empire, M. Ducrot est un de ceux qui se faisaient le moins d'illusions sur les périls d'une guerre avec l'Allemagne, il les avait même signalés depuis longtemps. Au début des hostilités, il commandait une division dans le corps de Mac-Mahon, sur qui il exerçait une assez grande influence, grâce à son aplomb, et grâce aussi à une supériorité relative. Cette influence n'eut pas de très heureux effets, s'il est vrai que, le 3 août, M. Ducrot ait empêché le général Abel Douay de se replier sur le gros du 1er corps. A Reischoffen, la division Ducrot, établie dans de solides positions, résista vaillamment au 11e corps bavarois. A Sedan, Ducrot semble avoir été le seul des généraux qui ait eu conscience de la situation réelle, et, tandis que les autres, ne se trouvant sans doute pas assez avant dans la gueule du loup, parlaient tous de « pousser sur Carignan », — juste la direction par où venait le gros des forces allemandes, — M. Ducrot voulait essayer de battre en retraite sur Mézières. On connaît le débat qui eut lieu à ce sujet entre M. de Wimpffen et lui. Son idée était peut-être plus juste en théorie, mais elle était aussi impraticable que celle de son contradicteur. Au moment où Mac-Mahon fut blessé, à sept heures du matin, Bonaparte, assisté d'Annibal et du grand Frédéric, n'aurait pas tiré l'armée française du gouffre où l'avait conduite son général. « L'illustre vaincu de Reischoffen » n'avait pas fait les choses à demi.

Fait prisonnier, M. Ducrot réussit à s'enfuir. Les Allemands l'ont accusé d'avoir violé sa parole : il a prétendu que non ; si le récit qu'il a donné de son évasion est exact, ce sont les Allemands qui ont tort. Pour son malheur et pour le nôtre, il vint à Paris et M. Trochu, son ami, lui confia la moitié au moins de l'armée réunie dans la capitale. La tâche dépassait de beaucoup ses forces. Il ne fut pas long à le reconnaître et, se sentant incapable de diriger la défense, il fit tout pour l'entraver. C'est un sentiment, hélas! fort commun chez l'homme de ne pas vouloir laisser à d'autres l'honneur de faire ce qu'on ne peut faire soi-même. La bataille de Champigny, qui ne fut qu'un immense désordre, lui révéla définitivement toute son impuissance ; il en éprouva un redoublement de rage contre Paris qui voulait se défendre, et glissa très avant sur la pente de l'abîme où Bazaine a roulé. A Buzenval il eut deux heures de retard sur une marche de trois lieues et n'entra guère en ligne que pour la forme. Cela du reste n'eut point d'importance pratique, l'affaire n'ayant pour but — on s'en est vanté ensuite — que de dégoûter de la résistance la garde nationale de Paris. Quinze cents hommes, entre autres Lambert et Regnault, payèrent de leur sang cette glorieuse idée. Ayant enfin vu capituler Paris, M. Ducrot fut élu dans la Nièvre, son pays natal, sur la réputation que lui avaient faite les proclamations de M. Gambetta mal informé, et le mot célèbre « Mort ou victorieux ». A la Chambre, il se fit remarquer par de véritables extravagances, qu'il continua plus tard à la tête du vıııe corps. Il alla si loin dans cette voie, que Mac-Mahon lui-même fut obligé de le mettre en disponibilité.

Triste exemple de ce que le dépit et la passion politique peuvent faire d'un bon soldat, car M. Ducrot était un bon soldat. Il y a en lui l'étoffe d'un excellent divisionnaire, même d'un chef de corps passable. Il faut seulement lui tenir, comme on dit vulgairement, la bride un peu courte, ce qui n'est pas très difficile, car il est plus tapageur que turbulent, et plus incommode que dangereux.

Un autre général s'échappa comme lui de Sedan et comme lui vint à Paris, c'est M. Carrey de Bellemare. On sait qu'il s'empara du Bourget et que M. Trochu ne voulut ni l'y soutenir ni lui donner l'ordre de l'évacuer. A Champigny, Bellemare conduisit si brillamment sa division, que le gouverneur de Paris, qui pourtant ne l'aimait guère, lui donna, à Buzenval, le commandement du centre, fort de 34,000 hommes. Laissé sans appui sur sa droite, grâce au retard de M. Ducrot, il ne put avancer qu'à grand'peine ; mais il se maintint dans les positions conquises et les évacua seulement sur l'ordre de M. Trochu. Il avait été nommé divisionnaire, mais la commission des grades le fit redescendre d'un rang et, jusqu'en 1879, il resta général de brigade. Il commande aujourd'hui la 29ᵉ division d'infanterie du xvᵉ corps.

La 30ᵉ division a aussi pour chef un officier distingué; le xvᵉ corps est vraiment favorisé. Général de brigade en 1870, M. Martineau-Deschesnetz commanda une division à l'armée de la Loire. Le 3 décembre, d'Aurelle de Paladines, n'ayant sous la main que les divisions Martineau et Peytavin, fut attaqué par cinq divisions prussiennes que commandait Frédéric-Charles. Il battit en retraite sur Orléans, disputant pied à pied le terrain. M. Deschesnetz déploya dans cette journée autant d'intelligence que de fermeté. Le xvᵉ corps y avait été écrasé, et ne put prendre qu'une faible part à la campagne de l'Est. Il était alors sous les ordres de M. Martineau-Deschesnetz, qui avait succédé au général Martin des Pailhères.

Citons encore M. le général Berthaut qui commandait au début de la guerre la garde mobile de la Seine. Placé durant le siège de Paris à la tête d'une division de ligne et de mobiles, il se fit remarquer en plusieurs circonstances, notamment à Champigny. Il montra plusieurs fois dans les grandes manœuvres de sérieuses qualités de tacticien. Ministre de la guerre en 1877, il vit ses idées de réforme échouer contre la force d'inertie des bureaux. Nommé commandant du xviiiᵉ corps, il donna sa démission au bout de peu de temps, à la suite de l'ordre du jour parlementaire qui frappa le ministère du 16 mai dont il avait fait partie.

Il reste à parler de deux marins, dont les circonstances ont fait deux remarquables généraux, MM. Jaurès et Jauréguiberry. Tous deux furent les dignes lieutenants de Chanzy à l'armée de la Loire. M. Jauréguiberry a soixante-cinq ans. Il a servi en Crimée, en Chine et au Sénégal, dont il fut un moment gouverneur en 1861-62. Contre-amiral depuis 1869, il commanda à Coulmiers et à Loigny une division qui prit à ces deux batailles une large et glorieuse part. Chanzy devenu général en chef transmit à l'amiral le commandement du xvie corps qui forma l'aile droite de son armée. A Villorceau, à Vendôme, au Mans et dans les combats incessants de la « retraite infernale »[1], Jauréguiberry déploya de rares talents militaires et une inébranlable fermeté. Après la guerre il rentra dans la marine avec le grade de vice-amiral. Quel chef de corps que ce marin !

On en peut dire au moins autant de M. Jaurès, ambassadeur de France à Madrid. Né en 1823, il a pris part aux campagnes de Crimée, d'Italie, de Chine, de Cochinchine et du Mexique : il a même dirigé une expédition contre un daïmio japonais. Partout il se fit remarquer par son intelligence, sa fermeté, sa promptitude de décision. Capitaine de vaisseau en 1870, il fut d'abord embarqué sur une des escadres d'opération qui n'eurent pas l'occasion d'opérer. Rappelé en France, il fut chargé d'organiser, puis de commander le xxie corps, fort de quatre divisions, et qui fut, vers le commencement de décem-

---

[1]. *Hellige retraite*. Le mot est d'un officier allemand.

bre, adjoint à l'armée de la Loire. Durant ces deux mois de batailles, le xxie corps ne se laissa jamais entamer. A Vendôme, au Mans et surtout dans la retraite de la Sarthe sur la Mayenne, l'amiral Jaurès fit preuve de telles qualités militaires qu'on peut dire qu'il est, après Faidherbe et Chanzy, notre meilleur général.

Mais quoi ! il n'est point de l'armée, pas plus que Jauréguiberry. On peut donc s'attendre qu'au début de la prochaine guerre les bureaux, gardiens vigilants des traditions, renverront ces marins à leurs navires, quitte à les rappeler plus tard, — trop tard peut être, — pour réparer les défaites des Cissey, des Borel, des d'Aumale et des Galliffet.

LIVRE II

LES ALLIANCES

CHAPITRE PREMIER

CRITERIUM DE LA PUISSANCE MILITAIRE. — CLASSIFICATION DES ÉTATS EUROPÉENS SUIVANT LEUR FORCE OFFENSIVE.

Il n'est pas probable que la prochaine guerre franco-allemande donne le signal d'une conflagration générale. Cependant, lorsqu'on y réfléchit, on voit qu'il n'est presque pas un État dont on puisse dire avec certitude qu'il ne sera pas entraîné dans le tourbillon.

Si donc on veut avoir une idée exacte de la situation militaire, il faut connaître, au moins sommairement, la force des nations européennes qui peuvent devenir les alliées de la France ou les alliées de l'empire allemand.

La puissance militaire est la résultante de forces si diverses qu'on ne peut même pas essayer de l'évaluer mathématiquement. L'état social et politique du pays, le moral et la composition des troupes, l'intelligence des soldats, la science et l'habileté des chefs, la discipline, le patriotisme, sont choses qui ne se mesurent point. Nous ne pouvons comparer que des nombres, ce sont des nombres que nous allons exposer.

Quels nombres? Hormis l'Angleterre qui, sous ce rapport comme sous beaucoup d'autres, en est encore au moyen âge, toutes les nations européennes admettent le service universel en principe, et l'appliquent... avec plus ou moins d'exceptions. Certaines classes de citoyens, par exemple les prêtres des différents cultes, figurent presque partout au premier rang des exemptés. Toutefois, on peut dire que le nombre d'hommes susceptibles d'être appelés sous les drapeaux varie, suivant les pays, entre un quinzième et un vingt-cinquième de la population totale.

Mais ces hommes ne sont pas des soldats. L'art de tuer doit s'apprendre; puis on ne se bat pas nu et avec les seules armes que fournit la nature. Les hommes n'ont de valeur à la guerre que lorsqu'ils sont armés, équipés et exercés. En outre, s'ils n'étaient pas dirigés, les meilleurs soldats formeraient des troupeaux, non des armées : on ne peut compter comme soldats que ceux qui ont des chefs, qui sont encadrés; et c'est d'après le nombre des cadres et des soldats qu'on peut y verser, que doit s'estimer la force militaire d'un pays.

Est-ce tout? Non, certes. A la guerre, l'offensive seule peut donner des résultats décisifs et force l'ennemi à la paix, ce qui est en définitive le but de toute guerre. La défensive est un expédient temporaire, n'ayant pour but que de préparer l'offensive et de gagner du temps, pendant lequel on espère accroître ses forces ou voir diminuer celles de l'ennemi, afin de pouvoir prendre l'offensive à son tour. Les forces qui peuvent être jetées sur le territoire ennemi sont donc les seules dont on doive tenir compte pour estimer la puissance militaire d'un État. Un pays dont toute l'armée serait occupée à l'intérieur serait comme un pays qui n'a pas d'armée. Une nation dont l'armée, de par la Constitution, ne pourrait être envoyée hors des frontières, ne jouirait d'aucune influence militaire à l'extérieur ; et l'on n'aurait aucune raison de la désirer pour alliée ou de redouter son alliance avec l'ennemi.

Considérées au point de vue de leur puissance offensive, les nations européennes peuvent se répartir en quatre groupes.

Dans le premier se rangent les puissances qui peuvent lancer plus de 500,000 hommes hors de leur territoire ;

Dans le second, celles qui peuvent en lancer plus de 200,000 ;

Dans le troisième, celles dont l'armée de campagne dépasse 100,000 hommes ;

Dans le quatrième, celles dont la force offensive est représentée par moins de 100,000 combattants.

CHAPITRE II

PUISSANCES DE PREMIER ORDRE

Le premier groupe comprend trois États : l'Allemagne, la France et l'Autriche-Hongrie.

Nous avons étudié la France et l'Allemagne, parlons maintenant de l'empire austro-hongrois.

AUTRICHE-HONGRIE

L'empire austro-hongrois s'étend sur une superficie de 622,500 kilomètres carrés ; sa population s'élevait en 1878 à 37,500,000 habitants : ce qui donne 60 habitants par kilomètre carré. Dans ce calcul il n'est pas tenu compte de la Bosnie et de l'Herzégovine, occupées provisoirement, du moins à ce que l'on dit.

Ces trente-huit millions d'habitants appartiennent à six ou sept races d'hommes qui diffèrent de langue, de mœurs et de religion. Soumises naguère encore à un despotisme rigoureux, ces populations s'entre-haïssaient profondément. Aujourd'hui elles vivent à peu près d'accord sous un régime comparativement libéral. A part quelques exceptions, elles éprouvent un assez vif amour pour leur patrie commune, car ce qui fait la patrie, ce n'est point la race ou la langue, ce sont les souvenirs glorieux ou tristes de maux supportés ensemble ou de grandes choses accomplies en commun.

Sur une longueur d'environ 700 kilomètres, l'Autriche confine à la Prusse ou aux pays vassaux de la Prusse. Entre les deux États il y a des liens d'intérêt et des causes de discorde. L'histoire nous les montre tantôt amies et tantôt ennemies, plus souvent toutefois rivales qu'alliées. Elles sont alliées pour le moment. Mais lorsque les Hapsbourg auront ajouté la couronne de Pologne aux couronnes d'Autriche, de Bohême et de Hongrie, ce qui, probablement, aura lieu dans un avenir assez prochain, l'entente se rompra forcément, à supposer qu'elle dure jusque-là. Entre les deux voisins se réveillera l'antique rivalité pour l'hégémonie de l'Europe centrale, sans parler des difficultés que fera naître la question des frontières, encore mal fixées entre les Slaves et les Germains. Neuf millions d'Allemands habitent l'empire d'Autriche ; le duché de Posen et la vieille Prusse contiennent douze cent mille Polonais. Cela est gros de guerres pour l'avenir.

Mais ce ne sont là que des conjectures historiques. Revenons au présent et aux faits.

Tout sujet autrichien — *exceptis excipiendis* — doit servir douze ans. Le contingent annuel est divisé en trois portions. Une loi, renouvelée tous les sept ans, fixe l'effectif des deux premières portions pour la période septennale qui suit. En ce moment la première portion est fixée à 95,474 hommes, astreints à passer trois ans dans l'armée, sept dans la réserve et deux dans la landwehr.

La seconde portion, 9,500 hommes, passe dix ans dans la réserve et deux ans dans la landwehr.

Le reste du contingent, une cinquantaine de mille hommes, passe douze ans dans la landwehr.

Les volontaires d'un an passent un an sous les drapeaux, neuf dans la réserve et deux dans la landwehr.

C'est environ 14 à 1,500 mille hommes que l'Autriche peut verser dans les cadres de son armée.

La diversité des langues parlées dans l'empire a rendu nécessaire le recrutement régional. Il y a des régiments hongrois, des régiments tchecks, des régiments croates, etc. Mais les régiments ne sont pas stationnés dans leurs provinces d'origine, le soldat doit souvent aller fort loin rejoindre son corps. En cas de mobilisation cela cause une grande perte de temps.

L'empire est divisé en quinze circonscriptions militaires, inégales en importance et en étendue. L'unité stratégique est la division qui contient les trois armes; un corps d'armée comprend deux ou trois divisions, plus des réserves d'artillerie et de cavalerie. Sur le pied de paix l'effectif de l'armée est fixé à 278,000 hommes; les cadres permanents de la landwehr comptent 1,617 officiers et 12,070 sous-officiers et soldats. Total général : 292,000 hommes.

A la tête de toute l'armée est un chef unique. Aujourd'hui c'est l'archiduc Albrecht, fils du célèbre archiduc Charles, le vainqueur d'Essling. Lui-même commandait à Custozza.

Voici l'organisation de l'armée autrichienne.

INFANTERIE :

80 régiments d'infanterie de ligne ;
1 régiment de chasseurs tyroliens ;
33 bataillons de chasseurs.

Chaque régiment de ligne comprend trois bataillons de campagne, deux bataillons de réserve, ayant en temps de paix un effectif moindre que les trois premiers, et le cadre d'un bataillon complémentaire.

Le régiment de chasseurs du Tyrol a 7 bataillons.

Les bataillons de ligne ont quatre compagnies, les bataillons de chasseurs ont une cinquième compagnie complémentaire.

La cavalerie compte 41 régiments à 4 escadrons actifs, deux de réserve, et un escadron complémentaire.

L'artillerie de campagne compte treize régiments; chacun a 13 batteries actives et trois batteries complémentaires; chaque batterie compte 4 pièces.

Il y a douze bataillons d'artillerie de place : ils renferment 5 batteries, 60 compagnies actives et les cadres de 12 compagnies complémentaires.

Le génie comprend trois régiments, soient 81 compagnies actives et 10 cadres de compagnies complémentaires. Les pontonniers, le service des chemins de fer et de télégraphie font partie du génie.

Sur le pied de guerre chaque régiment se dédouble et devient une brigade de deux régiments ; l'un à trois, l'autre à deux bataillons. Le bataillon complémentaire sert de dépôt et tient garnison dans les places.

Chaque bataillon de chasseurs forme une sixième compagnie qui sert de dépôt. Les cinquièmes compagnies réunies 4 par 4 peuvent former 10 bataillons nouveaux.

L'infanterie comprend ainsi 450 bataillons actifs, 80 bataillons et 40 compagnies de dépôt ou de garnison.

Chaque régiment de cavalerie forme un huitième escadron qui sert de dépôt. On a donc 287 escadrons actifs et 41 de dépôt.

Chaque régiment d'artillerie de campagne attelle 15 batteries et en laisse une pour former dépôt. On a ainsi 195 batteries actives et 13 de dépôt. Chaque batterie sur le pied de guerre a 8 canons[1].

L'artillerie de forteresse comprend alors 72 compagnies et 10 batteries attelées.

Les troupes du génie comptent 81 compagnies actives et 15 compagnies de dépôt :

L'armée active autrichienne comprend donc.

    450 bataillons ;
    287 escadrons ;
    195 batteries avec 1,560 pièces ;
    81 compagnies du génie.

1. Ce doublement subit de l'artillerie de campagne est une

Comme troupes de garnison il reste :

- 80 bataillons ;
- 40 compagnies de chasseurs ;
- 41 escadrons ;
- 23 batteries ;
- 72 compagnies d'artillerie de forteresse ;
- 15 compagnies du génie.

La compagnie est à 250 hommes (artillerie 200) ; l'escadron à 150 ; la batterie à 200, ce qui donne pour l'armée active un total de :

- 450,000 fantassins ;
- 43,050 cavaliers ;
- 39,000 artilleurs ;
- 20,250 soldats du génie.

Total : 553,300 combattants.

Les troupes de garnison comprennent :

- 90,000 fantassins ;
- 6,150 cavaliers ;
- 20,600 artilleurs ;
- 3,750 soldats du génie.

Soient : 120,500 combattants.

En 1866 l'Autriche mit en campagne deux armées ; l'une de 200,000 hommes, l'autre de 120,000. Elle avait à entretenir de nombreuses garnisons en Vénétie et en Hongrie, pour contenir les populations prêtes à s'insurger. Aujourd'hui, sauf 250,000 Ita-

opération difficile, et il est probable qu'en cas de mobilisation l'Autriche éprouvera quelques mécomptes de ce côté.

liens dans le Trentin et 60,000 dans la ville de Trieste, nul ne songe, pour l'instant, à se séparer de l'Autriche. Les 400,000 musulmans de la Bosnie se soulèveraient peut-être en cas de guerre avec la Turquie, mais l'émigration diminue chaque jour leur nombre et la population chrétienne, plus nombreuse qu'eux, leur est hostile. Tout cela considéré, et en songeant que depuis 1866 l'Autriche a réorganisé son armée, on peut admettre sans exagération qu'elle pourrait mettre en ligne une armée active de plus de 500,000 combattants. Après quoi il resterait dans ses garnisons au moins 100,000 hommes pour résister à des mouvements intérieurs.

LANDWEHR

La landwehr austro-hongroise comprend 173 bataillons à cinq compagnies, 65 escadrons et 45 dépôts de cavalerie. En outre il y a dans le Tyrol 20 bataillons et 2 escadrons de tirailleurs affectés spécialement à la défense du pays. Tout cela fait, sur le papier, un total de 238,000 fantassins et 12,000 cavaliers. Les cadres existent pour la plupart; mais quand il s'agit de landwehr, il faut s'attendre à de graves mécomptes. Si donc on défalque les non-valeurs, les dépôts, les troupes locales du Tyrol, etc., on approchera de la vérité en estimant à 100 ou 120,000 hommes le nombre de troupes de campagne que l'Autriche pourrait tirer de sa landwehr. Avec l'armée active cela donne de 650 à 660,000 combattants; c'est un beau chiffre. L'effectif officiel compris les dépôts et les non combattants, est de 1,044,813 hommes et 179,054 chevaux.

MARINE

La marine autrichienne compte :

11 navires cuirassés ;
30 navires à vapeur non cuirassés.

Total 41 navires portant 295 canons et 9,600 hommes. Il y a en outre quelques monitors sur le Danube.

Pour monter cette flotte l'amirauté a environ 12,000 hommes à sa disposition. On les obtient au moyen d'enrôlements volontaires, et de la conscription parmi la population des districts maritimes. Les officiers sont fort instruits et bien exercés. Les équipages recrutés sur les côtes istriennes et dalmates sont formés de rudes hommes de mer ; la jeune marine autrichienne a fait ses preuves à Lissa. Il faut cependant bien se garder de croire que les escadres autrichiennes sont en état de lutter avec succès contre la marine italienne ou contre une autre marine de même force. Lissa a été un prodige et les prodiges ne se renouvellent pas tous les jours.

CHAPITRE III

PUISSANCES DE SECOND ORDRE

§ I

ITALIE

L'Italie a tant d'intérêts communs avec la France, qu'on peut s'étonner de ce que les deux nations ne soient pas étroitement alliées. Comme la France, l'Italie a un intérêt capital à s'opposer au débordement de la race germanique, ne fût-ce qu'afin de n'avoir pas pour voisine à Trieste la Grande Allemagne telle qu'on la rêve à Berlin ; comme la France, plus que la France même, l'Italie est intéressée à chasser de la Méditerranée les barbares du Nord qui s'y sont glissés et qui détiennent encore Malte : Malte, clef du double bassin méditerranéen, Malte, poste avancé vers cette Afrique où l'Italie voudrait trouver un débouché pour sa population exubérante, Malte, habitée par 150,000 Italiens qui méritent les sympathies de l'*Italia irredenta*, autant pour le moins que les Italiens du Tyrol, et beaucoup plus que les Italiens de Trieste, étrangers, pour ne pas dire intrus, sur le littoral illyrien.

L'alliance française peut donc, en vue de certaines éventualités, être précieuse pour l'Italie. Quel avantage procurerait à la France l'alliance italienne en cas de guerre avec l'Allemagne? L'étude des forces militaires de l'Italie permettra de répondre à cette question.

L'Italie est peuplée de 28,300,000 habitants répartis sur un territoire de 296,323 kil. car. Soient 95 hab. par kil. carré.

Le service militaire est universel : tout Italien de 20 à 39 ans est tenu de défendre la patrie. Les jeunes gens qui se destinent au sacerdoce doivent, comme les autres, satisfaire à la loi du recrutement. Le contingent est divisé en trois portions :

La première est de 65,000 hommes. Pour les cavaliers, la durée du service est de 5 ans dans l'armée, 4 ans dans la réserve et 10 dans la milice territoriale (garde nationale.) Les fantassins et les artilleurs passent 3 ans dans l'armée active, 5 dans la réserve, 4 dans la milice mobile, et 7 dans la milice territoriale.

La seconde portion du contingent est fixée à 35,000 hommes. Ceux qui en font partie passent 5 ans dans la réserve, 4 dans la milice mobile et 10 dans la milice territoriale. Pendant qu'ils sont dans la réserve ils ont à faire 5 mois de service actif qui peuvent être répartis sur plusieurs années.

La troisième portion du contingent (une quarantaine de mille hommes) est versée directement et pour 19 ans dans la milice territoriale. Les hommes de cette catégorie sont de temps en temps appelés à faire quelques jours d'exercice. La milice territoriale ne sert qu'à l'intérieur du pays.

Les volontaires d'un an passent en congé illimité le reste du temps de service qu'ils auraient dû faire dans l'armée active, 8 ans. Après quoi ils sont versés dans la milice mobile et dans la milice territoriale.

Sont admis comme volontaires d'un an les étudiants des Universités et les jeunes gens qui passent certains examens. Ces derniers doivent en outre verser 2,000 fr, si le sort les a désignés pour entrer dans la cavalerie, 1,500 s'ils doivent servir dans les autres armes. Les volontaires peuvent obtenir un sursis d'appel jusqu'à ce qu'ils aient achevé leur 26ᵉ année.

Grâce à ce mode de recrutement l'Italie avait à sa disposition en octobre dernier :

700,000 hommes pour l'armée active ;
252,000 — pour la milice mobile ;
426,000 — pour la milice territoriale ;

Total : 1,378,000 hommes.

L'Italie est divisée en 10 grandes circonscriptions territoriales appelées circonscriptions de corps d'armée : chacune d'elles se subdivise en deux circonscriptions divisionnaires ; les 20 circonscriptions divisionnaires comprennent 64 *districts militaires* subdivisés en 176 *districts de compagnies*. Ces compagnies servent de dépôt en temps de paix ; elles ont un état-major permanent chargé de la mobilisation en cas de besoin.

L'armée active comprend :

INFANTERIE

80 régiments de ligne à 3 bataillons ;
10 — de bersagliers à 4 bataillons ;
24 compagnies alpines ;
3 bataillons d'instruction ;
12 écoles normales de sous-officiers ;
17 compagnies de discipline.

Les compagnies alpines, spécialement formées pour la guerre de montagne, sont généralement recrutées dans le pays où elles auraient à opérer. Composées d'hommes nourris et élevés dans la montagne, dont ils connaissent tous les détours, ces compagnies rendraient d'incalculables services dans une guerre défensive.

CAVALERIE

20 régiments à 6 escadrons ;
3 escadrons d'instruction.

La cavalerie est peu nombreuse, parce que l'Italie, pays de montagnes, nourrit peu de chevaux ; puis la cavalerie est une arme chère et les finances italiennes ne sont pas dans un état des plus brillants. Depuis quelques années seulement le budget est enfin à peu près en équilibre.

ARTILLERIE

a Artillerie de campagne ;
10 régiments à 10 batteries de 6 pièces ;
2 batteries d'instruction.

b Artillerie de forteresse ;
4 régiments à 15 compagnies ;
1 compagnie d'instruction.

c 6 compagnies d'ouvriers et d'artificiers ;
1 compagnie de vétérans.

L'artillerie de campagne, on le voit, est peu nombreuse, 600 canons seulement.

GÉNIE

2 régiments chacun à 4 compagnies de pontonniers, 14 de sapeurs, 2 compagnies de chemins de fer ; 3 compagnies du train, 1 peloton d'instruction.

Sur le pied de paix ces troupes présentent les effectifs suivants :

Infanterie.	144,095
Cavalerie.	22,158
Artillerie.	22,676
Génie.	5,404
Total.	194,333

Plus 5,841 hommes affectés aux services auxiliaires.

Sur le pied de guerre l'armée de campagne est ainsi composée :

Chaque bataillon a 4 compagnies et 700 combattants, les compagnies alpines ont 250 hommes, les escadrons, les batteries et les compagnies d'artillerie à pied, 150 ; les compagnies de génie, 200. On a ainsi :

Infanterie : Ligne	240 bataillons.	168,000	combattants
Bersagliers	40 —	28,000	—
Cies alpines	24 compagnies	6,000	—
		202,000	

Cavalerie : 100 escadrons de guerre. . 15,000 combattants
Artillerie : 100 batteries de campagne. 15,000 —
Génie :   Pontonniers   8 compagnies   1,600 —
          Sapeurs   28   —   5,600 —
          Chemins de fer 4   —   800 —
                                      ‾‾‾‾‾‾
                                       38,000 —

Total général 240,000 combattants, auxquels pourraient s'ajouter plus tard les 9,000 hommes de l'artillerie à pied.

En campagne les régiments de ligne réunis deux à deux forment 40 brigades d'infanterie ; à chaque brigade sont attachés un bataillon de bersagliers et une batterie. Deux brigades forment une division ; à chaque division est adjointe une compagnie de sapeurs. Un corps d'armée comprend deux divisions plus un régiment de cavalerie, une réserve d'artillerie de six batteries, et une compagnie de pontonniers ou de chemins de fer. Chaque corps renferme donc : huit régiments de ligne, un de bersagliers, un de cavalerie et un d'artillerie, soient :

    28 bataillons. 19,600
     5 escadrons.   750
    10 batteries.   1,500
     3 compagnies du génie.   600

22,450 combattants avec 60 canons. Dix régiments de cavalerie sont réunis en cinq brigades de 1,500 cavaliers chacune.

MILICE MOBILE

129 bataillons d'infanterie de ligne ⎫
 21   —   de bersagliers   ⎬ à 4 compagnies.

32 batteries de campagne
20 — de forteresse ;
10 compagnies du génie ;
10 — du train ;
1 escadron de cavalerie.

Les corps *doivent* avoir les mêmes effectifs que dans la ligne, mais on sait que lorsqu'il s'agit de landwehr il faut s'attendre à de grands déchets sur les estimations officielles. En admettant 150 hommes par batterie et par compagnie du génie et 500 par bataillon on aura les effectifs suivants :

Infanterie.	75,000
Génie.	1,500
Artillerie.	7,800
Cavalerie.	150
	84,450

Il est au moins douteux que les 32 batteries de campagne puissent être attelées au début d'une guerre; c'est donc environ 75,000 hommes que l'Italie pourrait tout d'abord ajouter à son armée active, ce qui porte ses forces offensives à :

315,000 hommes et 600 canons

Comme troupes de seconde ligne, il resterait :

L'artillerie à pied.	9,000
L'artillerie de la milice mobile.	7,800
Les carabiniers (gendarmes).	20,200
Les douaniers qui vont être réorganisés en vue d'un service militaire.	18,000
	55,000

Plus les dépôts, et la milice territoriale, qui compte 400,000 hommes.

Cette milice renferme un grand nombre d'hommes ayant passé plusieurs années sous les drapeaux, et serait un important élément de défense. Elle pourrait garnir les places fortes, et sur un sol aussi tourmenté que celui de l'Italie causer de très sérieux embarras à des envahisseurs.

Ce que vaut cette armée, il est impossible de le dire au juste à n'en juger que par un passé récent. Depuis vingt ans la société italienne a subi de profondes transformations dont le contre-coup s'est fait certainement sentir dans l'armée. L'Italien est assez intelligent pour devenir un excellent officier ; les armes savantes ont bonne réputation ; le corps des sous-officiers, pour lesquels existent de nombreuses écoles, est peut-être le meilleur de l'Europe. Quant aux soldats, ils sont très sobres et très bons marcheurs : sous le premier Empire, les contingents italiens ont honorablement figuré dans la grande armée, et l'Italie fut le berceau des légions romaines. Quant aux généraux, César, le prince Eugène et Napoléon peuvent supporter la comparaison avec d'autres.

Ajoutons que l'Italie est presque le seul État de l'Europe, et en tout cas la seule grande puissance, qui puisse employer son armée tout entière à l'extérieur, sans avoir rien à en distraire pour garder des colonies et contenir des provinces conquises.

MARINE

Grâce à l'immense développement de ses côtes, l'Italie doit nécessairement devenir une grande puissance maritime. L'état de ses finances ne le lui a pas permis jusqu'à présent. Mais elle peut attendre, car elle possède ce qui forme la vraie base d'une bonne marine, un peuple nombreux de marins. Après l'Angleterre, elle est même la nation qui a le plus de matelots. Nouvelle venue sur la scène, elle profite des longs tâtonnement des autres, et si ses navires sont peu nombreux, ils sont construits sur les types les plus récents. Quelques-uns, comme le *Duilio*, portent les plus grosses pièces d'artillerie connues. Voici l'état de sa flotte en 1879 :

NAVIRES DE COMBAT

Cuirassés : . . . . 20 portant 242 canons.
Non cuirassés : | Navires à hélice. . . . 18 — 143 —
 | — à aubes. . . . 6 — 41 —
 44 — 426 —

TRANSPORTS

Navires à hélice. . . . . 20 portant 40 canons
— à aubes. . . . . 9 — 12 —
29 — 52 —

L'Italie emploie sur ces 73 navires, dans ses arsenaux et dans ses chantiers, 614 officiers, 14,131 soldats et matelots, 659 ouvriers, 736 chirurgiens, infirmiers et employés divers : en tout 16,140 hommes. Ceux qui auront à combattre les flottes italiennes feront sagement de ne pas trop régler leur conduite sur le souvenir de Lissa.

§ II

RUSSIE

Sous le rapport de l'étendue, la Russie est un très grand empire ; c'est en outre une puissance exclusivement militaire. Pour le gros public qui n'y regarde pas de très près cela fait une grande puissance militaire. L'opinion sur ce point est parfaitement établie ; les faits ont beau la démentir, les faits ne prévalent point contre la foi. D'ailleurs, puisque l'Allemagne avec 42 millions d'habitants a une armée de 800,000 combattants, la Russie qui a 87,000,000 d'habitants *doit* avoir une armée de 1,700,000 soldats. A des raisonnements de cette force, il n'y a rien à répondre et je n'ai pas la simplicité de croire que les faits que je vais exposer modifieront l'opinion courante. D'abord le faux a par lui-même un trop grand attrait. Puis les Russes, passés maîtres dans l'art de jeter la poudre aux yeux, ont, pour faire croire à leur puissance militaire, déployé autant de rouerie que pour faire croire à leur civilisation. Enfin, et ceci est capital, les Français ont décidé qu'ils battraient l'Allemagne avec l'aide du «colosse moscovite» ; pour cela il faut que le «colosse moscovite» ait une armée puissante, donc il a une armée puissante. M. Prudhomme ne sort pas de là.

Je préviens donc charitablement ceux qui rêvent l'alliance russe de ne pas lire ce chapitre ; ils pourraient perdre des illusions, seuls vrais biens de cette vie.

L'empire des tzars a une étendue de 21 à 22 millions de kil. carrés et contient 87 à 88 millions d'habitants, ce qui donne en moyenne 4 habitants par kil. carré. La densité de la population va en croissant de l'est à l'ouest, depuis le Kamstchatka, qui n'a qu'un habitant par 33 kil. carré, jusqu'à la Pologne, où chaque kil. carré contient 51 habitants.

D'après l'ukase du 1er janvier 1874, tout Russe doit le service militaire. Dans la Russie d'Europe un certain nombre de jeunes gens désignés par le sort doivent 6 ans de service dans l'armée active et 9 dans la réserve ; dans la Russie d'Asie le service est de 7 ans dans l'armée et de 3 ans dans la réserve. Les soutiens de famille ainsi que certaines catégories d'hommes (étudiants, médecins, pharmaciens, etc.) doivent passer 15 ans dans la réserve ; ils sont répartis en trois catégories qu'on peut appeler successivement en cas de besoin. Les volontaires restent à la disposition du ministre durant 15 ans en Europe et 10 en Asie.

Un ukase du 30 octobre 1876 règle l'organisation d'une milice territoriale (opoltchenie) divisée en deux catégories. La première comprend tous les hommes de 20 à 24 ans qui ont eu de bons numéros. En cas de besoin on peut les appeler pour combler les vides de l'armée active. La seconde catégorie contient tous les hommes de 20 à 40 ans non compris dans l'armée active ou dans la réserve. Cette milice n'est pas encore organisée en Russie ; elle ne le sera jamais en Pologne.

Quelques parties de la Sibérie, le Turkestan et le Caucase ne sont pas soumis à la loi militaire de 1874.

Les Kosaks doivent, suivant les provinces, 20 ou 22 ans de service militaire, en partie dans leur pays.

Le grand-duché de Finlande, qui jouit d'une constitution, a vu, en 1878, promulguer une loi en vertu de laquelle, à partir de janvier 1881, tout Finlandais devra cinq ans de service, dont deux dans la réserve. Les Lapons nomades et les habitants des districts septentrionaux seront exempts. Pour l'instant, la Finlande ne fournit à l'armée russe qu'un bataillon de tirailleurs volontaires, fort d'environ 700 hommes, et attaché à la garde impériale.

Tout cela devrait donner des millions et des millions d'hommes, mais il y a loin entre un ukase et son exécution. Le seul fait de fixer à quinze ans la durée du service dans un empire peuplé de 88 millions d'habitants en dit long sur l'efficacité des lois de recrutement.

Formé en grande partie de provinces conquises, plusieurs tout récemment, et toujours frémissantes, l'empire russe ne peut adopter le recrutement régional. Les hommes doivent être dispersés ; l'empire est vaste et le système de communications laisse à désirer. Dans ces conditions le prompt rappel des réserves est impossible, il faut longtemps aux réservistes pour rejoindre leurs dépôts ; en cas de guerre c'est à peine s'ils peuvent arriver à temps pour compenser les pertes des corps engagés. Dans la dernière guerre, les bataillons russes n'ont présenté des effectifs convenables, bien au-dessous encore du chiffre réglementaire, qu'après l'armistice, alors que le fer et la fatigue avaient cessé de les éprouver. Pour arriver à ce mince résultat, il fallut épuiser les réserves et entamer l'opoltchenie !

L'armée russe comprend plusieurs espèces de troupes : armée active, troupes de réserve, de dépôt, de garnison, d'instruction, locales, irrégulières, auxiliaires.

ARMÉE ACTIVE

Le nombre et la composition des corps d'armée ont beaucoup varié dans ces dernières années. Il y en avait 14 naguère, il y en a 18 à présent. La véritable unité stratégique de l'armée russe est la division.

L'armée active comprend 48 divisions d'infanterie et 8 brigades de chasseurs. Chaque division a deux brigades, chaque brigade deux régiments, chaque régiment 4 bataillons. Les brigades de chasseurs ont 4 bataillons. On a ainsi :

	Divisions	Brigades	Régiments	Bataillons
Garde.	3	6	12	48
Grenadiers.	4	8	16	64
Ligne.	41	82	164	656
Chasseurs.		8		32
Tirailleurs finlandais.				1
			Total.	801

Chaque bataillon a quatre compagnies.

La cavalerie forme 20 divisions (21 en temps de guerre) comprenant 56 régiments à 4 escadrons et 32 régiments de Kosaks, à 4 ou 6 sotnias sur le pied de paix. En temps de guerre tous les régiments de Kosaks *doivent* avoir 6 sotnias. En outre trois escadrons indépendants sont attachés à la garde.

Sur le pied de guerre la cavalerie russe compte 227 escadrons et 192 sotnias.

L'artillerie de campagne comprend :

Artillerie à pied : 48 brigades à 6 batteries.
3 — à 4 —
4 batteries $1/_2$ détachées.

Total : 304 batteries et demie. La batterie compte 4 pièces en temps de paix et *doit* en avoir 8 en temps de guerre.

L'artillerie à cheval compte 35 batteries à 6 pièces.

En temps de guerre les Kosaks du Don *doivent* fournir 14 batteries de 3 pièces.

Le génie compte :

15 bataillons $1/_2$ de sapeurs ;
17 compagnies de pontonniers ;
4 bataillons de chemins de fer ;
2 compagnies de torpilleurs.

Soient 97 compagnies plus 10 autres dont il sera parlé plus loin.

TROUPES DE RÉSERVE

Les troupes de réserve sont, en infanterie :

97 bataillons à 5 compagnies qui *doivent*, en temps de guerre, se transformer chacune en un bataillon.

Génie : 20 compagnies *doivent* être formées par le dédoublement des dernières compagnies de 10 bataillons de sapeurs qui ont 5 compagnies.

TROUPES DE DÉPOT

Infanterie :

164 compagnies qui *doivent* en temps de guerre devenir 164 bataillons ; 35 autres bataillons *doivent* aussi être formés plus tard.

Cavalerie :

56 escadrons qui *doivent* en temps de guerre former 140 escadrons dont 84 escadrons de marche.

Artillerie : 3 batteries à cheval.

48 batteries à pied *doivent* en cas de guerre devenir 48 batteries de dépôt et 48 batteries de réserve.

TROUPES LOCALES

Infanterie :

36 bataillons de ligne ;
52 bataillons et demi d'artillerie de forteresse.

Ces troupes peuvent être employées comme troupes de campagne ; mais il y a d'autres troupes locales proprement dites qui sont purement sédentaires, ce sont :

1 régiment de forteresse à 4 bataillons en temps de guerre ;
18 bataillons locaux de 5 à 900 hommes sur le pied de guerre ;

593 détachements locaux de 20 à 100 hommes ;
77 détachements d'escorte pour les prisonniers, de 30 à 50 hommes chacun ;
Quelques corps spéciaux ; grenadiers du palais, invalides, etc.
3 divisions de gendarmes et 16 brigades de douaniers.

TROUPES IRRÉGULIÈRES

En Asie Mineure : 5 sotnias à pied, 3 à cheval ;
Kosaks. . . . . . . 26 compagnies ;
126 sotnias à cheval ;
60 batteries à 3 pièces,

TROUPES D'INSTRUCTION

Un bataillon et une compagnie, un escadron, une batterie et une compagnie du génie qui se dédoublent en temps de guerre pour former dépôt.

Les troupes finlandaises *doivent* former 8 bataillons forts de 5,000 hommes, mais comme la loi de 1878 n'entrera en vigueur qu'à partir du 1er janvier 1881, on ne peut tenir aucun compte de troupes qui n'existent pas encore.

Voici les effectifs officiels de toutes ces troupes :

	PAIX	GUERRE
Armée active.	603,202	1,079,180
Réserve.	55,950	550.549
Dépôts.	19,347	400,008
Troupes locales.	100,592	163,193
Troupes d'instruction. . . .	990	»
Troupes irrégulières. . . .	37,000	140.000
	817,081	2,332,930

La gendarmerie et les douaniers ne sont pas compris dans ces chiffres que nous allons examiner.

Tout d'abord le premier chiffre 817,000 pour le pied de paix est faux. Voici pourquoi : les armées coûtent cher, et la puissance militaire d'un pays dépend beaucoup plus de l'état de ses finances que du chiffre de sa population. Les finances de la Russie sont loin d'être prospères ; son budget est rarement en équilibre, et les dépenses ordinaires s'élèvent à environ 600 ou 630 millions de roubles : 1,800 à 1,900 millions de francs [1].

Le ministère de la guerre absorbe, en moyenne, 180 millions de roubles, ou à peu près 550 millions de francs, de dépenses ordinaires. Avec cette somme, en temps de paix profonde, et dans un pays où les finances seraient très bien administrées, il serait *absolument impossible* d'entretenir 817,000 hommes, 860,000 avec la gendarmerie.

Les 419,000 hommes de l'armée allemande coûtent, rien qu'en dépenses ordinaires, 321,184,910 marks, c'est-à-dire 401,481,137 francs.

Or, l'Allemagne n'a pas la moindre guerre, et la plus sévère économie préside à l'administration de ses finances ; en supposant la Russie placée dans des circonstances aussi favorables, 575,000 serait le chiffre maximum des hommes qu'elle pourrait entretenir avec 550 millions de francs. Il y a loin de là aux 860,000 soldats des documents officiels.

Mais la Russie a toujours sur les bras quelques-unes de ces petites guerres qui sont fort coûteuses,

---

1. Sur le marché monétaire européen, le rouble est coté 3 fr. à 3,15.

car elles offrent de bonnes occasions de gaspillage et de grandes facilités pour voler. Comme partout où le contribuable n'est pas admis à surveiller l'emploi que l'on fait de son argent, le vol fleurit dans toutes les branches de l'administration russe. Mais c'est surtout dans l'armée, où les fonds passent par tant de mains, que le vol s'exerce avec le plus de sans-gêne. Du haut en bas de l'échelle, tout le monde pille. A la suite de la dernière guerre, des intendants, des généraux ont été condamnés, un grand-duc est tombé en disgrâce. J'ai vu, dans les ports d'Amérique, une escadre russe à bord de laquelle le gaspillage dépassait toute imagination. Avec de pareils errements il est impossible d'entretenir une armée aussi nombreuse que pourrait le faire supposer l'énormité des dépenses. Quel est l'effectif réel de l'armée sur le pied de paix? Nul ne pourrait le dire, pas même les ministres du tzar.

Quant à la force de l'armée russe sur le pied de guerre, et au chiffre exact des troupes vraiment disponibles, on a pour les évaluer autre chose que les documents officiels élaborés à Saint-Pétersbourg : ce sont les événements de la dernière guerre turco-russe.

Cette guerre était depuis longtemps préparée. Pendant vingt et un ans la Russie s'était « recueillie » ; le bruit de ses réformes militaires avait rempli l'Occident. Elle avait construit des voies ferrées, et la difficulté des communications, tant invoquée — bien à tort — pour expliquer sa faiblesse en 1855, avait diminué dans une proportion considérable.

Lorsqu'à la fin de 1876 elle se mit à concentrer son armée derrière le Pruth, il fut généralement admis qu'elle allait, d'un seul coup, écraser la Turquie au printemps. L'empire ottoman, qui n'était qu'à grand'-peine venu à bout de la petite Serbie, allait s'écrouler au seul contact des innombrables armées du tzar.

Les gens au courant des choses haussèrent les épaules, et, pour rappeler ici un souvenir personnel, je publiai dans un journal de New-York, où je me trouvais alors, un article dans lequel j'établissais que *jamais* la Russie n'avait mis 250,000 combattants en ligne, et que rien n'autorisait à supposer qu'elle pût faire davantage, dans la guerre qui se préparait.

Les faits me donnèrent vite raison. La longue immobilité des Russes derrière le Pruth d'abord, derrière le Danube ensuite, surprit tout le monde. Cette inaction paraissait inexplicable.

Voici l'explication. Le tzar avait résolu de mobiliser et de concentrer sur le Pruth six corps d'armée — dix-huit divisions — qui *devaient* former une masse d'au moins 180,000 combattants. Mais on s'aperçut vite qu'entre les effectifs officiels et les effectifs réels il y avait un écart effrayant. On essaya de remplir les cadres vides, on fit peut-être croire en haut lieu qu'ils étaient remplis. Mais lorsqu'on passa le Pruth, les six corps ne comptaient que 130,000 hommes. On n'osa pas commencer la campagne avec si peu de monde, et l'on tira des provinces voisines tout ce qu'elles contenaient de soldats exercés.

Enfin on passa le Danube. Des échecs, bien mérités, ne se firent pas attendre, et il fallut encore appeler des renforts nouveaux. Mais comment? Les dépôts avaient été épuisés, *il n'est même pas bien sûr qu'il existât des dépôts*. Force fut donc de mobiliser d'autres corps. Mais ceux-là n'avaient pas, comme les premiers, été préparés un an à l'avance; ils avaient même dû fournir des contingents aux corps déjà mobilisés et ne présentaient que des squelettes de bataillons. « Le combattant, écrivait un officier qui suivait les opérations de l'armée russe, le combattant est ici passé à l'état de mythe, il n'y a plus que des officiers et des domestiques. » Quelques divisions de la garde avaient seules des effectifs présentables. Enfin on parvint à réunir 180,000 hommes qui, joints à 25,000 Roumains, finirent par avoir raison des Turcs. L'armée d'Asie Mineure ne compta pas plus de 60 à 70,000 combattants. Tant que dura la guerre, les nouvelles levées suffirent à peine à combler les vides que firent, dans les rangs de l'armée russe, le fer, le froid, la maladie, sans parler des abominables pratiques des administrations moscovites.

Ce résultat, ou, comme on l'a dit si justement, cette faillite militaire surprit les gens prévenus, et le nombre en était grand, qui croyaient à la puissance russe. Pour qui connaît un peu l'histoire militaire et se donne la peine de réfléchir, il n'y a là rien de surprenant : l'extraordinaire eût été que les choses se fussent passées autrement.

Qu'on le remarque bien : presque toutes les

troupes de seconde ligne, réserves, dépôts, troupes locales, n'existent pas en temps de paix et *doivent* être formées, en cas de guerre, par un procédé qui consiste à doubler, tripler et même quintupler des corps existants, ou censés exister. D'où seront tirés les cadres nouveaux? On l'ignore; rien n'est plus difficile que d'improviser des cadres, dans un pays des plus civilisés. En Russie, les classes éclairées sont relativement très peu nombreuses, surtout dans la Russie proprement dite. Les anciennes provinces polonaises, moins barbares, offriraient plus de ressources; mais on ne peut, surtout en cas de guerre contre l'Allemagne ou l'Autriche, confier à des Polonais la direction des réserves russes.

Supposons les cadres formés, il faut réunir les hommes, et ce n'est pas petite affaire, dans un pays si vaste, si mal peuplé, si dépourvu de voies de communication. D'avril à juin les routes sont des bourbiers impraticables. Les soldats réunis, il faut les armer, les équiper, les vêtir. La guerre de 1870 nous a appris les difficultés d'une tâche pareille, et nous possédions des ressources financières et industrielles dont la Russie n'a pas même l'idée.

Mais armes, habits, équipements, peuvent exister d'avance, dans les magasins et dans les arsenaux. Arsenaux et magasins existaient aussi en France en 1870, on les disait même pleins, on était « prêt, cinq fois prêt ». Il y avait chez nous un parlement, et une presse relativement libre. Par ce qui s'est passé sous nos yeux, on peut imaginer l'état des choses dans un pays de complet arbitraire et de corruption administrative proverbiale.

Les hommes réunis, encadrés, armés, vêtus, il faut encore les transporter à la frontière. En France, avec 45 kilomètres de chemins de fer par 1,000 kil. carrés, la mobilisation et la concentration de 800,000 hommes nous prendra 20 jours. En Russie, dans la Russie d'Europe, il n'y a pas 5 kil. de chemins de fer par 1,000 kil. carrés et les distances à parcourir sont beaucoup plus longues qu'en France. Combien faudrait-il de temps pour mobiliser et pour concentrer les 550,000 hommes portés sur les tableaux comme formant la réserve!

En supposant les troupes de seconde ligne, recrutées, formées, armées et équipées, elles ne pourraient jamais prendre part à la première partie d'une campagne européenne; tout au plus entreraient-elles en ligne lorsque l'ennemi, venant de l'ouest, atteindrait Vitepsk et Smolensk.

L'armée active forme donc toute la force militaire de la Russie. Elle compte un million de combattants... sur le papier.

Mais son effectif réel, quel est-il? Voilà ce qu'on ne peut savoir, approximativement, qu'en interrogeant, non pas les documents officiels qu'il plaît à la Russie de publier, mais les faits, l'histoire, surtout celle des dernières années.

En 1877, six corps, dont la mobilisation avait été longuement préparée, offraient, on l'a vu, un total de 130,000 combattants : soient 22 à 23,000 hommes par corps d'armée. En défalquant de chaque corps l'artillerie, — 15 à 16 batteries ; la cavalerie, — 15 à 20 escadrons ou sotnias ; le génie, — 3 à 4 compagnies ; restent 18 à 19,000 fantassins. Les corps comptaient chacun trois divisions à 4 régiments, les régiments n'avaient alors, pour la plupart, que 3 bataillons ; cela donnait, pour chaque corps, 36 à 40 bataillons, — soit une moyenne de 500 hommes par bataillon.

Mais ces corps ayant été, longtemps à l'avance, préparés à entrer en campagne, il y aurait quelque exagération à adopter ce chiffre moyen pour tous les bataillons de l'armée. Toutefois les chasseurs, la garde[1], les grenadiers, ayant des cadres un peu mieux remplis que ceux de la ligne, on peut, *à la rigueur*, compter 500 hommes pour chaque bataillon. Au début de la guerre de 1870 (3 août), les bataillons français présentaient tout au plus un effectif moyen de 600 hommes. Cependant la France est beaucoup moins étendue que la Russie, elle a de bien meilleures voies de communications, et les désordres de son administration militaire, sous Napoléon III, étaient bien loin d'égaler le gaspillage et la corruption qui rongent toutes les branches de l'administration moscovite :

801 bataillons à 500 hommes, donnent 400,500 fantassins.

La cavalerie compte 227 escadrons et 192 sotnias de cavalerie régulière. Au grand complet l'esca-

---

[1]. Le bataillon de tirailleurs finlandais qui fait partie de la garde est fort de 700 hommes sur le papier, ce qui suppose à peu près 600 combattants disponibles.

dron *doit* compter 150 hommes, et le sotnia 100. En admettant 120 hommes par escadron et 80 par sotnia, — ce qui est se montrer bien large, — on a 49,800, ou, en nombre rond, 50,000 cavaliers.

L'artillerie compte sur le pied de paix 35 batteries à cheval à 6 pièces, et 304 batteries et demie à 4 pièces qui *doivent* en temps de guerre être portées à 8 pièces. Pour qui sait combien il est difficile de former, d'encadrer et d'atteler des batteries, ce doublement rapide de l'artillerie est absolument inadmissible, surtout en Russie.

Admettons que *toutes* les batteries soient portées à 6 pièces et 140 hommes, au début d'une guerre, — ce qui serait déjà très beau, — l'artillerie russe compterait environ 2,040 pièces et 45,000 artilleurs. En supposant que les 97 compagnies du génie atteignent le chiffre de 17 à 18,000 combattants, on aura pour l'armée régulière 513 à 514,000 hommes, *au maximum*.

Les Kosaks sont supposés fournir en temps de guerre 26 compagnies, 726 sotnias, 60 batteries à 3 pièces : 140,000 hommes dont 134,000 combattants. Si l'on réfléchit que les gouvernements des Kosaks (Don, Térek et Kouban) ne contiennent que 2,400,000 âmes, qu'ils fournissent une trentaine de régiments et une vingtaine de batteries déjà comptés dans l'armée régulière, on regardera comme très extraordinaire que les Kosaks puissent fournir plus de 40 à 50,000 combattants irréguliers.

Les Bachkirs et les Tatars de Crimée *doivent* aussi fournir quelques escadrons, mais ce ne sont pas ces contingents qui augmenteront beaucoup la puissance militaire de la Russie.

En résumé, l'armée active, — régulière ou irrégulière, — peut, au début d'une guerre et après quelques mois de préparation, atteindre le chiffre de 550 à 560,000 combattants. Si la guerre se prolongeait, si, après avoir occupé les provinces polonaises, l'ennemi, franchissant le Dnieper et la Dwina, pénétrait sur le vieux territoire moscovite, — alors, rapprochée de ses dépôts, grossie des garnisons de Pologne, retranchée dans ses forêts et dans ses marécages, protégée par la distance, aidée par son terrible climat, appuyée par le peuple russe, patriote et brave, — l'armée opposerait une invincible résistance à l'envahisseur. Quant à prendre l'offensive contre l'Allemagne ou contre l'Autriche, il ne faut pas même y songer.

C'est qu'en effet le tzar est bien loin de pouvoir disposer de toute son armée active. Du grand total 560,000 combattants il faut défalquer de nombreuses garnisons.

En Sibérie, pour veiller sur l'immense ligne des frontières, garder les établissements militaires du Kamtschatka et du fleuve Amour, contenir les tribus nomades et les prisonniers politiques — tout un peuple ! — il faut 25 à 30 mille hommes. En supposant que les douaniers, les gendarmes, les troupes locales et auxiliaires en fournissent la moitié, c'est encore environ 12 à 15,000 hommes à défalquer de l'armée active.

Au Turkestan, — 3 millions de kilomètres carrés

et 4 millions d'habitants, — il faut au moins 40,000 hommes, dont 30,000 empruntés à l'armée active. L'Algérie, vers la fin de la conquête, exigeait une armée d'occupation de 72,000 hommes.

Au Caucase, — 465,000 kil. carrés et 5 millions et demi d'habitants, — environ 80,000 hommes. (L'armée du Caucase figure, en effet, *sur le papier*, pour 100,000 combattants en temps de paix.) En admettant 20,000 hommes de troupes locales, c'est encore 60,000 combattants à défalquer de l'armée active.

Les côtes de la mer Noire, la garde des grands ports militaires et marchands, et l'occupation de la Bessarabie, absorberaient encore quelques milliers d'hommes : il en faut 35 à 40 mille pour garnir la Finlande, et les côtes Baltiques, du Tornea au Niemen, avec les forteresses et les grands ports d'Helsingfors, de Sveaborg, de Kronstadt, de Revel, de Riga ; 12 à 15,000 à Saint-Pétersbourg où le tzar ne peut se passer d'avoir des forces imposantes autour de sa personne sacrée ; 30 ou 40,000 à l'intérieur, et c'est bien peu si l'on réfléchit que l'armée est le grand moteur de toute la machine administrative. Enfin il y a la Pologne — 588,000 kil. carrés et 16,300,000 habitants, — et pour la contenir 100,000 hommes ne sont pas trop. Là, pas moyen de former des milices ou des troupes locales ; en supposant pour les gendarmes, les douaniers et les détachements d'escorte une quarantaine de mille hommes, — ce qui est beaucoup, — il faudrait encore emprunter 60,000 soldats à l'armée active.

Tous ces prélèvements faits, restent, tout au plus,

300,000 combattants disponibles, chiffre que *n'ont jamais atteint les forces mises en mouvement par la Russie*. Je suppose, bien entendu, que la plus grande tranquillité règne en Finlande, au Caucase, en Pologne et dans le Turkestan.

Mais en cas de guerre avec l'Allemagne, le soulèvement de la Pologne est absolument certain. Ce que serait cette insurrection pour la Russie, on peut le conjecturer en se rappelant que le Portugal et l'Espagne, peuplés de 13 à 14 millions d'habitants et soutenus par des contingents anglo-allemands qui ne dépassaient pas 50,000 hommes, paralysèrent les efforts de 300,000 soldats de Napoléon. La Pologne est plus étendue que la péninsule ibérique, elle est plus peuplée que ne l'étaient l'Espagne et le Portugal en 1808. Le sol n'est pas montagneux, mais il est coupé de nombreuses rivières, couvert de bois et de marais, circonstances très propices à la guerre de partisans. En 1863-64 les Polonais, sans armes, sans argent, et malgré l'hostilité de la Prusse et de l'Autriche, résistèrent dix-huit mois à toutes les forces de la Russie. Le trésor de guerre de la Prusse contient un milliard en or monnayé, ses arsenaux sont pleins. Armes, munitions, équipements, rien ne manquerait aux Polonais. Les chefs ne feraient pas défaut non plus. Le corps prussien de Posen fournirait un certain nombre d'officiers, les régiments galliciens de l'Autriche en fourniraient plus encore. Les aventuriers polonais répandus dans le monde entier accourraient à la fête. Il y a peu d'armée qui n'en contienne quelques-uns;

l'armée turque en renferme beaucoup. Dans l'armée russe même, plus d'un sixième des officiers et des sous-officiers sont polonais; leur désertion non seulement fournirait des cadres aux forces insurrectionnelles, mais aussi désorganiserait les régiments moscovites. Puis un soulèvement en Pologne provoquerait, pour le moins, une vive agitation en Livonie et en Kourlande, provinces colonisées par les chevaliers teutoniques, occupées longtemps par la Suède, et où les hautes classes, d'origine germanique, ont plus d'une fois manifesté des sympathies allemandes.

A ce jeu-là sans doute la Prusse pourrait perdre Posen, mais il faut bien risquer quelque chose; puis elle aurait aussi l'espoir très fondé de s'indemniser par l'annexion des provinces baltiques où se trouvent tant de « frères allemands » à *délivrer*. Tout cela considéré, on peut dire que l'insurrection de la Pologne, appuyée par la Prusse, occuperait deux cent mille hommes. Nous en avons déjà compté 100,000 comme troupes d'occupation permanente; c'est encore 100,000 hommes à défalquer des troupes disponibles : resteraient pour menacer la Prusse deux cent mille combattants.

A ces 200,000 Russes la Prusse opposerait :

Les trois corps des provinces limitrophes de la Russie, Ier, V^e et VIe, — 75 bataillons, 60 escadrons, 51 batteries, 3 bataillons du génie, 51 bataillons de landwehr : 125,000 hommes;

Les troupes de dépôt des trois corps : 24 bataillons, 3 compagnies de chasseurs, 15 escadrons,

6 batteries, 3 compagnies du génie : 28,000 hommes;

Trois régiments (24 batteries d'artillerie à pied) : 3 à 4,000 hommes;

La gendarmerie des trois provinces et les douaniers qui garnissent la longue ligne de Memel à la frontière autrichienne : 8 à 10,000 excellents soldats;

Les dépôts, l'artillerie et la cavalerie de la landwehr employés comme troupes de garnison : 5 à 6,000 hommes;

Enfin le landsturm qui, dans le grand-duché de Posen surtout, se lèverait avec enthousiasme et fournirait, au bas mot, une cinquantaine de mille hommes pour renforcer les garnisons des places et pour inquiéter les communications de l'ennemi.

Deux cent à deux cent vingt mille hommes, appuyés sur Memel, Pillau, Kœnigsberg, Dantzick, Graudenz, Posen, Glogau, Neiss, Breslau, suffiraient, et amplement, à contenir une armée de 200,000 envahisseurs. Sur ces 210,000 Prussiens, 125,000 environ appartiendraient à l'armée de campagne; ce ne seraient que 125,000 soldats de moins à jeter sur la France, en cas de coalition entre elle et la Russie.

Nous raisonnons dans l'hypothèse que l'Autriche resterait neutre. Il n'est pas permis aujourd'hui de le croire. L'Autriche-Hongrie, on l'a vu, dispose, pour l'offensive d'environ 650,000 hommes, armée active et landwehr : 450,000 balayeraient, en une seule campagne, tout le pays jusqu'à la ligne Dwina-Dnieper; 80,000, appuyés sur les troupes de garnison, étoufferaient toute velléité belliqueuse chez les petits voisins de l'Autriche, Serbie, Bulgarie, Monténégro, plus ou moins clients ou vassaux de la Russie. Après quoi l'Autriche aurait encore 100 ou 120,000 hommes à porter sur le Rhin. Le plus clair résultat d'une alliance russe serait de nous donner 100 ou 120,000 ennemis de plus à combattre.

Et je ne parle que du cas où l'Autriche seule ferait la guerre à la Russie. Qu'arriverait-il si toutes les nations que les tzars ont frappées, dépouillées depuis un siècle et qu'ils menacent encore aujourd'hui, prenaient part à la lutte? C'est une redoutable ceinture que la Russie a autour d'elle. Et si, lorsque les Autrichiens entreront en Pologne, les Suédois débarquaient en Finlande, si les Roumains, pénétrant en Bessarabie, menaçaient Odessa que bloquerait une flotte ottomane, si les Turcs entraient en Circassie où ils rencontreraient bien des auxiliaires...

La Russie sait bien ce qu'il adviendrait ; aussi s'efforce-t-elle de trouver des alliés qui puissent détourner sur eux-mêmes une partie des coups qu'elle se sent appelée à recevoir. Hier en coquetterie avec la France, elle tâche aujourd'hui d'amadouer l'Italie. La politique extérieure des tzars a toujours été fort habile. Sans s'avouer toute l'étendue de sa faiblesse, le grand empire en a eu suffisamment conscience pour ne s'attaquer jamais qu'à des faibles : quand il s'est risqué à combattre des forts, ç'a toujours été avec des alliés. Nicolas lui-même, — bien qu'il eût la tête tournée par ses triomphes sur la Pologne et sur l'insurrection hongroise, ainsi que par les flatteries de la réaction européenne, —Nicolas n'attaqua « l'homme malade », que lorsqu'il crut l'avoir complètement isolé. Il regretta amèrement son imprudence, lorsqu'il vit son armée, — cette armée préparée durant tout un règne pour entrer à Constantinople, — reculer devant 60.000 Anglo-Français.

Ces chiffres et ces faits, d'une brutalité irrésistible, vont contrarier bien des parti-pris. L'Orient est le pays des contes, et, quand on nous parle de la Russie c'est en style des *Mille et une Nuits*. Écoutez certaines gens : Si l'Autriche, en 1870, n'a pas aidé la France, si l'Allemagne, en 1875, n'a pas repris les armes, c'est par crainte de cette formidable armée russe, qui, sans l'intervention des Roumains, aurait été rejetée au delà du Danube par les 30,000 hommes d'Osman pacha. Cette prodigieuse absurdité est devenue un article de foi pour la bourgeoisie française. On a même vu, chez nous, des personnages spéculant sur l'ignorance publique, raconter comment s'étaient passées les choses, et donner à entendre que, si la puissante Russie avait daigné intervenir pour la pauvre petite France, ils n'avaient pas nui à cet heureux événement. Il n'y a pas jusqu'à l'Angleterre, avec son armée pour rire, qui ne prétende avoir contribué à retenir le bras du colosse allemand. Sous peu, la principauté de Monaco et la république d'Andorre nous révéleront les services qu'elles nous ont rendus, et le rôle important qu'elles n'ont pas manqué de jouer dans cette ténébreuse affaire.

MARINE

La marine russe compte 248 navires, portant 618 canons. C'est une flotte très respectable en apparence, mais ici encore il faut énormement rabattre des chiffres officiels pour arriver à la réalité.

Tout d'abord 26 navires, armés de 56 canons, employés sur le lac d'Aral et sur la mer Caspienne, ne seraient d'aucune utilité en cas de guerre européenne.

Sur les 222 autres navires il y a 98 transports non armés, restent 124 navires de combat, divisés en 3 escadres.

Baltique :
  81 navires (dont 25 cuirassés) portant 399 canons ;

Mer Noire :
  33 navires (dont 2 cuirassés) portant 119 canons.

Océan Pacifique :
  10 navires non cuirassés portant 44 canons.

En tout : 27 cuirassés   portant 187 canons
          97 non cuirassés   —   375   —
          ─────   ─────
          124   562

Les flottes de la Baltique et du Pacifique pourraient difficilement se rejoindre, celle de la mer Noire ne pourrait sortir de ce bassin fermé. Ajoutons que le matériel est dans un état déplorable [1].

---

[1]. Le légendaire cuirassé *Pierre-le-Grand* a coûté des sommes fabuleuses ; il ne quitte guère les bassins de radoub que pour y rentrer aussitôt.

Pour monter ses escadres, la Russie prétend avoir 33,000 officiers et soldats. Ce chiffre paraîtra bien élevé si l'on songe à l'inaction de la marine russe pendant la dernière guerre. La flotte de la Baltique n'a pas osé affronter dans la Méditerranée les escadres ottomanes. Dans la mer Noire, les marins russes n'ont tenté que d'audacieux coups de main. Les 4 navires qu'on a vus dans les ports américains formaient probablement le plus clair de toute cette puissance navale.

CHAPITRE IV

PUISSANCES MILITAIRES DE TROISIÈME ORDRE

§ I

EMPIRE OTTOMAN

Avant un siècle, la Turquie sera rayée du nombre des États européens. Toutefois elle compte encore en Europe aujourd'hui et peut se trouver mêlée à la prochaine guerre, soit comme alliée, soit comme ennemie de la Russie ou de l'Autriche.

Si du territoire, laissé à la Turquie par le traité de Berlin, on retranche les provinces occupées « temporairement » par l'Autriche, le domaine des sultans en Europe se trouve réduit à 213,819 kil. carrés, peuplés de 6 millions d'habitants, — dont 35,387 kil. carrés et 750,000 habitants pour la Roumélie « autonome ».

Mais la force de l'empire est surtout hors de l'Europe. La Turquie d'Asie renferme 17,300,000 habitants, répandus sur une superficie de 1,890,000 kil. carrés. En Afrique, l'ancienne régence de Tripoli, qui n'est plus qu'une de ses provinces, a 890,000 kil. carrés et 1 million d'habitants. Total : 2,990,000 kil. carrés et 24 millions d'habitants environ. En outre, l'Égypte et la Régence de Tunis sont des États vassaux du sultan, et doivent l'assister en temps de guerre.

L'organisation militaire subit une transformation. D'après le firman de 1869 tout musulman doit le service militaire pendant 20 ans : 6 ans dans l'armée active, dont 4 sous les drapeaux (5 pour la cavalerie, l'artillerie et le génie) ; 6 dans la réserve qui se divise en deux bans, comprenant chacun trois classes ; 8 ans dans la milice. L'armée s'appelle *Nizam*, la réserve *Rédif*, la milice *Moustaphiz*.

Les sujets non musulmans sont employés dans la marine et dans les services auxiliaires.

D'après un projet récent, le territoire européen et asiatique sera divisé en 7 circonscriptions fournissant chacune un corps d'armée composé comme suit:

    6 régiments d'infanterie à 3 bataillons ;
    6 bataillons de chasseurs ;
    4 régiments de cavalerie à 6 escadrons ;
    1 régiment d'artillerie à 12 batteries de 6 pièces ;
    1 bataillon de pionniers à 3 compagnies ;

Plus quelques bataillons de gendarmerie et des services auxiliaires.

Soit en infanterie : 168 bataillons, dont 42 de chasseurs.

    Cavalerie. . . . . 168 escadrons.
    Artillerie. . . . . 84 batteries (504 pièces).
    Génie. . . . . 21 compagnies.

Au grand complet, tout cela formerait environ 200 à 210,000 hommes, plus 35 à 40,000 gendarmes, et 7 régiments d'artillerie à pied d'un effectif variable.

L'Égypte doit fournir 18 à 20,000 hommes et en fournirait peut-être 15,000. Tunis doit un contingent de 4 à 5,000 hommes, mais l'armée turque fera bien de ne pas trop compter sur ce dernier renfort.

Certaines provinces ne fournissent que des irréguliers : Arnautes, Bachi-Bozouks, etc., au nombre de 40 à 50,000.

Tout cela ferait plus de 300,000 hommes.

Pour remplir les cadres de l'armée active, les hommes ne manqueraient pas, mais les moyens de les réunir, de les armer et de les équiper sont loin d'être assurés. On ne peut donc savoir au juste ce que la Turquie pourrait mettre sur pied. En outre, même dans les provinces dites soumises, il y a bien des peuplades insoumises, bien des populations qu'il faut contenir par la force. Le nombre des troupes disponibles ne peut donc être évalué avec certitude. On a dit que durant la dernière guerre la Turquie avait levé 750,000 hommes. En tout cas l'armée d'opération en Asie Mineure ne dépassait pas 50,000 hommes. En Bulgarie, les trois armées d'Osman, de Soliman, et de Mehemet-Ali, atteignaient tout au plus 160,000 hommes, y compris les garnisons.

Tout bien considéré, on peut admettre qu'au besoin la Turquie jetterait sur ses voisins près de 200,000 combattants.

Le soldat turc est excellent ; bien commandé, il ferait des prodiges : la guerre de 1877-78 l'a prouvé une fois de plus. Mais les cadres manquent ainsi que l'argent.

MARINE

La flotte comptait avant la guerre 116 navires, dont 19 cuirassés portant 1,600 canons.

Mais elle en a perdu 15 à 20, et elle a vendu aux Anglais plusieurs cuirassés. Il lui reste encore 95 navires dont 10 cuirassés. L'infanterie de marine comprenait 3 bataillons à 8 compagnies.

§ II

ESPAGNE

L'Espagne, y compris l'archipel des Baléares, a 16,350,000 habitants sur un territoire de 500,443 kil. carrés, ce qui donne en moyenne 32 habitants par kilomètre carré.

Nation latine et méditerranéenne, l'Espagne devrait être notre alliée contre les races du Nord. Si nous disons Strasbourg et Metz, elle dit Gibraltar. Mais sa situation intérieure ne lui permet pas d'être, en ce moment, l'alliée ou l'ennemie de qui que ce soit.

Pourtant, comme les dynasties ne sont pas éternelles, surtout les dynasties restaurées, comme rien n'est impossible dans l'état actuel de l'Europe, il est intéressant pour la France de savoir ce qu'est l'armée espagnole.

Tout Espagnol de 20 ans, désigné par le tirage au sort, et qui ne peut payer à l'État 2,000 pesetas [1], doit passer quatre ans dans l'armée et quatre ans dans la réserve.

L'armée comprend :

INFANTERIE

60 régiments à 2 bataillons ;
20 bataillons de chasseurs.

Total. . . 140 bataillons.

[1]. La peseta vaut exactement un franc.

Chaque bataillon a 4 compagnies actives et 2 compagnies de réserve ; de ces dernières le cadre seul existe en temps de paix.

CAVALERIE

12 régiments de lanciers ;
10 régiments et 2 escadrons de chasseurs ;
2 régiments de hussards.

Chaque régiment a 4 escadrons : 98 escadrons

ARTILLERIE

Artillerie montée : 7 régiments de 4 batteries à 4 pièces : 28 batteries, 112 canons.

Artillerie de montagne : 3 régiments à 6 batteries de 6 pièces : 18 batteries, 108 canons.

Artillerie à pied : 5 régiments à 2 bataillons de 6 compagnies : 60 compagnies.

GÉNIE

5 régiments à 2 bataillons de 4 compagnies.

Les bataillons des 4 premiers régiments ont 3 compagnies de sapeurs et 1 de mineurs. Le 1er bataillon du 5e régiment comprend 4 compagnies de pontonniers ; le 2e, 2 compagnies de télégraphistes et 2 de chemins de fer.

Sur le pied de paix ces troupes comptent :

Infanterie.	69,492	hommes.
Cavalerie.	16,130	»
Artillerie.	10,232	»
Génie.	4,146	»
	100,000	»

Sur le pied de guerre le bataillon a 900 hommes ; l'escadron 150, la batterie 100 ou 150, la compagnie du génie 150.

On a ainsi pour l'armée de campagne :

140 bataillons.........	126,000 hommes et 112 canons.	
98 escadrons.........	14,700 »	
28 batteries montées....	2,800 »	
18 » de montagne.	2,700 »	et 108 »
40 compagnies du génie. .	6,000 »	
	152,200 hommes et 220 canons.	

Comme troupes de seconde ligne il existe.

60 compagnies d'artillerie à pied : 9,000 hommes.

15 tercios (régiments) de guardia civil (gendarmerie) : 20,000 hommes.

92 compagnies et 22 sections à cheval de douaniers. Environ 12,000 hommes.

2 compagnies de hallebardiers de la garde : 234 hommes, et un escadron de gardes du corps : 150.

100 bataillons de réserve formés en temps de guerre : 90,000 hommes.

Soient environ 130,000 hommes.

Les cadres ne manqueraient pas pour les 100 bataillons de réserve. L'Espagne possède assez d'officiers pour commander deux ou trois des plus grosses armées de l'Europe. Son état-major général comprend 11 capitaines généraux [1] et 537 généraux de toute espèce : le corps d'état-major compte 183 officiers ; l'état-major des places 256 ; l'état-major du génie 333.

[1]. Ce grade équivaut à celui de maréchal.

Mais si la formation des 100 bataillons de réserve n'offre pas de difficultés, elle exige un certain temps. Ces bataillons ne pourraient donc pas être prêts au début d'une campagne. D'ailleurs la plupart seraient absorbés par les garnisons des grandes villes et des provinces basques. Les forces disponibles de l'Espagne s'élèvent donc à 152,000 combattants.

ARMÉE COLONIALE

L'Espagne conserve encore de beaux débris de son immense empire colonial.

Ceuta et les Canaries sont considérées comme faisant partie de la métropole.

Cuba, insurgée depuis douze ans, Porto-Rico et les Philippines, forment, avec quelques archipels océaniens et quelques îles du golfe de Guinée, un ensemble de 304,000 kil. carrés, peuplés de 8,300,000 habitants. Voici un aperçu des forces militaires occupées hors de l'Espagne :

Ceuta : un régiment disciplinaire ; effectif variable.

Canaries : 6 bataillons et 2 sections sédentaires.

Cuba : 47 bataillons de ligne, 1 bataillon de police, 1 d'instruction, 2 de milice blanche, 3 de milice de couleur, 24 escadrons réguliers, 16 de milice, 2 bataillons d'artillerie à pied et 6 batteries montées de 4 pièces, 17 compagnies du génie, 3 tercios de guardia civil.

Porto-Rico : 3 bataillons d'infanterie, un bataillon d'artillerie, une compagnie de discipline, un tercio de guardia civil.

Philippines : 7 régiments d'infanterie tagale (42 compagnies), un escadron, un régiment d'artillerie de 2 bataillons, 4 compagnies du génie, 2 tercios de guardia civil.

De toutes ces troupes, on ne pourrait rappeler en Europe, qu'une partie de l'armée de Cuba, si Cuba était pacifiée.

MARINE

Cuirassés............	8 frégates ;
»	1 monitor.
Non cuirassés.......	9 frégates ;
» »	29 canonnières ;
» »	72 petits bâtiments.
	110

En tout : 119 navires de combat.

Pour monter cette flotte, l'Espagne a 400 officiers et 14,000 matelots.

L'infanterie de marine compte 7 bataillons et 8 compagnies détachées ; environ 5,500 hommes sur le pied de paix et 7,500 sur le pied de guerre. Une partie de ces troupes pourrait être ajoutée à l'armée d'opération.

CHAPITRE V

PETITS ÉTATS MILITAIRES

§ I

BELGIQUE

Etat neutre, mais serré entre de puissants voisins, la Belgique a besoin d'une armée. Pendant longtemps elle s'est défiée de la France, et ses deux rois, l'un tout à fait allemand, l'autre plus qu'à moitié, ont toujours eu pour notre pays une remarquable « absence de sympathie ». Mais, depuis 1871, les sentiments du peuple belge se sont modifiés. A force d'entendre la presse allemande l'avertir des dangers qui menaçaient sa frontière de l'ouest, la Belgique a fini par comprendre qu'il fallait veiller sur sa frontière de l'est. Depuis 1870 elle a cru devoir modifier ses institutions militaires et renforcer son armée. La neutralité désarmée est la pire chose du monde, et quand on se bat autour de vous, une armée, si petite soit-elle, commande plus le respect que tous les traités et toutes les protections.

La Belgique a 5,477,000 habitants, son territoire a 29,455 kil. carrés ; soient 186 habitants par kil. carré. C'est l'État européen où la population est la plus agglomérée. Aussi, malgré la richesse du so et l'activité de l'industrie, la misère y est-elle grande et l'émigration considérable : 375,000 Belges habitent la France ; le seul département du Nord en contient 240,000.

D'après la loi de 1873, l'armée belge se recrute par voie d'engagements volontaires et par la conscription ; le remplacement est admis.

L'infanterie comprend :

14 régiments de ligne
3   »   de chasseurs   } à 3 bat. actifs et 1 de réserve.
1   »   de grenadiers
1   »   de carabiniers à 4 bat. actifs et 2 de réserve.

Soient 19 régiments, 58 bataillons actifs et 20 de réserve : chaque bataillon a 4 compagnies.

Il y a en outre 2 compagnies sédentaires et $1/2$ bataillon de discipline.

CAVALERIE.

2 régiments de chasseurs ;
2   »   de guides ;
4   »   de lanciers.

Chaque régiment a 4 escadrons actifs et 1 de réserve : soient 32 escadrons actifs et 8 de réserve.

ARTILLERIE.

Art. de campagne : 2 régiments à 10 batteries montées dont 2 de réserve, 2 régiments à 7 batteries montées, 2 batteries à cheval, 1 batterie montée de réserve.

Art. à pied : 3 régiments à 16 batteries, 1 batterie, de réserve et 1 de dépôt.

Total : 30 batteries montées et 4 batteries à cheval, 6 batteries montées de réserve, 48 batteries à pied actives de réserve, 3 de dépôt : chaque batterie a 6 pièces.

GÉNIE

1 régiment de sapeurs-mineurs à 3 bataillons de 4 compagnies, plus une compagnie de dépôt, 5 compagnies pour le service des chemins de fer et des télégraphes.
En tout : 17 compagnies actives.

GENDARMERIE

1,724 hommes et 1,158 chevaux.

La garde civique forme 21 légions, plus quelques corps spéciaux : chasseurs, éclaireurs, artilleurs, cavaliers, sapeurs.

Sur le pied de paix, les compagnies ont dans les régiments de grenadiers et de carabiniers 114 hommes, et 91 dans les autres corps. L'infanterie s'élève ainsi à 26,400 hommes, avec les non-combattants

L'escadron de cavalerie compte 145 hommes et 120 chevaux ; toute la cavalerie 5,680 hommes et 4,840 chevaux.

L'artillerie, y compris les troupes d'administration et le train, est forte de 7,900 hommes.

Le génie compte 1,390 hommes.

L'armée active s'élève, y compris les non-valeurs, à 46,400 hommes sur le pied de paix.

La garde civique compte 29,800 hommes dont 350 cavaliers.

Sur le pied de guerre, le bataillon est à 900 hommes, l'escadron à 154, la compagnie du génie à 150.

Soient :

Infanterie : 78 bataillons	70,200	combattants.
Cavalerie : 40 escadrons	6,100	»
Art. de campagne : 40 batteries	6,000	»
» de siège 51 comp.	7,700	»
Génie : 17 »	2,600	»

Total : 92,000 combattants et 240 canons ; 110,000 hommes avec les services auxiliaires.

La garde civique a une réserve de 90,000 hommes.

Pour défendre son territoire, la Belgique dispose donc d'environ 230,000 hommes, dont à peu près 200,000 combattants.

Toutefois il n'est pas certain que la réserve de la garde civique pût entrer en ligne dès le début d'une campagne. La Belgique n'est pas très vaste, et la campagne pourrait n'être pas bien longue, si dix corps allemands formaient l'armée d'invasion.

§ II

BULGARIE

Dernière-née des nations européennes, la Bulgarie caresse déjà des rêves d'avenir. Elle espère bien ressusciter, avant longtemps, l'antique royaume bulgare, et ne pas rester une vassale de la Porte ou un instrument de la Russie.

Elle a une superficie de 63,865 kil. carrés et une population de 1,860,000 habitants; 29 par kil. carré

Émancipée brusquement après quatre siècles de servitude, la Bulgarie a beaucoup à faire. Un de ses premiers soins a été de former une armée. Cette armée devra compter 40,000 hommes; il n'existe aujourd'hui que quelques bataillons commandés par des officiers russes.

§ III

DANEMARK

Vaincu comme nous par l'Allemagne, et plus menacé que nous, le Danemark semblerait devoir être pour nous dans la prochaine guerre un allié certain. Pourtant cette alliance n'est rien moins qu'assurée.

Le Danemark est bien petit : 38,302 kil. carrés et 1,940,000 habitants (51 par kil. car.). Au début d'une guerre entre deux ennemis aussi formidables que l'Allemagne et la France, le Danemark commettrait une héroïque imprudence s'il prenait parti pour l'un d'eux. L'aide de sa petite armée et de sa flotte n'ajouterait pas grand'chose à nos chances de vaincre, et lui ferait courir de terribles dangers si nous étions encore une fois vaincus. Mais si le sort des batailles nous était favorable, le Danemark pourrait, sans péril pour lui-même, nous aider à compléter la victoire et à la rendre fructueuse, et pour nous et pour lui.

Oui, mais il faut compter avec l'Europe. Presque tous les gouvernements nous détestent, c'est un fait certain. On nous a laissé écraser, on ne nous laisserait pas écraser l'Allemagne : il faudra beaucoup de fermeté à nos gouvernants pour pouvoir seulement, en cas de victoire, reprendre ce qu'on nous a volé. On criera beaucoup à l'ambition française, même si nous nous contentons de reprendre nos frontières de 1870. A la tête de ceux qui crieront le plus, nous pouvons être sûrs de trouver la nation que nous rencontrons partout sur notre route, dans les grandes et dans les petites choses. L'Angleterre pense absolument comme Odo Russell, qui disait qu'on doit laisser tout prendre sur la France, mais ne jamais la laisser ni prendre, ni reprendre quoi que ce soit. Elle offrira sa médiation, proposera la limite des Vosges, se rabattra sur la neutralisation de l'Alsace, et, si tout cela reste sans effet, comme elle se gardera bien de passer des paroles aux actes, elle essayera tout au moins de nous empêcher de trouver des alliés. C'est sur le Danemark principalement qu'elle emploiera toute son influence diplomatique. L'alliance de famille, qui unit les deux gouvernements, sera un moyen d'action des plus puissants.

Avis, prières, menaces, tout sera mis en jeu. On s'entremettra auprès de la Prusse dont on obtiendra quelques phrases ambiguës qu'on transformera en demi-promesses. Le roi de Danemark, Allemand d'origine, marié à une Allemande, n'a pas grande antipathie contre l'Allemagne: Par ce temps de service militaire universel, les peuples acceptent avec avidité la moindre apparence de prétexte pour éviter la guerre. Moitié persuadé, moitié intimidé, le Danemark restera neutre. Si la France est vaincue, on peut s'imaginer de quel éclat de rire M. de Bismarck accueillera un ambassadeur danois lui rappelant les semblants d'engagements qu'il aura pu prendre pendant la guerre. La France victorieuse se souciera peu des intérêts d'un peuple qui n'aura pas voulu lui prêter concours. L'Allemagne vaincue ne le sera jamais assez pour ne pas se moquer des réclamations du Danemark, fût-il soutenu par trois Angleterres. La Grande-Bretagne du reste, ayant obtenu ce qu'elle désirait, c'est-à-dire priver la France d'un allié, n'en demandera pas davantage. Si par hasard elle criait un peu, pour la forme, l'Amérique dans l'affaire de l'Alabama, la Russie lors de la dénonciation du traité de Paris, et la Prusse elle-même durant la dernière guerre danoise, ont fait connaître le moyen de la calmer instantanément, c'est de montrer le bâton.

Mais peut-être les hommes d'État danois auront-ils assez de mémoire pour se rappeler une date aussi reculée que 1864. et pour se souvenir de ce que valent la protection et la parole de l'Angleterre. Alors, si la victoire finale paraît pencher en notre faveur, le Danemark peut devenir notre allié. Outre une base d'opération et un point de ravitaillement, quel appui nous fournirait-il ?

Tout Danois doit passer 4 ans dans l'armée active, 4 dans la réserve et 8 dans la landwœrn.

Les fantassins ne restent que 6 mois sous les drapeaux, les cavaliers et les artilleurs 9 mois. En outre ils sont appelés deux ou trois fois pour les manœuvres, dans les 4 ans pendant lesquels ils appartiennent à l'armée active.

L'armée danoise est ainsi composée en temps de paix :

INFANTERIE

10 régiments de ligne à 2 bataillons ;
1 régiment de la garde à 1 bataillon.

CAVALERIE

5 régiments : 16 escadrons.

ARTILLERIE

Art. de camp. : 2 régiments à 6 batteries de 8 canons;
Art. à pied : 2 bataillons de 6 compagnies.

GÉNIE

2 bataillons.

En temps de guerre les hommes de la réserve forment 10 bataillons nouveaux, un pour chaque régiment de ligne. La landwœrn forme 13 bataillons: 1 de la garde et 12 de la ligne. Comme dans la landwehr allemande, les cadres de ces bataillons existent en temps de paix.

La landwœrn fournit encore 5 bataillons d'artillerie de place. Cette forte proportion d'artillerie à pied s'explique par la configuration géographique du Danemark. Formé d'une presqu'île et d'un archipel, il a une grande étendue de côtes à défendre, bien des ports et bien des passages à fermer.

Les bataillons sont à 4 compagnies de 200 hommes sur le pied de guerre.

Les escadrons comptent 125 combattants.

On a ainsi :

44 bataillons.	35,200 hommes ;
16 escadrons.	2,000 »
12 batteries.	2,400 »
7 bataillons d'art. à pied.	4,000 »
2 bataillons du génie. .	700 »

Total : 44,300 hommes, 52,000 avec les non-combattants.

Si de ce nombre on retranche les 4,000 hommes de l'artillerie à pied, il reste pour l'armée de campagne 40,300 hommes et 96 canons.

MARINE

Longtemps le Danemark a été une grande puissance navale : en 1864, sa marine tint tête victorieusement aux flottes combinées de la Prusse et de l'Autriche. Aujourd'hui les cuirassés coûtent cher, et il ne suffit plus d'avoir des marins. Peut-être un jour l'inutilité de la cuirasse sera-t-elle reconnue et les navires comme les hommes se battront sans armure.

La flotte danoise compte :

Cuirassés : 2 frégates portant 46 canons ;
»   6 autres bâtiments portant 44 canons.
Non cuirassés : 3 frégates. . . . . 81 canons ;
»   »   24 bâtiments légers. . . 113 »

Plus 8 canonnières et 20 chaloupes de transport à rames pour naviguer sur les bas-fonds de l'archipel danois.

En tout : 43 navires de combat armés de 292 canons.

§ IV

GRANDE-BRETAGNE ET IRLANDE

Il y avait naguère, il y a peut-être encore en France des partisans d'une alliance anglaise. Cette alliance, peut-on l'espérer? et, si on l'obtenait, quel avantage en faudrait-il attendre?

Nation commerçante et puissance coloniale l'Angleterre doit, sur le continent, s'allier aux ennemis de la nation dont elle redoute la concurrence commerciale et colonisatrice. Depuis la seconde moitié du xvii⁰ siècle, la France est cette nation; l'Angleterre a donc été nécessairement l'alliée de nos ennemis. Cette habile politique a fait en partie la grandeur de l'Angleterre. Espérer qu'elle va s'en départir pour nous rendre l'Alsace, c'est pousser un peu loin la naïveté.

Plus tard, quand l'Allemagne, maîtresse du Danemark, des Pays-Bas et des colonies hollandaises, sera devenue la rivale maritime de l'Angleterre, celle-ci deviendra naturellement notre alliée.

Quant à l'efficacité de l'alliance anglaise, en cas de guerre avec l'Allemagne, il faut, pour l'apprécier, connaître les ressources militaires de nos voisins d'outre-Manche.

Le Royaume Uni de Grande-Bretagne et d'Irlande

a une étendue de 314,951 kil. carrés ; il est peuplé de 33,700,000 habitants, ce qui donne 107 habitants par kilomètre carré.

Les dépendances du Royaume Uni en Europe et dans les autres parties du monde embrassent une étendue de plus de 21 millions de kilomètres carrés et contiennent 206 millions d'habitants ; tout l'empire britannique a donc 21,400,000 kil. carrés et 240 millions d'habitants.

Pour gouverner et défendre « cet amas d'empires » l'Angleterre prétend avoir plus d'un million d'hommes. Cependant un de ses écrivains militaires les plus distingués, le colonel Chesney, disait avec fierté, il y a trois ou quatre ans : Nous pourrions mettre en campagne une armée de... SOIXANTE-DIX MILLE hommes ; » et il y avait encore exagération.

La montagne en travail enfante une souris.

Il faut en effet retrancher du total général, l'armée indigène des Indes : 127,000 hommes ; la police indigène : 190,000 hommes ; la milice des îles anglo-normandes : 7,000 hommes ; les corps coloniaux : 2,500 hommes ; la milice et la yeomanry : 131,000 hommes ; les volontaires : 195,000 hommes ; et les milices coloniales. Restent pour l'armée régulière et la réserve 234,000 hommes.

L'Angleterre n'en est pas encore au service universel, ni même à la conscription. Elle se recrute uniquement au moyen d'enrôlements volontaires. On peut s'engager pour 7, 9 ou 12 ans ; après 21 ans de service on a droit à une pension; après trois ans de présence sous les drapeaux on peut passer dans la réserve. Deux années dans la réserve comptent, pour la pension, comme une de service actif.

Il n'y a pas dix ans les grades s'achetaient dans l'infanterie et dans la cavalerie. Aujourd'hui l'achat (*purchase*) est aboli. Mais les mœurs, plus fortes que les lois, interdisent, presque absolument, aux simples soldats, l'accès du grade d'officier.

Cela nous semble injuste, parce que nous jugeons l'Angleterre avec nos idées civilisées. Là où la défense du pays est un devoir pour tous les citoyens, il est en effet injuste de ne pas rendre tous les grades accessibles à tous. Mais, dans la Grande-Bretagne, le service militaire est un métier; le prend qui veut; en l'adoptant on connaît les conditions du contrat; s'il déplaît, qu'on ne s'engage pas.

Pour être admis à s'engager, il faut avoir au moins 17 ans. Par tout pays cela voudrait dire qu'il faut prouver qu'on a au moins cet âge. Mais la cervelle saxonne est le théâtre de phénomènes tout particuliers. L'engagé indique le nom et l'âge qu'il veut, il est cru sur parole.

Aussi compte-t-on, chaque année, 7 à 8,000 déserteurs pour 25,000 engagements. Comme il est, on le comprend, à peu près impossible de retrouver les déserteurs, on ne les recherche guère.

Voici la composition de l'armée anglaise :

INFANTERIE

1 régiment de la garde à 3 bataillons de 10 compagnies ;
2 » » 2 » » »
1 » de la ligne à 4 » 8 »
25 » » 2 » » »
83 » » 1 » » »
4 bataillons de chasseurs.
Total : 112 régiments et 148 bataillons.

CAVALERIE

3 régiments de la garde ;
28 » de la ligne.
Total : 31 régiments divisés chacun en 8 *troops*.

ARTILLERIE

Art. de camp. : 6 brigades montées (93 batt. à 6 pièces) ;
» 3 » à cheval (33 » à 6 »).
Total : 126 batteries et 756 canons.
Artillerie à pied : 6 brigades (109 batteries).

GÉNIE

43 compagnies, dont 3 du train

Dans l'Inde et sur le pied de guerre les bataillons d'infanterie *doivent* compter 916 hommes, sans les officiers.

Les régiments de cavalerie comptent de 530 à 550 hommes : 340 à 450 combattants.

Les batteries à cheval *doivent* compter 163 hommes et les batteries montées 160 hommes.

De toutes ces troupes, 68 bataillons, 9 régiments

de cavalerie, 60 batteries de campagne, 15 à 20 compagnies du génie, sont en tout temps cantonnés dans les colonies. Si la paix règne sur toute l'étendue de l'empire, — ce qui n'arrive presque jamais, — il reste dans la Grande-Bretagne :

 80 bataillons ;
 22 régiments de cavalerie ;
 86 batteries de campagne ;
 20 à 25 compagnies de génie.

En Angleterre le bataillon compte bien rarement 600 combattants présents sous les armes. Le régiment de cavalerie n'atteint presque jamais le chiffre de 400 combattants, la batterie de campagne en compte à peu près 150 et la compagnie du génie 130.
On a donc ainsi :

 48,000 fantassins ;
 8,800 cavaliers ;
 12,900 artilleurs ;
 3,000 soldats du génie.
 73,000 hommes *au maximum*.

C'est bien à peu près le chiffre donné par le colonel Chesney; mais l'Angleterre ne peut pas rester entièrement dégarnie. Il faut que le gouvernement ait toujours des troupes sous la main pour parer à quelque éventualité imprévue, une guerre coloniale, une insurrection de l'Inde, un soulèvement de l'Irlande. En admettant que cette réserve indispensable ne soit que de 15 à 18,000 hommes, ce qui est bien peu, restent 55 à 56,000 combattants disponibles. On pourrait y ajouter encore 5 ou 6000 hommes empruntés à la marine.

Soixante mille hommes représentent donc l'armée que, dans les circonstances les plus favorables, l'Angleterre pourrait jeter sur le continent.

Mais au bout d'un mois de campagne, une armée de 60,000 hommes est réduite à 40,000, si elle n'a pas livré de grands combats. Après 6 mois de campagne et trois ou quatre batailles, il ne resterait plus d'armée du tout si elle ne recevait pas de renforts. Lors du débarquement des Anglo-Français à Eupatoria, au milieu de septembre 1854, l'armée anglaise comptait 30,000 combattants. Sept semaines plus tard, après Inkermann, elle était réduite à 14,000.

Pour combler les vides de son armée d'opération l'Angleterre recrute annuellement 25,000 hommes environ, réduits par les désertions à 16 ou 17,000 hommes, soient 13 à 1,400 par mois. La moitié environ doit être réservée au recrutement des troupes demeurées en Angleterre ou stationnées dans les colonies : resteraient 7 ou 800 hommes. En admettant même qu'en temps de guerre le nombre des engagements augmentât de 50 %, ce seraient tout au plus 14 à 1,500 hommes par mois à verser dans les cadres de l'armée d'opération. Or, 1,500 hommes ou rien, c'est à peu près la même chose.

Mais l'Angleterre a une réserve d'un effectif variable : 38,000 hommes en 1877 ; 75,000 en 1878 ; 60,000 en 1879. Dans un pays où désertent 30 % des engagés de l'armée régulière, on peut imaginer à quels mécomptes il faut s'attendre avec les réservistes. Si l'on pouvait compter sur les deux tiers des nombres indiqués, ce serait un beau résultat. Avec ses 40,000 hommes de réserve et ses 1,500 recrues mensuelles, l'Angleterre parviendrait peut-être à maintenir au chiffre de 50 à 55,000 combattants son armée d'opération.

Quant à la valeur d'une armée aussi petite il serait oiseux de l'examiner. Bons ou mauvais, 60,000 hommes ne comptent plus dans l'Europe militaire.

On s'est demandé si l'Angleterre ne pourrait pas tirer de l'Inde des régiments asiatiques. L'idée d'opposer à des troupes européennes ces soldats qui succombent sous le poids de leurs armes[1] et qui traînent avec eux une masse de non-combattants double de leur nombre, est une idée qui ne pouvait germer que dans la tête d'un romancier à court d'inventions. L'exhibition des régiments goorkas, amenés à Malte, n'a obtenu qu'un joli succès d'hilarité.

L'Angleterre est partagée en huit grands commandements territoriaux, subdivisés en 68 districts. A chaque district sont attachés : un dépôt appelé dépôt de brigade, deux bataillons de ligne qui font alternativement le service à l'extérieur ; deux bataillons de milice et les volontaires de la région.

La milice compte, sur le papier, 130,000 hommes, engagés pour cinq ans et exercés 28 ou 35 jours par an ; mais 20,000 font partie de la réserve ; restent 110,000 hommes dont 15,000 cavaliers (*yeomen*).

---

[1]. Voir l'histoire de l'occupation de Chypre par les troupes anglo-indiennes.

Les volontaires sont au nombre de 195,000, en cas de guerre ils font le même service que l'armée active. La milice, les volontaires, l'artillerie à pied, les réserves, les dépôts et l'armée active forment sur le papier un total d'environ 400,000 hommes que l'Anterre pourrait opposer à une invasion. Ce serait bien peu, vu la très médiocre qualité de la plupart de ces troupes ; mais, heureusement pour elle, la vieille Albion a toujours son grand fossé de vagues et son rempart mobile de vaisseaux.

MARINE

Sous le rapport de la quantité, la marine militaire anglaise est de beaucoup la première du monde ; comme qualité, elle ne le cède à aucune marine connue.

En septembre 1879, la flotte anglaise comprenait :

> 68 cuirassés ;
> 360 vapeurs non cuirassés.

C'est à dire 428 navires de combat. Plus 120 navires à voiles.

Pour monter ses escadres, elle a 46,000 marins en activité et 21,000 en réserve, tous recrutés par enrôlement volontaire ; dans ses chantiers et dans ses établissements maritimes, 20,000 ouvriers, gardes ou employés ; enfin les *marines*.

Les *marines* ne sont pas des marins. Ils tiennent garnison sur les navires et fournissent des compagnies de débarquement, mais ils ne prennent pas part à la manœuvre. Leur devise : *Per mare, per terram*, caractérise leur double service.

Ils sont au nombre de 13,000 dont 2,700 artilleurs. Ce sont des soldats d'élite, dont 5 ou 6,000 pourraient renforcer l'armée d'opération.

La Grande-Bretagne dispose ainsi de 100,000 hommes pour le service de sa flotte. Cette flotte n'a pas subi depuis longtemps l'épreuve d'un combat naval, et au début d'une guerre, peut-être éprouverait-elle quelque terrible surprise. Mais, avec ses ressources financières et industrielles, ses grands chantiers de construction, et ses innombrables matelots habitués à sillonner toutes les mers du globe, l'Angleterre est en état de supporter et de réparer bien des désastres maritimes.

Il est à désirer que la France trouve en elle une bonne voisine ; mais son alliance n'est ni à espérer ni même à souhaiter. Tout au plus nous serait-elle inutile, mais il est plus probable que son concours serait gênant, comme il le fut en Chine et en Crimée.

§ V

GRÈCE

Le royaume de Grèce a 50,123 kilomètres carrés et 1,680,000 habitants (33 par kil. car.). En dehors de ses limites vivent plus de 2 millions d'Hellènes soumis à la domination turque. Pour réunir les membres épars de la patrie, il faut la guerre, et la Grèce s'y prépare, autant que le lui permet l'état de ses finances.

D'après la loi de 1867, tout Hellène se doit à la défense de la patrie. A vingt ans il entre pour 3 ans dans l'armée active; puis il passe 7 ans dans la réserve, 10 dans la landwehr et 10 dans la réserve de la landwehr. Ceux qui ont été exemptés sous différents prétextes, ainsi que tous les hommes de 18 à 20 ans et de 50 et au-dessus, peuvent être appelés sous les armes en cas d'invasion.

Un rapport du ministre de la guerre porte à 200,000 le nombre des hommes disponibles; savoir : 120,000 pour l'armée active et sa réserve; 50,000 pour la landwehr, et 30,000 pour la réserve territoriale. Mais entre le nombre des hommes disponibles sur le papier et celui des combattants au début d'une guerre il y a, comme on sait, de grands écarts.

Conformément à une ordonnance de 1877, l'armée permanente comprend :

INFANTERIE

8 régiments à 2 bataillons ;
4 bataillons de chasseurs.
Total : 20 bataillons à 4 compagnies.

CAVALERIE

1 régiment à 5 escadrons.

ARTILLERIE

1 régiment à 12 batteries.

GÉNIE

6 compagnies.

La gendarmerie compte 1,700 hommes, les douaniers sont au nombre d'environ 1,500.

Sur le pied de guerre le bataillon doit compter 1,000 combattants, l'escadron et la compagnie du génie 150.

On aura ainsi :

20,000 fantassins ;
750 cavaliers ;
1,300 artilleurs ;
900 soldats du génie.
Soient 22,950 hommes et 72 canons.

En temps de guerre on doit former 30 ou 35 bataillons nouveaux, forts chacun de 6 à 700 hommes.

Comme cette organisation n'a jamais été mise à l'épreuve, il serait téméraire d'en rien dire. Toutefois il est vraisemblable, qu'à moins de commencer longtemps à l'avance ses préparatifs, la Grèce ne pourra pas mettre en ligne, au début des hostilités, ses bataillons formés pour la guerre.

MARINE.

Les marins grecs sont comptés parmi les meilleurs. Une vingtaine de mille pourraient, en cas de besoin, être appelés sur les vaisseaux de l'État. La marine militaire de la Grèce comptait en 1876 :

2 navires cuirassés portant 12 canons.
8 navires à vapeur non cuirassés : 101 canons.
Soient 10 navires portant 113 canons.

Plus 12 navires à voiles. Les équipages, sur le pied de paix, comptent 650 officiers et matelots.

§ VI

LUXEMBOURG

Le grand-duché de Luxembourg est une possession personnelle du roi de Hollande. Il pourrait n'être pas entraîné dans une guerre faite à la Hollande, et l'on pourrait faire la guerre au grand duc de Luxembourg sans attaquer le roi des Pays-Bas, bien que le roi et le duc soient une seule et même personne.

Luxembourg est une ville naturellement très forte ; jusqu'en 1867, c'était une des forteresses fédérales de la confédération germanique et la Prusse y tenait garnison. La confédération détruite, la Prusse ne se pressait pas d'évacuer la forteresse *fédérale*. Elle y fut obligée par le traité de Londres (mai 1867). En vertu de ce traité, le Luxembourg fut déclaré territoire neutre ; tout ce qui, dans les fortifications de la capitale, n'était pas l'ouvrage de la nature fut détruit. Le grand-duché continua néanmoins à faire partie du Zollverein (union douanière allemande).

Ce petit pays a 207,000 habitants sur une superficie de 2,587 kilomètres carrés ; c'est 80 habitants par kil. carré.

Les forces militaires comprennent :

1 bataillon de chasseurs à 4 compagnies : 550 hommes environ.
Gendarmerie : 122 hommes.
En tout : 670 à 680 hommes.

§ VII

MONTÉNÉGRO

Le Monténégro, qui dans la langue indigène s'appelle Tzerna-Gora (Noire-Montagne), est un petit pays dont les habitants ont su défendre pendant quatre siècles leur indépendance contre la Turquie. L'Europe a reconnu cette indépendance, et le traité de Berlin a même adjugé au Monténégro quelques territoires enlevés à la Turquie.

Avec ces acquisitions nouvelles, la Tzerna-Gora compte 9,433 kil. carrés et 286,000 habitants (30 par kil. car.). C'est à peu près l'étendue et la population de la Corse.

Ces rudes montagnards, durant une lutte quatre fois séculaire, avaient adopté un ensemble d'institutions militaires telles que le monde n'en a sans doute jamais vu. A partir de *douze ans*, et pour toute sa vie, le Monténégrin était soldat. Bien des enfants, même au-dessous de douze ans, prenaient part aux combats contre les Turcs; les services auxiliaires étaient faits par les femmes. Chaque district ou *nahia* fournissait plusieurs bataillons, composés d'un nombre variable de *tchetas* (compagnies).

D'après un projet récent d'organisation tous les Monténégrins valides seront répartis en deux bans.

Les hommes du premier ban formeront deux corps d'armée de 3 divisions ; chaque division comptera 2 brigades, chaque brigade 2 (une 3) régiments à 2 bataillons de 8 compagnies.

Soient :

> 26 bataillons ou 208 tchetas ;
> La cavalerie 4 tchetas ;
> L'artillerie comptera 14 batteries de campagne et 3 batteries de siège à 6 pièces.

Les tchetas seront à 114 hommes.
On aura ainsi :

> 23,700 fantassins ;
> 450 cavaliers ;
> 2,000 artilleurs.

> En tout 26000 hommes environ avec 84 pièces de campagne.
> Le 2ᵉ ban fournira 14 bataillons de 600 hommes, soient 8400 hommes

Toute l'armée monténégrine s'élèvera ainsi à 34,600 combattants. Retranchés dans leurs montagnes, ces contingents opposeraient une formidable résistance à n'importe quel envahisseur. Mais ils pourraient malaisément faire une campagne offensive contre des troupes régulières. De plus, si les Monténégrins engageaient tout d'abord 34,000 ou même 26,000 hommes, il serait impossible, pour peu que la guerre durât plusieurs mois, de combler les vides qui se produiraient dans les rangs. L'effort maximum fait au début de la campagne ne pourrait être soutenu pendant longtemps.

§ VIII

ROYAUME DES PAYS-BAS

Le peuple hollandais est un de ceux qui ont fait le plus de grandes choses dans la paix et dans la guerre. Tandis qu'il conquérait sur l'étranger son indépendance et sur l'Océan une partie de son territoire, ses marins fondaient à l'autre extrémité du monde un magnifique empire colonial, ses savants, ses penseurs et ses artistes faisaient une belle place à leur patrie dans l'histoire de l'esprit humain.

C'est un de ces pays où tout est petit excepté les hommes. Comme les lagunes de l'Adige, les marais de la Meuse et du Rhin fixeront l'attention des siècles. Puisqu'une loi inexorable fait peu à peu disparaître, absorbés dans le sein des grandes agglomérations, ces petits pays qui furent souvent de brillants foyers de civilisation, on souhaiterait au moins de les voir entrer de plein gré dans une unité plus grande. Mais, hélas! ce sera probablement la force brutale qui fera disparaître du nombre des nations la patrie de Rembrandt et du Taciturne, de Ruyter et de Spinosa.

Son heure fatale pourrait être bien retardée, si la France, au lieu de mendier l'alliance problématique de quelque soi-disant grande puissance, reprenait la politique qui fit si longtemps sa grandeur : la protection des faibles, l'alliance avec les petits.

Au cas où la Hollande prendrait part à la prochaine guerre, quelles forces offensives pourrait-elle mettre sur pied ?

3,981,000 habitants peuplent la Hollande dont la superficie n'est que de 32,973 kil. carrés ; c'est 128 habitants par kil. carré.

L'armée se recrute en grande partie au moyen d'engagements volontaires. La milice comprend tous les hommes de 20 à 25 ans. Chaque année on appelle par voie de tirage au sort un certain nombre de miliciens — 11,000 au plus — qui servent 5 ans dans l'armée de terre, ou 4 dans la marine. En cas d'urgence, toute la milice peut être versée dans les cadres et dans les dépôts de l'armée active. On ne peut envoyer dans les colonies les hommes de la milice.

L'armée comprend :

INFANTERIE

1 régiment de grenadiers ;
8 régiments de ligne.

Chaque régiment compte 4 bataillons, chaque bataillon 5 compagnies de 200 hommes. Le régiment de grenadiers a en outre 2 compagnies de dépôt ; les régiments de ligne en ont 5.

1 bataillon d'instruction de 4 compagnies ;
1 compagnie de discipline ;
3 compagnies de dépôt pour l'armée coloniale.

CAVALERIE

4 régiments de hussards à 6 escadrons, dont un de réserve et un de dépôt.

ARTILLERIE

Art. de camp. : 3 régiments comprenant 14 batteries à 8 pièces, 4 à 6 pièces, 1 batterie de dépôt à 6 pièces, 3 compagnies du train et 2 compagnies de dépôt.
Art. à pied : 8 bataillons comprenant 42 compagnies, dont une d'instruction et une de torpilleurs.

GÉNIE

1 bataillon de sapeurs à 5 compagnies ;
2 compagnies de pontonniers (rattachés à l'artillerie).

L'armée de campagne compterait :

36 bataillons.	36,000 combattants.
20 escadrons.	3,000 »
18 batteries	3,400 hommes et 136 canons.
5 compagnies du génie . .	1,000 »
2 » de pontonniers. . . .	300 »

En tout : 43,700 hommes et 136 pièces, 63,500 hommes avec l'artillerie à pied, les dépôts et les non-combattants.

Il existe dans les communes au-dessus de 2,500 habitants une garde nationale, composée de tous les hommes de 25 à 30 ans. On appelle ces miliciens *shutterys* (tirailleurs) ; ils forment 220 compagnies de 100 à 150 hommes.

Dans les communes au-dessus de 2,500 habitants, tous les hommes de 30 à 34 ans, et tous ceux de 25 à 34 ans dans les communes plus petites, forment

89 bataillons de *shutterys* de réserve, non exercés en temps de paix.

Il y a aussi des sociétés de tireurs volontaires qui, en cas de guerre, sont placés sous les ordres des autorités militaires. Si le pays est envahi, tous les hommes de 19 à 50 ans non compris dans une des catégories susnommées sont appelés sous les armes, c'est le *landstorm*.

Dans les Indes orientales — Java, Sumatra, Bornéo, Célèbes et les Moluques, — les Hollandais ont des possessions peuplées de 25 à 26 millions d'habitants. Dans ces colonies, il y a une armée d'aventuriers de toute race, forte de 40,000 hommes (dont 16,000 Européens) savoir :

31,600 fantassins ;
1,000 cavaliers ;
3,800 artilleurs ;
1,000 pionniers.

Il y a aussi des milices sédentaires comprenant 9,700 hommes (dont 3,700 Européens) et 1,000 matelots indigènes. En tout 50,000 hommes environ de troupes coloniales.

MARINE.

20 cuirassés . . . . 108 canons.
80 non cuirassés 290   »

Total : 100 navires de combat portant 398 canons.

Plus 16 navires à voiles.

6,700 officiers, employés, matelots, élèves, etc.,

sont embarqués sur cette flotte. Il y a en outre une réserve de 600 miliciens.

L'infanterie de marine compte 2,100 hommes dont la moitié pourrait s'ajouter à l'armée d'opération.

§ IX

PORTUGAL

Il serait fort difficile d'imaginer comment le Portugal, isolé à l'extrémité de l'Europe, pourrait être mêlé à la prochaine guerre et forcé de renoncer à la paix, dont il a joui sans interruption depuis plus de quarante ans. Cependant le Portugal a cru devoir aussi renforcer son organisation militaire : *Si vis pacem para bellum*.

Avec l'archipel des Açores et le groupe de Madère, le Portugal a 98,829 kil. carrés et 4,750,000 habitants, soit 51 par kil. carré.

Tout Portugais de 21 ans — *exceptis excipiendis* — doit défendre la patrie. Le sort désigne chaque année un certain nombre de conscrits qui sont répartis en deux portions égales. Les hommes de la première sont versés dans l'armée, où ils servent trois ans, et cinq dans la réserve. Ceux de la seconde portion du contingent passent huit ans dans la réserve et ne reçoivent aucune instruction militaire. On ne peut envoyer dans les colonies que des volontaires.

L'infanterie comprend :

18 régiments à 8 compagnies sur le pied de paix, à 12 sur le pied de guerre ;

9 bataillons de chasseurs à 8 compagnies en tout temps ;

3 bataillons à Madère et aux Açores : 6 compagnies en paix, 8 en guerre ;
3 compagnies de discipline.

CAVALERIE

2 régiments de lanciers ;
6 » de chasseurs.
à 6 escadrons en temps de paix, à 8 en temps de guerre.

ARTILLERIE DE CAMPAGNE

Sur le pied de paix :

2 régiments à 10 batteries ;
1 détachement de 2 batteries de montagne.

Sur le pied de guerre :

2 régiments à 10 batteries.
1 régiment d'artillerie de montagne à 6 batteries.

ARTILLERIE A PIED

1 régiment de 12 batteries et 4 compagnies de garnison en temps de paix. En temps de guerre on forme un second régiment de 12 batteries.

GÉNIE

1 bataillon à 6 compagnies.
Garde municipale à Lisbonne et à Porto : 1,757 hommes.
État-major, services administratifs, etc. : 1,038 hommes sur le pied de paix ; 1,136 sur le pied de guerre.

L'armée active était forte, au mois d'août 1879, de 29,857 hommes et 3,493 chevaux.

Sur le pied de guerre l'armée doit s'élever à 78,292 hommes y compris les non-combattants.

L'armée de campagne compterait :

18 régiments à 12 compagnies ;
9 bataillons de chasseurs à 8 compagnies ;
 Total : 288 comp à 150 hom. environ. . . 43,200
64 escadrons à 75 combattants. 4,800
26 batteries à 150 hommes. 3,900
6 compagnies du génie à 150 hommes. . . 900

Total : 52,800 combattants et 156 canons.

Comme cette organisation n'a jamais été mise à l'épreuve, il ne faut accepter ces chiffres qu'avec réserve.

Dans ses colonies, peuplées de 3,250,000 habitants, le Portugal entretient :

Aux îles du cap Vert. . . . . 450 hommes.
Aux îles du golfe de Guinée. . . . . . . 420 »
Congo. . . . . 2,780 »
Mozambique. . . . . 2,030 »
Inde . . . . 1,870 »
Macao, Timor. . . . . 960 »

Total : 8,610 hommes ; plus quelques milices au Congo et à Macao.

MARINE

1 cuirassé. . . . . 7 canons.
31 vapeurs non cuirassés. . . 124 »

Soient 32 navires et 131 canons, plus 9 navires à voiles portant 31 canons.

Les équipages comptent 343 officiers et employés et 3,195 hommes, en tout 3,538 marins.

§ X

ROUMANIE

Superficie : 127,584 kilomètres carrés
Population : 5,400,000 habitants : 43 par k. c.

Pressée entre deux grands empires avides, dans cet Orient où les nations enchevêtrées n'ont pas encore fixé leurs frontières, la Roumanie a besoin de fortes institutions militaires pour vivre autrement que par la tolérance de ses voisins. Le Hohenzollern, qui règne sur cette nation latine, a là une belle occasion de déployer les qualités de sa race qui, d'un ramas de hordes finnoises, de tribus slaves et d'aventuriers germains, disséminés dans les plaines sablonneuses de l'Oder et autour des haffs de la Baltique, a su faire un peuple, le peuple prussien.

Depuis 1856, la Roumanie s'est appliquée à former une armée. Le service universel y est en vigueur, et, de 20 à 46 ou 47 ans, tout Roumain peut être appelé sous les armes.

Les forces destinées à défendre le pays sont :
L'armée permanente ;
L'armée territoriale ;
La milice ;
La garde civique ;
La levée en masse.

Tous les ans a lieu le tirage au sort : suivant leur

numéro, les jeunes gens sont versés dans l'armée permanente ou dans l'armée territoriale.

Le service dans l'armée permanente est de 4 ans sous les drapeaux et 4 ans dans la réserve.

Dans l'armée territoriale, les fantassins (*orobanzes*) font 6 ans de service actif; durant ce temps, ils sont convoqués à des réunions périodiques. Après quoi ils passent 2 ans dans la réserve, dispensée de tout service en temps de paix. Les cavaliers (*calarasi*) ont à faire 5 ans de service actif et 3 ans dans la réserve.

La milice se compose : 1° de tous les hommes qui ne font partie ni de l'armée permanente, ni de l'armée territoriale : ils passent 16 ans dans la milice; 2° des hommes qui, ayant acccompli 8 ans de service dans l'armée ou dans la territoriale, ont encore à servir 8 ans dans la milice. La milice est divisée en trois bans : 1° les hommes non mariés ou veufs sans enfants; 2° les hommes mariés sans enfants; 3° tous les autres.

En sortant de la milice, les habitants des villes passent 10 ans dans la garde civique; les habitants des campagnes font partie pendant 11 ans de la *gloata* (levée en masse) et ne sont appelés qu'en cas d'invasion.

L'armée régulière comprend :

INFANTERIE

8 régiments à 4 bataillons dont un de dépôt;
4 bataillons de chasseurs.
Les bataillons ont 4 compagnies de 250 hommes.

CAVALERIE

2 régiments de hussards à 5 escadrons dont 1 de dépôt.

ARTILLERIE

4 régiments d'artillerie de campagne à 8 batteries de 6 pièces ;
1 compagnie et 3 sections d'ouvriers.

GÉNIE

4 compagnies de sapeurs ;
1 de pontonniers ;
1 de télégraphistes.

GENDARMERIE

2 compagnies et 2 escadrons.

Non-combattants : une compagnie d'ouvriers et une compagnie du train.

L'effectif en temps de paix est de 17,169 hommes.

Sur le pied de guerre l'armée de campagne doit compter

28 bataillons.	28.000	»
8 escadrons.	1,200	»
32 batteries.	4,800	»
6 compagnies du génie.	1,500	hommes.

Total : 35,500 hommes et 192 canons.

L'armée territoriale :

16 régiments d'infanterie à 2 bataillons ;
8 régiments de cavalerie à 4 escadrons ;

32 batteries à 6 pièces ;
1 corps de sapeurs-pompiers.

Le total officiel des troupes de l'armée territoriale est : 54,000 hommes avec 192 canons. Mais ce chiffre est difficile à admettre, surtout en ce qui concerne l'artillerie. Dans la dernière guerre, la Roumanie put mettre sur pied au maximum 48,000 combattants, d'armée active ou territoriale.

En admettant 35,000 hommes pour l'armée et 30,000 pour la territoriale, on ne s'éloignera sans doute pas de la vérité.

La milice comprend 32 bataillons et 30 escadrons, 47,700 hommes sur le papier.

La garde civique n'est organisée que dans quelques localités.

MARINE

3 petits vapeurs et 6 canonnières : 266 hommes d'équipage en temps de paix ; 500 en temps de guerre.

§ XI

SERBIE

Avec les acquisitions qu'elle a faites après la guerre de 1877-78, la Serbie a 48,657 kilomètres carrés et 1,580,000 habitants : 33 par kil. carré. Ce pays aspire à être le Piémont des Slaves du Sud. Le Monténégro a la même ambition. Il serait surprenant toutefois que ce fût un de ces deux petits États qui réalisât les aspirations du panslavisme, ou même l'union des Slaves du Sud.

Pour se préparer à son rôle libérateur, la Serbie soumet au service militaire toute sa population mâle de 20 à 50 ans.

Chaque année, le sort désigne 15 à 1,700 conscrits pour entrer dans l'armée; ils y passent 2 ans, et deux ans dans la réserve, puis 26 ans dans l'armée territoriale, où le reste du contingent est versé directement pour y rester 30 ans. L'armée territoriale est divisée en deux bans. Le premier ban est soumis en temps de paix à 25 jours d'exercices par an. En temps de guerre il fait le même service que l'armée active. Le deuxième ban est destiné à la garde intérieure du pays. Toutefois en cas de besoin on peut y puiser des recrues pour le premier ban.

D'après la loi de 1878, l'armée permanente est ainsi formée :

INFANTERIE

2 régiments à 5 bataillons.

CAVALERIE

4 escadrons.

ARTILLERIE DE CAMPAGNE

4 régiments à 8 batteries dont 1 de montagne.

GÉNIE

1 bataillon de pionniers ;
1 bataillon de pontonniers.

Plus une compagnie d'ouvriers, une section du train et une section d'infirmiers.

Sur le pied de paix 4,222 hommes et 72 canons.

En temps de guerre, chaque bataillon compte 800 hommes et chaque batterie 6 pièces. On a ainsi pour l'armée active :

10 bataillons.	8,000	»
4 escadrons.	600	»
32 batteries.	4,800	»
2 bataillons du génie.	1,600	hommes.

Soient 15,000 hommes et 192 canons.

Le premier ban de l'armée territoriale forme 4 corps à 2 divisions de 2 ou 3 brigades. En tout 22 brigades et 80 bataillons.

33 escadrons ;
18 batteries de campagne à 6 pièces ;
4 batteries de forteresse ;
19 sections de pionniers ;
34 compagnies du train ;
38 pelotons d'ouvriers, d'infirmiers et soldats d'administration.

En 1875, avant l'accroissement de population que lui a valu le traité de San-Stefano (220,000 hab.) le ministre de la guerre déclarait à la *Skouptchina* (assemblée législative) que le premier ban était fort de 99,000 hommes, dont 75,000 immédiatement disponibles. Il est vrai que l'armée régulière était moins nombreuse qu'aujourd'hui. Ce sont là des chiffres aussi difficiles à contrôler qu'à croire. Pour la cavalerie et l'artillerie, ils sont inadmissibles. Atteler tout d'un coup les 18 batteries de la territoriale, en même temps qu'on porte de 72 à 192 le nombre des canons de l'armée permanente, c'est trop beau pour être vrai.

Le deuxième ban doit être organisé comme le premier, mais son organisation n'est pas achevée. D'après le rapport du ministre de la guerre, le deuxième ban était fort de 51,000 hommes dont 48,400 immédiatement disponibles. On aurait eu ainsi 48,400 + 75,000 + 7,200 de l'armée permanente, c'est-à-dire 130,600 hommes ; un dixième de la population !

En 1877, le nombre des troupes mises sur pied ne dépassa pas 60,000 hommes.

Si la Serbie mettait en campagne une armée de

75,000 + 15,000 ou 90,000 combattants, ce serait proportionnellement presque trois fois autant que l'Allemagne.

Quant à ses forces réelles, il est impossible de les évaluer exactement.

§ XII

SUÈDE ET NORVÈGE

La Suède et la Norvège forment deux royaumes qui diffèrent de lois, de mœurs et de langue, et n'ont de commun que le même roi. Encore la Norvège a-t-elle plus d'une fois protesté contre cette union que lui ont imposée les traités de 1815. Elle a conservé tout ce qu'elle a pu de son autonomie, et son armée reste entièrement distincte de l'armée suédoise.

Grande ennemie de la Russie, — qui lui a pris la Finlande et la menace d'un démembrement nouveau afin d'acquérir un accès à la mer libre, — la Scandinavie pourrait bien se trouver mêlée à la prochaine guerre.

Il est donc intéressant pour nous de connaître l'organisation des armées scandinaves. Je vais l'exposer brièvement en commençant par la Norvège, à qui l'ordre alphabétique assigne le premier rang.

La Norvège a 318,195 kil. carrés de superficie et 1,900,000 habitants. Cela donne 6 habitants par kil. carré. La densité de la population va en croissant du nord au sud : dans le Finmark il n'y a que 0,5 habitant par kil. carré, tandis que le diocèse de Christiania en contient 18. Malgré le chiffre considérable de l'émigration, la Norvège est, depuis le commencement du siècle, un des pays européens où la population s'accroît le plus vite. La Suède ne reste guère en arrière sous ce rapport.

Hormis les habitants des trois districts septentrionaux : Nordland, Tromsœ et Finmark, tout Norvégien se doit à la défense de la patrie, de 22 ans à 50.

Durant ces 28 ans, il passe dans différentes catégories de troupes, savoir :

L'armée.

La landwœrn.

La garde civique.

Le landstorm.

Les jeunes gens tirent au sort à 22 ans. Un certain nombre, fixé par la loi, passe 7 ans dans l'armée et 3 ans dans la landwœrn ; les autres restent 10 ans dans la landwœrn.

De 32 à 45 ans, tous les citoyens font partie de la garde civique ; de 45 à 50 ans ils appartiennent au landstorm.

L'armée de ligne ne peut sans une loi spéciale dépasser, même en temps de guerre, le chiffre de 750 officiers et 18,000 soldats.

Les fantassins et les artilleurs à pied passent sous les drapeaux, au moins 50 jours la première année, puis 30 jours chaque année durant 3 ans. Les cavaliers, les soldats du génie et de l'artillerie de campagne font, la première année, au moins 90 jours de service, et 30 jours chaque année durant 5 ans.

La landwœrn, exercée de temps en temps, est destinée à la défense du territoire et ne sort pas de la Norvège.

La garde civique est destinée à la défense des localités, des communes, comme nous dirions en France.

Le landstorm n'est appelé qu'en cas d'invasion.

L'armée est composée de la façon suivante :

INFANTERIE

5 brigades, chacune de 4 bataillons à 4 compagnies de ligne et 2 de landwœrn, plus un dépôt de brigade de 2 compagnies ;

1 bataillon de chasseurs à 5 compagnies ;

CAVALERIE

1 brigade de 3 régiments à 2, 4 et 5 escadrons.

ARTILLERIE

5 bataillons comprenant 11 batteries de 6 pièces et 1 compagnie d'artificiers.

GÉNIE

30 officiers et sous-officiers.

Les compagnies de landwœrn ne pouvant être employées hors de la Norvège, l'armée de campagne se trouve ainsi composée :

20 bataillons à 4 compagnies (700 hom. par bat). . . . 14,000
1 » à 5 » 1,000

11 escadrons à 140 combattants............. 1,540
11 batteries........................ 1,650

Total : 18,190 combattants et 66 canons.

MARINE.

Comme le pays est stérile, la population est surtout concentrée sur les côtes où s'ouvrent d'innombrables ports. La marine marchande norvégienne est supérieure en tonnage à la marine française ; elle compte plus de 8,300 navires jaugeant 1,540,000 tonneaux. Les hommes de mer ne manqueraient donc pas à la flotte norvégienne. En cas de besoin on peut appeler tous les matelots de 22 à 35 ans. Le sort désigne ceux qui doivent partir les premiers.

En temps de paix, les équipages de la marine militaire se recrutent au moyen d'engagements volontaires.

Le matériel, en juillet 1879, comptait :

4 monitors cuirassés portant....	8 canons.
26 navires à vapeur »	136 »
30	144

51 chaloupes et 35 yoles canonnières à rames, destinées à naviguer dans le dédale des fjords et des archipels. Ces légers bâtiments portaient 137 pièces, 2 par canonnière, 1 par yole. La Norvège possède ainsi 116 navires de combat.

Il y a en outre 6 navires à voiles : transports, écoles, etc.

Le personnel maritime permanent compte 104 officiers et employés, et 305 matelots volontaires.

La Suède avait, à la fin de 1878, 4,532,000 habitants dispersés sur une superficie de 406,721 kil. carrés. Les lacs occupent en outre 36,097 kil. carrés. Le district de Norrbotten n'a que 0,8 habitant par kil. carré, celui de Malmœ en a 72. Pour toute la Suède la moyenne est de 11 habitants par kil. carré de terre ferme.

L'organisation de l'armée est des plus compliquées. Du reste la complication est un des caractères de toutes les institutions scandinaves. Ces races ne classifient guère, quoique elles aient produit Linné.

Il y a en Suède quatre espèces de soldats.

La *Vœrfvade*, composée de volontaires enrôlés pour trois ou six ans.

L'*Indelta* : c'est une organisation toute féodale. Les hommes qui s'y engagent reçoivent un petit domaine, un fief, et de plus une solde annuelle en argent ou en nature. Les officiers et les sous-officiers sont payés en argent. En échange de ces allocations les hommes de l'*Indelta* doivent défendre l'État aussi longtemps qu'ils sont propres au service.

En temps de paix, les fantassins sont appelés 30 jours chaque année, les cavaliers 36 jours : de temps en temps l'*Indelta* prend part aux grandes manœuvres d'automne. En 1879 l'*Indelta* comptait 27,180 hommes, la *Vœrfvade* 8,540, sans les officiers.

L'*Indelta* et la *Vœrfvade* forment l'armée, ou plutôt le noyau de l'armée active. Pour en remplir les cadres et pour en combler les vides en temps de guerre, on a recours au *Bevœring*. Tout Suédois de 20 à 25 ans, hormis les habitants du Norrbotten, font partie du *Bevœring*. Pendant les deux premières années, les hommes du *Bevœring* sont exercés pendant quinze jours.

En cas de besoin, l'appel se fait en commençant par les plus jeunes classes.

Le nombre des hommes disponibles du *Bevœring* était estimé, en 1879, à 125,000, dont 4,000 pour la cavalerie et 5,000 pour l'artillerie.

Il y a, en outre, des corps francs de volontaires, dont les officiers sont nommés par le gouvernement et qui, en 1878, comptaient 12,300 hommes.

Enfin, l'île Gotland a une milice particulière forte de 7,900 hommes.

L'armée compte :

INFANTERIE

21 régiments à 2 bataillons en temps de paix, 3 en temps de guerre ;
2 bataillons de grenadiers ;
4 bataillons de chasseurs.

Les bataillons ont 4 compagnies.

CAVALERIE

1 régiment de la garde à 4 escadrons ;
2 » de dragons : 15 »
4 » de hussards : 26 »
1 détachement de chasseurs à 2 escadrons.

ARTILLERIE

3 régiments de campagne à 10 batteries, soient 30 batteries, dont 22 montées, 2 à pied, 6 à cheval ;

9 batteries de réserve ;
6 compagnies d'artillerie de forteresse ;
1 compagnie d'artificiers ;
3 batteries détachées dans l'île de Gotland.

GÉNIE

1 bataillon de sapeurs à 3 compagnies ;
1 bat. à 3 comp. de pontonniers et 1 de télégraphistes.

Les cadres du génie, de l'artillerie, de 2 régiments d'infanterie de ligne et d'un bataillon de chasseurs ; du régiment de cavalerie de la garde et d'un régiment de hussards à 6 escadrons sont fournis par la *Vœrfvade*, le reste par l'*Indelta*.

Il y avait autrefois un régiment de patineurs destinés à combattre sur la glace des rivières et des lacs nombreux qui parsèment toute la surface du pays. Il a été question de rétablir ce corps, mais j'ignore si jusqu'à présent on a donné suite à ce projet.

L'armée permanente s'élève sur le pied de paix à environ 10,000 hommes, plus 530 officiers de réserve.

Sur le pied de guerre le bataillon compte 1,000 hommes, l'escadron 140, la compagnie du génie 130. On aurait ainsi pour l'armée de campagne :

```
48 bataillons permanents......    48,000 hommes
21      »      de réserve.......  21,000    »
47 escadrons..............         6,580 hommes
30 batteries permanentes.....      4,500    »
 9 de réserve.............         1,350    »
 7 compagnies du génie......         910    »
```
Total : 82,340 hommes et 234 canons.

Mais il est au moins douteux que les bataillons et les batteries de réserve puissent être prêts pour le début d'une campagne. Restent environ 60,000 hommes qui, joints aux 18,000 de l'armée norvégienne, porteraient à 78,000 combattants et 246 canons la force offensive du royaume scandinave, au début d'une campagne.

MARINE.

La flotte comprend :

14 monitors cuirassés portant. . . . . .   18 canons.
28 autres navires à vapeur   »   . . .   137   »
87 bâtiments à rames. . . . .   113.   »
129 navires de combat armés de 268 canons.

Il y a en outre 1 transport à vapeur (sans canons) et 10 navires à voiles portant 105 canons.

Au grand complet, les équipages de la flotte suédoise compteraient environ 7,500 hommes.

Le *Bevœring* est appliqué à tous les gens de mer : au nombre de 40,000 environ. L'enrôlement volontaire fournit 5,800 sous-officiers, ouvriers et matelots. Le corps des officiers (activité et réserve) compte environ 600 hommes.

§ XIII

SUISSE.

Superficie : 41,390 kilomètres carrés.
Population : 2,793,000 habitants, 68 par k. c.

La Suisse, État neutre, n'a pas d'armée permanente, pas de forces offensives; mais, pour la défensive, elle est admirablement organisée.

Tout citoyen valide est inscrit sur les rôles de l'armée active de 20 à 32 ans; de 32 à 44 ans il fait partie de la landwehr.

L'armée et la landwehr ont une organisation presque identique :

ARMEE.	LANDWEHR.
INFANTERIE.	
98 bataillons de ligne.	98 bataillons de ligne.
8 de carabiniers.	8 de carabiniers.
CAVALERIE.	
24 escadrons de dragons.	24 escadrons de dragons.
12 compagnies de guides.	12 compagnies de guides.
ARTILLERIE.	
48 batteries de campagne.	8 batteries de campagne.
2 » de montagne.	
10 compagnies de position.	15 compagnies de position.
2 compagnies d'artificiers.	2 compagnies d'artificiers.
8 bataillons du train.	8 bataillons du train.
16 colonnes de parc.	8 colonnes de parc.
GÉNIE.	
8 bataillons à 3 compagnies.	8 bataillons à 3 compagnies.

Les bataillons d'infanterie ont 4 compagnies, les batteries ont 6 pièces.

Chaque compagnie d'infanterie doit compter 185 hommes (184 pour les carabiniers); les escadrons de dragons ont 124 hommes, les compagnies de guides 43 ; les batteries de campagne 160, de montagne 170, de position 122; les compagnies du génie 131.

Soient :

	POUR L'ARMÉE.	POUR LA LANDWEHR.
Artillerie, batteries et comp. de positions.	9,240	3,110
Infanterie.	78,440	78,440
Cavalerie.	3,490	3 490
Génie.	3,140	3,140
	94,310	88,180

Le nombre des hommes qui doivent être affectés aux services auxiliaires est de 6,700 pour l'armée et de 4,000 pour la landwehr.

Les forces disponibles de la Suisse s'élèvent ainsi à près de 200,000 hommes, dont 182,000 combattants. Le nombre d'hommes inscrits sur les rôles est de 119,400 pour l'armée et 95,300 pour la landwehr. Total : 214,700.

En tenant compte des absents, — malades, émigrés, etc., — la Suisse pourrait en 15 jours mettre en ligne pour sa défense plus de 150,000 combattants.

Sur un territoire aussi accidenté que celui de l'Helvétie, ces troupes pourraient opposer une grande résistance à l'invasion. Les Suisses sont très bons marcheurs et tireurs excellents, leur réputation militaire est bien établie. Le grand état-major — 69 officiers — passe pour un des meilleurs de l'Europe.

Pendant qu'on imprimait ce livre, des changements ont eu lieu dans l'armée française et dans l'armée allemande.

Les généraux Barnekow, Bose, Kirchbach et Gœben ont atteint l'âge de la retraite : ce sont, les trois derniers surtout, de rudes adversaires que nous n'aurons plus à rencontrer.

En France, on a modifié l'organisation de la gendarmerie départementale : elle forme à présent 18 légions, une par corps d'armée. L'escadron de gendarmerie mobile a été dissous.

La Chambre des députés a voté la suppression de l'aumônerie militaire en temps de paix, cette mesure sera probablement sanctionnée par le Sénat.

Le projet de loi sur l'état-major a été remanié. Les capitaines et les lieutenants de toute arme pourront, après examen, être admis à l'école supérieure de guerre. En la quittant, ils recevront un brevet d'officier d'état-major. Ce brevet pourra aussi être délivré à des officiers supérieurs, sans qu'ils aient à passer par l'école. Les officiers brevetés serviront alternativement dans l'état-major et dans les corps de troupe. L'effectif de l'état-major est fixé à 300 officiers. Telle est l'économie générale du projet transformé qui pourra bien subir encore d'autres transformations.

La fonction d'inspecteur d'armée a été supprimée.

Le général Farre, passé du XIVe corps au ministère de la guerre, a porté son attention sur l'armée territoriale. Il était temps. On semble vouloir en compléter, en renforcer, en épurer les cadres.

Pour les compléter, on cesse d'en interdire l'accès aux hommes d'opinions libérales ; pour les renforcer, on y fait entrer tous les officiers qui, ayant accompli dans l'armée vingt-cinq ans de service, doivent rester cinq ans encore à la disposition du ministre de la guerre, pour avoir droit à la pension de retraite. Ils devront toujours être préférés et même substitués aux officiers d'autre provenance. Ceux de ces derniers qui auront plus de 40 ans et n'appartiendront plus par leur âge à l'armée territoriale pourront être congédiés. On éliminera ainsi des nullités choisies pour des motifs aussi peu militaires que possible.

Toutefois, ce travail d'épuration a besoin d'être conduit avec sagesse. Il s'agit de former une armée de seconde ligne et non pas de satisfaire à des rancunes de parti. On avait proscrit jusqu'à présent certaines opinions, ce n'est pas une raison pour proscrire maintenant les opinions contraires. Un officier qui, en 1870, avait montré de remarquables qualités militaires, a dû renoncer à son grade pour avoir pris part à une manifestation monarchiste. Qu'on y songe bien : si l'occupation d'un grade dans la Territoriale entraîne la renonciation à quelques-uns des droits les plus précieux du citoyen, bien des hommes de cœur et de tête refuseront d'accepter un pareil assujettissement. Qu'on ne fasse pas de politique sous les armes, cela va sans dire; mais qu'en dehors du service on reste libre de ses paroles et ses actes.

A cette condition on pourra trouver de bons cadres pour la Territoriale, dont les 435 bataillons, en ne les supposant forts que de 600 hommes chacun, formeraient 261,000 hommes. Il y a en ce moment 51 compagnies du génie territoriales; à 150 hommes par compagnie, cela fait 7,650 hommes; 364 batteries, qui n'ont ni leur matériel, ni leurs attelages, qui ne les auront peut-être pas de longtemps, mais qui, néanmoins, dès que leurs cadres existeront, pourront garnir nos forteresses et concourir au blocus des places ennemies; à 120 hommes seulement par batterie, on aurait 43,680 hommes, ce qui donnerait pour l'armée territoriale 312,000 combattants immédiatement disponibles.

Si l'on ajoute à ces forces les 45 batteries à pied de l'armée active stationnées hors de l'Algérie, (6,750 hommes), on aura 319,000 hommes à joindre aux 648,000 de l'armée active, en tout 967,000 *combattants*. Les fusiliers marins accroîtraient encore ce chiffre d'une dizaine de mille hommes. C'est un total fort supérieur à ce que pourra mettre en ligne l'Allemagne, — même après l'application de la loi militaire qu'on va soumettre aux délibérations du Reichstag.

Cette loi, *qui ne sera pas applicable avant le 1er avril* 1881, ordonne la formation de 11 régiments nouveaux d'infanterie à 3 bataillons;

D'un troisième bataillon pour le 116ᵉ (Hessois) qui n'en a que 2 ;

D'un régiment d'artillerie de campagne à 8 batteries ;

De 32 autres batteries de campagne ;

D'un 19ᵉ bataillon de pionniers ;

D'un régiment d'artillerie à pied : deux bataillons à 4 batteries.

Soient 34 bataillons d'infanterie, 40 batteries de campagne, 2 bataillons d'artillerie à pied, 4 compagnies de pionniers. — 34,000 fantassins, 7,600 artilleurs, 1,000 pionniers : en tout 42,600 combattants et 240 pièces de campagne.

Des onze régiments nouveaux d'infanterie, un sera sans doute adjoint à la 27ᵉ division (Wurtemberg) et un à la 4ᵉ division d'infanterie bavaroise, qui n'ont aujourd'hui que 3 régiments.

Les 9 autres, ou peut-être seulement 8 d'entre eux, formeront très probablement un dix-neuvième corps. Ce qui me le fait croire, c'est la création d'un 19ᵉ bataillon de pionniers et d'un régiment d'artillerie à pied. La cavalerie de ce corps serait formée de régiments détachés des brigades de cavalerie à 3 régiments. Le nouveau régiment d'artillerie de campagne à 8 batteries lui est peut-être destiné. Des 32 autres batteries nouvelles, 18 pourront former deux régiments à 3 sections de 3 batteries ; ces régiments seraient adjoints l'un au xvᵉ corps, qui n'a qu'un seul régiment de campagne, l'autre au futur dix-neuvième corps, qui porterait le nᵒ xvi. Toutefois ce ne sont là que des suppositions.

Chacun des nouveaux régiments d'infanterie de ligne sera-t-il doublé d'un régiment de landwehr à 2 bataillons, et le 116º landwehr recevra-t-il un deuxième bataillon? C'est possible, mais ce n'est pas du tout certain. En effet, plusieurs corps, le IXe, le Xe, le XIVe et le XVe n'ont pas encore leur landwehr au complet, il s'en faut d'une vingtaine de bataillons. Peut-être voudra-t-on pourvoir les anciens régiments de leur landwehr réglementaire, avant de former la landwehr des régiments nouveaux. En supposant même qu'on forme les 23 bataillons de landwehr destinés à doubler ces régiments, et qu'on organise ceux qui manquent aux IXe, X^e, XIVe et XVe corps, cela ferait *tout au plus* 40 bataillons et 24,000 hommes. Encore faudrait-il, en cas de guerre contre la France, déduire les 5 ou 6 bataillons nouveaux du XVe corps (Alsace-Lorraine), qu'on ne pourrait employer contre nous : restent 21,400 hommes qui, joints aux 42,600 ajoutés à l'armée active, font 64,000 hommes.

Ce seraient donc 64,000 hommes au maximum que nos voisins ajouteraient à leur armée de campagne. Celle-ci compte, avec le bataillon d'infanterie de marine et l'artillerie à pied, — mais défalcation faite des 11 bataillons de landwehr du XVe corps et de quelques bataillons de la landwehr posnanienne qui tiendraient garnison en Alsace-Lorraine, — 784,000 combattants. 784,000 + 64,000 = 848,000. Mettons 850,000, ce sera encore 127,000 de moins que n'en possédera la France quand sera terminée l'organisation de son armée territoriale : 127,000 est un minimum, puisque nous avons toujours pris pour l'Allemagne des chiffres forts et pour la France des chiffres faibles : selon toute probabilité, c'est d'environ 150,000 combattants que notre armée sera supérieure à l'armée ennemie. Nous pouvons donc considérer avec la plus grande tranquillité l'augmentation des forces allemandes.

La nouvelle loi élève l'effectif de l'armée sur le pied de paix à 427,000 hommes, sans les officiers, et avec ceux-ci à 447,000 hommes.

Pour obtenir ce résultat, le contingent annuel sera augmenté de 10,000 hommes et porté à 155,000.

Dix pour cent du contingent — 13,000 hommes maintenant, 16,000 à partir de 1881 — ne sont pas enrôlés et forment ce qu'on appelle la réserve de remplacement, *ersatz reserve*.

Les hommes de cette catégorie sont appelés lorsqu'on a épuisé les 4 contingents qui forment la première réserve. Après l'*ersatz* on appelle ceux qui ont eu de bons numéros, puis les soutiens de famille, etc.

Jusqu'à présent, l'*ersatz reserve* ne recevait aucune instruction militaire. D'après la loi projetée, on pourra l'appeler à des exercices, pour un temps qui n'excédera pas 20 semaines, réparties sur les 7 ans, pendant lesquels les hommes désignés par le sort appartiennent à l'armée.

Cent quarante jours de service, c'est quelque chose, mais ce n'est pas beaucoup. Il n'y a pas là de quoi nous inquiéter.

Nous ne sommes pas encore en état de vaincre

l'Allemagne chez elle, mais, sur notre territoire nous la battrions aisément. Cela ne fait pas un doute pour les Allemands, et depuis longtemps. La preuve, c'est qu'ils ne nous ont pas attaqués. Ce n'est pourtant pas l'envie qui leur manque : leurs triomphes de 1870 n'ont pas éteint leurs rancunes. Ils voient avec rage et avec épouvante se relever la nation qu'ils croyaient avoir pour longtemps abattue. Sa puissance est une menace permanente, un obstacle invincible à l'accomplissement des « destinées » de l'Allemagne. Oh! si on le pouvait, comme on se jetterait encore une fois sur la France, comme on l'écraserait, mais en prenant cette fois des mesures pour qu'elle ne pût jamais se redresser. Comme on aimerait à « gagner » de nouveaux milliards et à faire une nouvelle campagne dans ce riche pays, où la moitié de ces hordes faméliques ont, pour la première fois de leur vie peut-être, pu manger à leur appétit.

Mais on se rappelle 1870. Un écrivain militaire allemand l'a dit : « Le souvenir de ce que la France a fait après Sedan et Metz, alors que sans armes, sans soldats, sans officiers, elle a résisté cinq mois à la meilleure et à la plus nombreuse armée de l'Europe, ce souvenir n'a pas médiocrement contribué à empêcher le renouvellement de la guerre en 1875. » Voilà en effet ce qui a retenu l'Allemagne, un peu plus que la crainte de trouver la flotte anglaise sur le lac du bois de Boulogne, ou de voir une armée russe se concentrer sur les frontières allemandes,... trois mois après la fin des hostilités.

Mais supposons un moment que l'Angleterre eût une armée sérieuse, la Russie une armée disponible, et examinons cette histoire d'intervention.

L'Angleterre, en 1864, après beaucoup de fanfaronnades, — et malgré son intérêt évident à ne pas laisser démembrer le Danemark, et tomber au pouvoir de la Prusse l'entrée de la Baltique, — l'Angleterre n'a pas fait la guerre à la Prusse. En 1871, elle n'a pas fait la guerre à la Russie déchirant le traité de Paris et déclarant qu'elle ne voulait plus admettre la limitation de ses forces maritimes sur la mer Noire. Ç'avait été pourtant le plus clair résultat de la guerre de Crimée, la seule compensation des lourds sacrifices que s'était imposés la Grande-Bretagne. Elle ne releva pas cet insolent défi.

En 1872 l'orgueilleuse Angleterre, dans l'affaire de l'*Alabama*, plia devant les États-Unis plutôt que de faire la guerre, et paya 80 millions.

Et, en 1875, elle aurait fait la guerre à l'Allemagne, sa vieille alliée sur le continent! à l'Allemagne qu'elle aime comme nation protestante, comme nation féodale, et, par-dessus tout, comme ennemie de la France! Mais la reine d'Angleterre est plus qu'à moitié Allemande, elle est la veuve inconsolable d'un époux aussi allemand qu'adoré ; elle est la belle-mère du futur Kaiser et du grand-duc de Hesse, la grand'mère d'une douzaine de principicules allemands. La reine règne et ne gouverne pas. A d'autres! Le roi est toujours le maître, et, n'eût-il aucun pouvoir de par la constitution, il a une influence illimitée. C'est même cette influence de la reine, sa sympathie pour le pays de « son Albert » qui explique en grande partie la piteuse attitude de l'Angleterre dans l'affaire du Danemark.

Or, suivant la légende, l'Angleterre qui, deux fois, n'a pas osé faire la guerre pour elle-même, était prête à faire la guerre pour nous. Elle allait dépenser des centaines de millions pour prêter une aide — absolument inefficace — à la nation qu'elle hait, qu'elle a tant combattue, qu'elle contrecarre en tout, partout et pour tout. Les hommes d'État anglais peuvent avoir des défauts, mais on ne les a pas encore accusés d'aliénation mentale.

Et le tzar! En 1875 il était le grand ami du roi Guillaume, il préparait l'invasion de la Turquie et comptait précisément sur l'alliance allemande pour achever tranquillement cette guerre. C'eût été un moment bien choisi pour exaspérer l'Allemagne en s'opposant à ses projets. Pense-t-on que le tzar allait dissiper dans une lutte contre l'Allemagne les ressources militaires péniblement amassées pour cette guerre turque, rêve et but de tout son règne, revanche de Sébastopol et de l'Alma? Croit-on qu'il allait déchaîner sur sa frontière une guerre terrible, soulever cette chose épouvantable, plus que suffisante pour faire crouler l'empire moscovite, une insurrection polonaise soutenue par un puissant voisin? Et pourquoi le tzar aurait-il rompu une alliance indispensable, renoncé à des projets longtemps caressés, exposé son empire à d'effroyables périls?... pour épargner à la France des désastres, dans lesquels aurait pu périr le gouvernement républicain!

Voilà pourtant ce qu'on nous demande de croire ! Il faut surmonter quelque dégoût pour réfuter de semblables insanités.

Mais, sans menacer de la guerre, l'Angleterre et la Russie n'ont-elles pas pu présenter d'amicales observations? Alors, l'Allemagne se serait arrêtée devant des paroles qui ne devaient pas être suivies d'effets. M. de Bismarck peut n'être pas un grand homme d'État, mais c'est à coup sûr un diplomate de premier ordre, qui connaît l'Europe et qui sait l'histoire. De ce qu'on ignore en France la force *réelle* de l'Angleterre et de la Russie, il ne s'ensuit pas qu'on l'ignore en Allemagne. Aussi, le jour où ils auront décidé d'agir, l'attitude de la Russie et de la Grande-Bretagne pèsera sur l'esprit des hommes d'État allemands à peu près autant que les menaces de Liechtenstein et de San-Marino.

Si donc l'Allemagne ne nous attaque pas, c'est qu'elle sait ne pouvoir le faire avec avantage. Maintenant elle cherche des alliés pour d'autres entreprises. La France est trop forte aujourd'hui. Nous seuls n'avons pas conscience de notre force. Prompte à passer d'un excès à l'autre, notre nation est maintenant en proie à une véritable fureur de paix. Pour avoir massacré quelques Bédouins en Afrique, nous croyions pouvoir braver l'Europe; pour avoir été battus dans la dernière guerre, nous n'osons plus même regarder la Prusse en face. Nous tremblons devant ceux qui nous redoutent; nous ne songeons pas que si, une fois, par suite de circonstances extraordinaires, l'Allemagne seule a vaincu la France, la France seule a maintes fois vaincu l'Allemagne et ses alliés. Cessons donc de mendier des alliances fantastiques et de nous humilier sans raison et sans mesure ; à défaut du sentiment de notre force, ayons au moins celui de notre dignité. N'oublions pas, n'oublions jamais la funèbre suite de défaites qui va de Reischoffen à Héricourt, mais rappelons-nous aussi la longue série de nos victoires sur la race germanique depuis Bouvines jusqu'à Ligny.

Le tableau suivant contient le nombre des COMBATTANTS DISPONIBLES POUR L'OFFENSIVE dont chaque nation européenne peut *aujourd'hui* disposer *au début d'une guerre*, défalcation faite de l'artillerie de forteresse, des dépôts, des milices, des gendarmes et des douaniers, des non-valeurs et des troupes employées à défendre les colonies, à contenir les provinces conquises et à maintenir l'ordre à l'intérieur.

Allemagne.	756,000[1]
France.	648,000[2]
Autriche-Hongrie.	650,000
Italie.	315,000
Russie.	300,000
Turquie.	200,000 à 220,000
Espagne.	157,000
Belgique.	85,000
Suède et Norvège.	78,000
Grande-Bretagne	60,000
Portugal.	52,000
Pays-Bas.	44,000
Danemark.	40,000
Grèce.	23,000
Suisse. Pas d'armée offensive.	
Roumanie.	65,000 ?
Serbie.	50,000 ?
Monténégro	34,000 ?
Bulgarie.	40,000 ? ?

1. 763,000 avec la landwehr d'Alsace-Lorraine.
2. Avec la Territoriale et les fusiliers marins, 977,000.

FIN

ERRATA

Page				
Page 7,	1re colonne de droite, ligne 5,	*ajouter* 2.		
— 44,	ligne 15,	*au lieu de* 2e comp...	*lire* 4e comp...	
— 54,	— 1,	—	4,	— 3.
— 62,	— 30,	—	Ulrich,	— Uhrich.
— 67,	— 4,	—	109,	— 112.
	— 6,	—	204,	— 211.
— 82,	— 13,	—	1er landwehr,	— 4e landwehr.
— 88,	— 7,	—	no 6,	— no 4.
— 90,	— 14,	—	hussards,	— hulans.
— 101,	— 9,	—	Franceshy,	— Fransecky.
— 108,	— 25,	—	artillerie de pied,	— artillerie à pied.
— 112,	— 25,	—	74,	— 73.
— 132,	25 et 26,	—	du steppe,	— de la steppe.
— 148,	— 2,	—	cet affreux,	— un affreux.
— 151,	— 10,	—	XIIIe,	— XIIe.
— 152,	— 4 et 5,	—	donner preuves,	— donner de nouvelles preuves.
— 169,	— 8,	—	vers l'ordre,	— sur l'ordre.
	— 9,	—	sur Paris,	— vers Paris.
— 170,	23 et 24,	—	en d'avance en être bien persuadés,	— en être bien persuadés d'avance.
— 193,	— 9,	—	s'attendre qu'au,	— s'attendre à ce qu'au.
— *reporter :* 112 canons de la ligne 5 à la ligne 7.				
— 250,	ligne 4,	*ajouter* 3 *entre* actives *et* de réserve.		
— 259,	— 27,	*au lieu de* elle se recrute,	*lire* son armée se recrute.	
— 261,	— 14,	—	93,	— 91.
— 283,	— 5,	—	Orobanzes,	— Dorobanzes.

TABLE DES MATIÈRES

AVANT-PROPOS. 1

LIVRE PREMIER

CHAPITRE PREMIER
L'armée française en 1870. 7

CHAPITRE II
L'armée française en 1879. 15

CHAPITRE III
L'armée allemande en 1879. 70

CHAPITRE IV
Forces en présence :
   I. Les armées. 115
  II. Les généraux allemands. 142
 III. Les généraux français. 161

LIVRE II

LES ALLIANCES

CHAPITRE PREMIER
Critérium de la puissance militaire. 195

CHAPITRE II
Puissances militaires de premier ordre :
  Autriche-Hongrie. 198

CHAPITRE III

Puissances militaires de second ordre :
   1. Italie.................................. 206
   2. Russie................................. 215

CHAPITRE IV

Puissances militaires de troisième ordre :
   1. Turquie................................ 239
   2. Espagne............................... 243

CHAPITRE V

Petits États militaires :
   1. Belgique.............................. 248
   2. Bulgarie.............................. 252
   3. Danemark.............................. 253
   4. Grande-Bretagne....................... 258
   5. Grèce................................. 267
   6. Luxembourg............................ 270
   7. Monténégro............................ 272
   8. Pays-Bas.............................. 274
   9. Portugal.............................. 279
  10. Roumanie.............................. 282
  11. Serbie................................ 286
  12. Suède et Norvège...................... 290
  13. Suisse................................ 298

APPENDICE.................................... 300
TABLEAU COMPARATIF........................... 311

FIN DE LA TABLE

Sceaux. — Imp. Charaire et Fils.

SCEAUX. — IMPRIMERIE CHARAIRE ET FILS

www.ingramcontent.com/pod-product-compliance
Lightning Source LLC
Chambersburg PA
CBHW060354170426
43199CB00013B/1868